D1749754

Monte Dada
Danza espressiva e avanguardia

# montedada

**DANZA ESPRESSIVA e AVANGUARDIA**

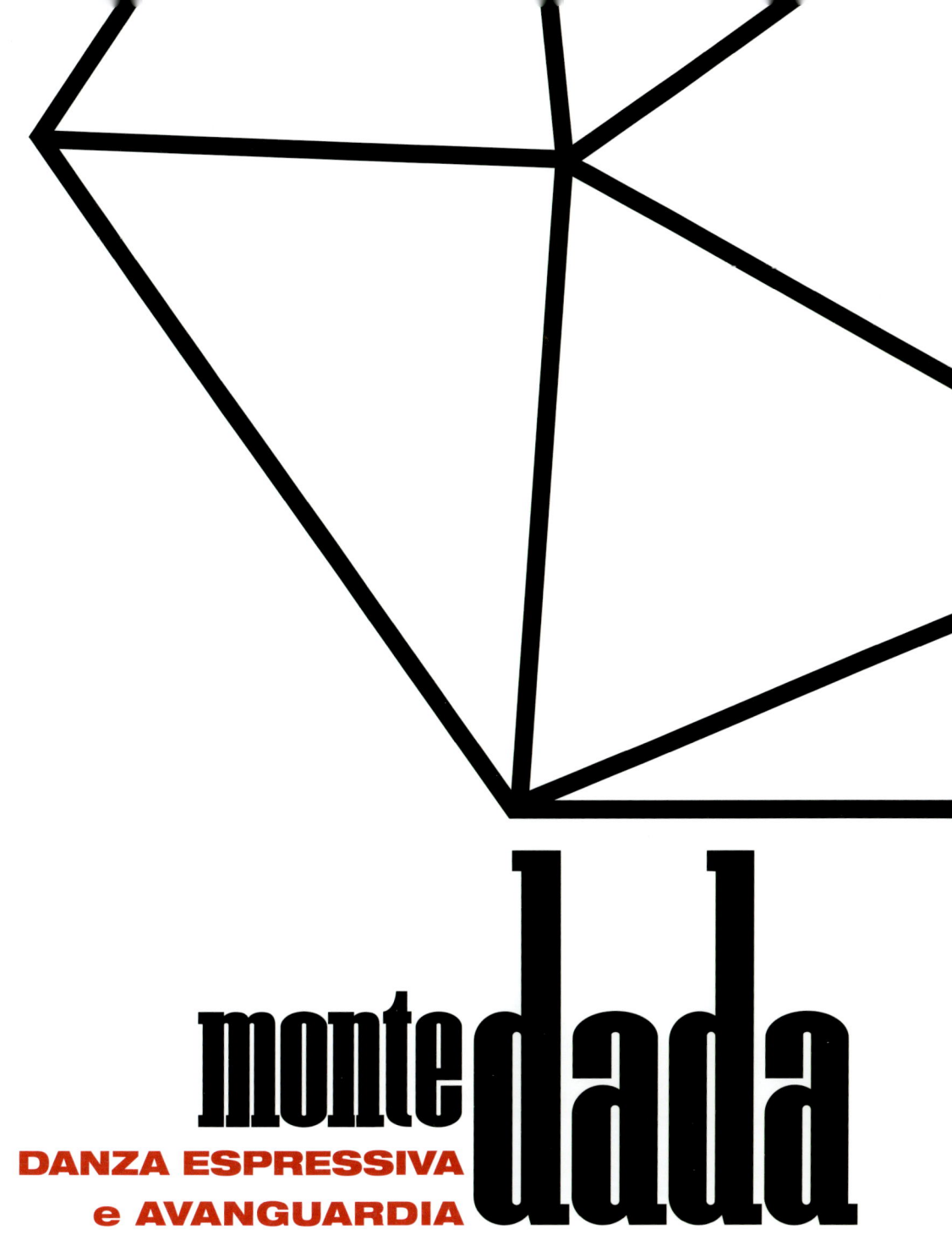

A cura di Mona De Weerdt e Andreas Schwab

Stämpfli Editore

# Indice

**7**
**Prefazione**

**13**
Mona De Weerdt e Andreas Schwab
**Ribellioni estetiche**
Danza espressiva e avanguardia

**21**
Mona De Weerdt
**«Peut-on être révolutionnaire et aimer les fleurs?» di Dorothée Thébert Filliger e Filippo Filliger**
Un confronto coreico-performativo con le pratiche, le idee e le utopie del movimento per la vita sana

## Cabaret Voltaire e Monte Verità

**31**
Christina Thurner
**Movimento a disposizione**
Dada e la riforma della danza

**43**
Susanne Franco
**«Jeder Mensch ist ein Tänzer!»**
La danza libera di Rudolf Laban e le nuove dimensioni del corpo

**57**
Gabriele Guerra
**Utopie in scena**
Il Cabaret Voltaire di Hugo Ball e la Lebensreform

**67**
Hedwig Müller
**La danza di Mary Wigman e le arti**

**85**
Patrick Primavesi
**Dada, Laban e i cori di movimento**

**97**
Andreas Schwab
**Capire il movimento e rappresentarlo in due o tre dimensioni**
Jean Kirsten e il suo confronto artistico con la labanotazione

# La danza sui palcoscenici dada

**107**
Christa Baumberger
### «Battere con i piedi»
Figure di danza in Emmy Hennings

**121**
Lucia Ruprecht
### Corpi vibranti in dada e danza espressiva

**133**
Sarah Burkhalter
### Le onomatopee delle linee di Sophie Taeuber-Arp

**149**
Walburga Krupp
### Sophie Taeuber-Arp: danzatrice e dadaista
Una congettura postuma?

**165**
Andreas Schwab
### Sola con me stessa. Insieme ad altri. Un'oscillazione continua
La videoinstallazione «Sophie tanzt trotzdem» e il film sperimentale «La Dada – König Hirsch» di Anka Schmid

# Confronto artistico contemporaneo con il patrimonio coreico

**181**
Julia Wehren
### «What if...?»
### Fabián Barba danza con Mary Wigman
Un recital in viaggio 1930-2009

**194**
### Ringraziamenti

**196**
### Crediti iconografici

**199**
### Autrici e autori

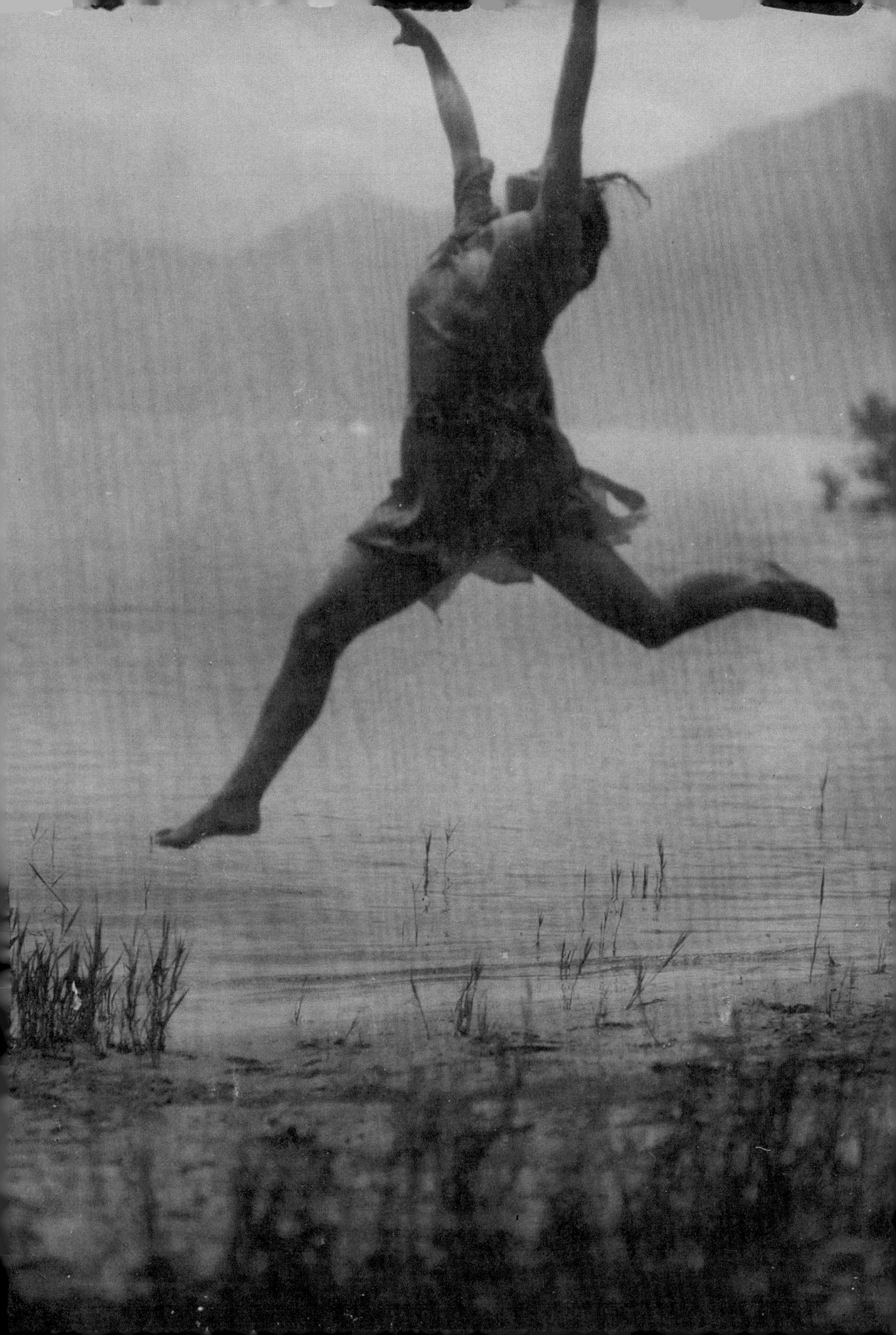

# Prefazione

All'inizio del XX secolo, il Monte Verità sopra Ascona e il Cabaret Voltaire di Zurigo sono teatro di ribellioni estetiche e sociali che vanno indubbiamente annoverate tra le più importanti sperimentazioni di forme artistiche e di vita alternative del secolo scorso. Queste sperimentazioni cambiano radicalmente la visione dell'arte e della danza valida fino a quel momento, veicolano una nuova concezione del corpo, propongono una diversa estetica scenica e del movimento e attribuiscono all'arte un ruolo fondamentale nella società. Malgrado la grande importanza storico-culturale della danza moderna, del movimento per la vita sana sul Monte Verità e del movimento dada di Zurigo, finora non sono state tuttavia condotte ricerche esaustive che abbiano stabilito un nesso tra questi temi. Esistono naturalmente numerose pubblicazioni sul dadaismo, sul movimento per la vita sana sul Monte Verità e sulla danza moderna intesi come fenomeni a sé stanti, così come vari studi sulla vita e l'attività artistica di singole figure di spicco di queste correnti d'avanguardia.[1] Le analogie e differenze sotto il profilo ideologico ed estetico, le utopie sociali e politiche condivise e soprattutto la collaborazione artistica tra alcune allieve di Laban ed esponenti del dadaismo zurighese finora non sono però mai state indagate in maniera specifica. Con il presente volume, vogliamo quindi proporre un'analisi approfondita di questo patrimonio culturale importante per la danza e l'arte d'avanguardia, che ha per buona parte le sue radici in Svizzera.

Questo volume collettaneo è il frutto di tre simposi sui temi delineati in precedenza che noi – Mona De Weerdt (studiosa di scienze della danza e del teatro) e Andreas Schwab (storico) – abbiamo organizzato tra il 2014 e il 2016. Sotto il titolo «Monte Dada», i simposi si sono svolti in tre luoghi simbolo: il Monte Verità (Danza e dada al Cabaret Voltaire e sul Monte Verità, 2014), l'Archivio tedesco della danza (Deutsches Tanzarchiv Köln) di Colonia (Danza espressiva e avanguardia) e, nel 2016, in occasione del centenario di dada, il Cabaret Voltaire di Zurigo (Danza sui palcoscenici dada). Il titolo Monte Dada riflette l'accento posto sui legami ideologici, artistici e personali tra

---

1 Sulla danza moderna, cfr. tra gli altri Simon Baur, Ausdruckstanz in der Schweiz. Anregungen, Einflüsse, Auswirkungen in der ersten Hälfte des 20. Jahrhunderts, a cura di Silvia Buol, Wilhelmshaven 2010; Sabine Huschka, Moderner Tanz. Konzepte – Stile – Utopien, Reinbek bei Hamburg 2002. Sul dadaismo, cfr. tra l'altro le fonti primarie riprodotte in Raoul Schrott, DADA 15/25. Dokumentation und chronologischer Überblick zu Tzara & Co, Innsbruck 1992; Richard Sheppard/Fachbereich Sprach- und Literaturwissenschaft an der Universität-Gesamthochschule-Siegen (a cura di), Dada Zürich in Zeitungen: Cabarets, Ausstellungen, Berichte und Bluffs, Siegen 1992; Tristan Tzara, Chronique Zurichoise 1915-1919, in: Richard Huelsenbeck (a cura di), Dada Almanach, (Berlin, 1920) Hamburg 1987, pp. 10-28. Per quanto riguarda invece la letteratura secondaria, cfr. tra gli altri Birgit Hess, «Sphäre des Wilden … Sphäre des Spiels». Masken und Puppen im Dada Zürich: ‹Agenten› der Alterität und Performanz, Trier 2006; Raimund Meyer, Dada in Zürich. Die Akteure, die Schauplätze, Frankfurt am Main 1990; Ina Boesch (a cura di), Die Dada. Wie Frauen Dada prägten, Zürich 2015; Astrid von Asten, Sylvie Kyeck, Adrian Notz (a cura di), Genese Dada. 100 Jahre Dada Zürich, Zürich 2016.

Fig. 1: Mary Wigman danza sulle rive del Lago Maggiore, 1913.

Fig. 2: Simposio «Danza sui palcoscenici dada» al Cabaret Voltaire, 2016 © Luca Hostettler.

il movimento dadaista e la riforma della danza promossa da Laban a Zurigo e sul Monte Verità. Lo sguardo su questi fenomeni storico-culturali è stato volutamente interdisciplinare. Ai simposi non abbiamo infatti invitato solo specialisti di scienze del teatro e della danza, ma anche esperti di scienze culturali, storia dell'arte, germanistica e scienze letterarie. Poiché riteniamo che misurarsi con questo patrimonio culturale sul piano artistico sia altrettanto importante della ricostruzione storico-critica degli eventi dell'epoca tramite fonti, fotografie e documenti, nel corso dei tre simposi sono anche stati presentati tre progetti artistici. Con questo ampliamento di prospettiva, abbiamo voluto sottolineare le potenzialità dell'arte contemporanea nelle sue diverse espressioni (arti performative, videoarte, arti figurative) per la conservazione e la trasmissione del patrimonio culturale.

# Contenuti

Il presente volume si articola in tre parti, che affrontano i due nuclei tematici del progetto da prospettive diverse. Nella parte I, intitolata Cabaret Voltaire e Monte Verità. Nuove forme d'arte e di vita, vengono analizzati i rapporti personali nonché le analogie ma anche le differenze artistiche e ideologiche tra il dadaismo e la riforma della danza. La parte II (La danza sui palcoscenici dada) è focalizzata sulle danze dadaiste, sulla loro estetica e sulla loro descrizione nelle diverse fonti. La parte III si occupa della rilettura di eventi storici in chiave artistica contemporanea, e specialmente della ricostruzione coreica e della rielaborazione performativa della(e) storia(e) della danza. Le diverse parti con i rispettivi saggi sono intervallate da contributi riccamente illustrati sui tre progetti artistici presentati in occasione dei simposi Monte Dada. Nel 2014 Dorothée Thébert Filliger e Filippo Filliger si sono esibiti sul Monte Verità con la loro pièce di danza «Peut-on être revolutionnaire et aimer les fleurs?», in cui si confrontano in modo scherzoso e ironico con le utopie e le ideologie dei seguaci del movimento per una vita sana. Il Cabaret Voltaire di Zurigo nel 2016 ha invece ospitato i lavori dell'artista figurativo Jean Kirsten e della videoartista Anka Schmid, che propongono entrambi una rivisitazione personale in ottica contemporanea dell'eredità culturale labaniana e dadaista – da un lato mediante installazioni, rilievi e dipinti, dall'altro tramite un film artistico-sperimentale.

Nel suo saggio, l'esperta di scienze della danza Christina Thurner evidenzia i legami personali e artistici tra la scuola Laban e il dadaismo zurighese, in particolare sotto il profilo creativo e della storia coreica, e illustra come essi abbiano rimesso in questione le concezioni coreiche e del movimento e i dettami estetici all'epoca prevalenti.

La studiosa italiana di scienze della danza Susanne Franco dal canto suo ha illustrato la nuova idea della danza e del corpo di Laban, inquadrandola nel contesto storico e culturale degli anni a cavallo del 1900 e del pensiero filosofico, fisiologico, sociale ed estetico di quel periodo.

Partendo dall'assunto che l'autorappresentazione dell'artista operata dell'avanguardia classica avveniva mediante il ricorso al metaforismo dell'«uomo nuovo», il germanista italiano Gabriele Guerra ha esplorato il complesso di sperimentalismo avanguardista, tendenze mistico-ascetiche e concezioni meccanicistiche del corpo alla luce della pratica artistica di Hugo Ball.

In seguito Hedwig Müller, studiosa di scienze della danza e del teatro nonché biografa di Mary Wigman, ha analizzato aspetti finora inesplorati dell'attività artistica di questa esponente di primo piano della danza espressiva tedesca. Hedwig Müller mette in luce il confronto wigmaniano con diverse forme d'arte e l'importanza di queste ultime per lo sviluppo delle basi della sua danza espressiva.

L'esperto di scienze del teatro Patrick Primavesi si interroga invece sulle affinità e i parallelismi tra dada e lo sviluppo della danza espressiva nell'area germanofona, rivolgendo un'attenzione particolare alle pratiche artistiche collettive e specialmente allo sviluppo dei cori di movimento labaniani.

Nella parte II del volume, la studiosa di letteratura Christa Baumberger illustra le figure e i motivi della danza nelle poesie, nei racconti e nelle memorie di Emmy Hennings sugli anni del Cabaret Voltaire e di dada. Inoltre si sofferma sulle sue esibizioni, finora poco note, come danzatrice nel contesto dadaista.

Esperta di scienze della danza, Lucia Ruprecht si è occupata della qualità motoria del vibrare quale prepotente fenomeno gestuale – tanto estetico quanto patologico – all'inizio del XX secolo. Con l'ausilio di fonti storiche mostra come questa qualità motoria affiori non soltanto nelle danze espressive di Mary Wigman, ma assuma anche un ruolo centrale nella danza astratta eseguita da Sophie Taeuber in occasione dell'inaugurazione della Galerie Dada nel marzo 1917.

La storica dell'arte Sarah Burkhalter ha esaminato la sfaccettata produzione artistica di Sophie Taeuber-Arp sotto il profilo linguistico, esplorando gli aspetti onomatopeici nelle danze, nei disegni e nelle posie dell'artista e mostrando come queste diverse espressioni artistiche siano strettamente interconnesse e fonte di ispirazione reciproca.

La storica dell'arte Walburga Krupp dal canto suo chiarisce che la partecipazione di Sophie Taeuber alla festa di inaugurazione della Galerie Dada costituisce in realtà la sua unica esibizione attestata quale danzatrice dadaista, malgrado essa sia spesso citata come tale, e che le sue altre attività coreiche conosciute avvengono nel contesto della scuola Laban. In questo modo rimette in discussione l'idea ampiamente diffusa che Sophie Taeuber sia una dadaista della prima ora e una danzatrice dada.

La studiosa di scienze della danza Julia Wehren si è infine occupata della valorizzazione dell'eredità artistica di Mary Wigman, e nello specifico di come il danzatore ecuadoregno Fabiàn Barba abbia ricostruito degli assoli della prima fase della carriera della Wigman. Il contributo di Barba alla storia della danza non è quindi di natura teorica, ma è una storia del corpo che sul palcoscenico viene resa visibile in modo performativo.

Traduzione: Martin Kuder

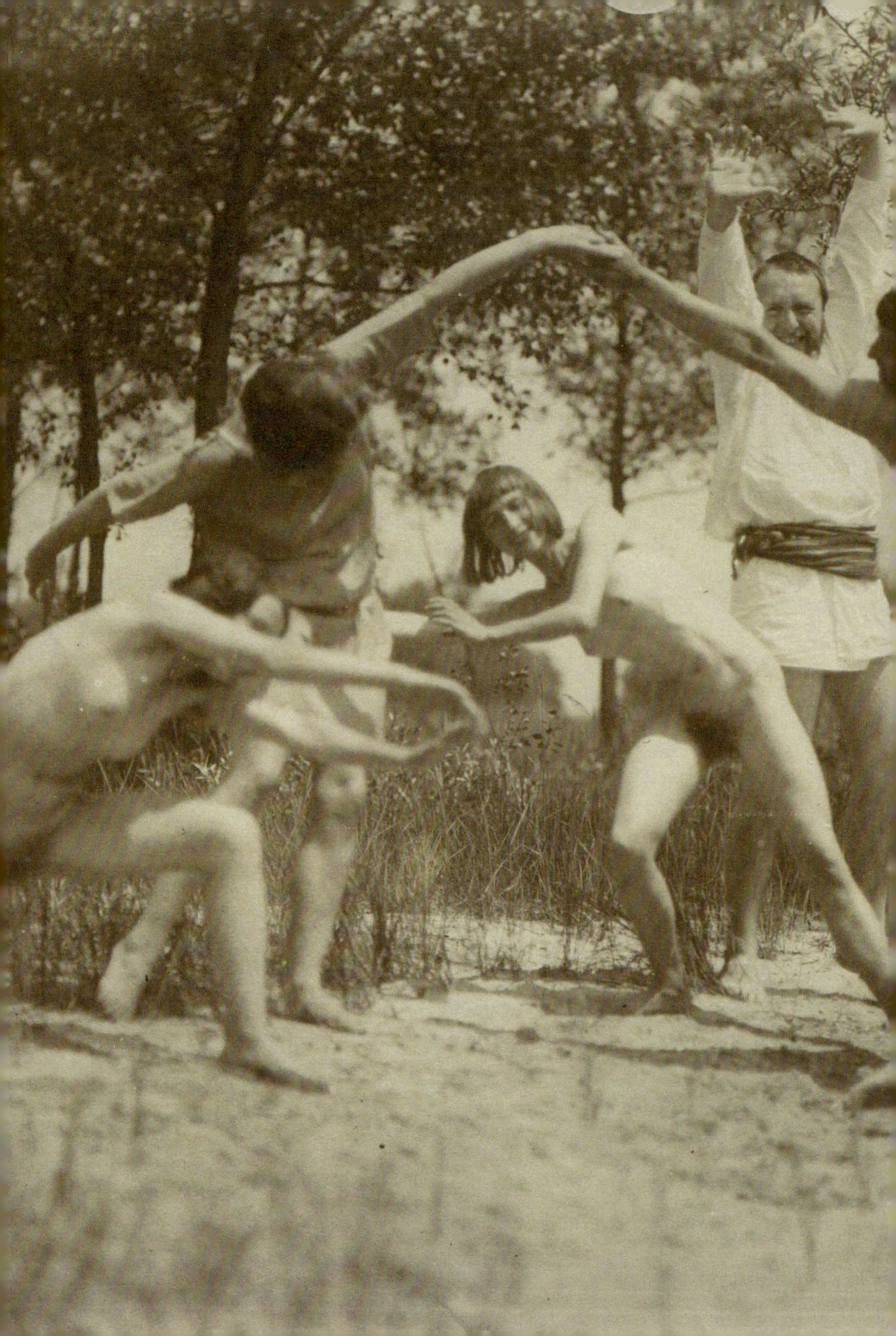

Mona De Weerdt e Andreas Schwab

# Ribellioni estetiche
## Danza espressiva e avanguardia

Il 10 aprile 1917 Hugo Ball annotava nel suo diario: «Provo una nuova danza con cinque ballerine di Laban abbigliate da africane, con lunghi caffetani neri e maschere. I movimenti sono simmetrici, l'accento è posto sul ritmo, la mimica è d'una bruttezza morbosamente ricercata e contorta.»[1]

---
[1] Hugo Ball, La fuga dal tempo (tradotto e annotato da Piergiulio Taino), Pasian di Prato 2006, p. 93 (10.4.1917).

Fig. 3: Esercizi di danza sul Lago Maggiore, 1913.

Pur non dicendo molto sull'estetica e sulla coreografia della danza in questione, questa citazione testimonia un aspetto importante nel contesto del presente volume, vale a dire le collaborazioni artistiche tra i dadaisti zurighesi e alcune danzatrici formatesi presso il danzatore, pedagogo e teorico della danza Rudolf von Laban.[2]

Dal 1913, la «Schule für Kunst» (scuola d'arte) di Rudolf von Laban offre una formazione coreica nella cornice del sanatorio del Monte Verità; le allieve e gli allievi vivono nelle capanne aria-luce sparse per il parco circostante. Per sei giorni alla settimana, la mattina si svolgono corsi nelle quattro materie arte del movimento, arte del suono, arte verbale e arte formale, a cui si aggiungono esercitazioni nel pomeriggio. I corsi di arte del movimento, perlopiù tenuti dallo stesso Laban, pongono l'accento sulla «pura espressione del movimento» e sulla danza senza musica, in cui il movimento nasce dalla vita interiore dell'individuo. I movimenti sono accompagnati da strumenti ritmici semplici come tamburelli e sonagli. Lo scopo di queste esercitazioni è sempre la sperimentazione con il corpo e l'espressione di un determinato stato interiore o di un'emozione attraverso il movimento. Invece di provare a ripetizione rigide sequenze di passi e pose predefinite, Laban incoraggia le sue allieve e i suoi allievi a trovare la propria forma espressiva personale nella danza.[3]

Insieme vanno alla ricerca di presunti movimenti «autentici» e di un corpo «naturale» liberato dai condizionamenti sociali. Non si trattava di ricadere in uno «stato primitivo e selvaggio», ma di attivare una sensibilità «ritmico-naturale» prima che fosse snaturata dalla società.[4] Laban aspira non solo a una riforma artistica della danza, ma, come il movimento per la vita sana, anche a una riorganizzazione profonda della società attraverso il corpo umano, il movimento e la danza. In questa nuova estetica del movimento, l'arte e la vita dovevano diventare un tutt'uno.

In ossequio al principio della liberazione del corpo, i riformatori della danza sul Monte Verità danzano nella natura indossando ampi vestiti che lasciano libertà di movimento fisico, a piedi nudi o addirittura del tutto nudi, come testimoniano diverse fotografie dell'epoca (fig. 3-4). Questi scatti non si limitano a riprodurre l'ideale del corpo e della danza dell'epoca, ma in primo luogo lo plasmano, lo mettono in scena e lo stilizzano.

Nella seconda materia, ossia l'arte del suono, si ricorre alla ritmica del suono come mezzo artistico autonomo. Il canto, praticato nel quadro di esercitazioni spontanee e senza seguire uno spartito, prevede

---

2 Tra gli allievi della scuola di danza di Laban prevalgono le donne, per cui in questa introduzione e anche in altre parti del libro viene utilizzata solo la forma femminile allieve o danzatrici. Il gruppo dadaista zurighese è invece formato prevalentemente da uomini, per cui in parte si parla di artisti dada o dadaisti al maschile.

3 Fritz Böhme, Rudolf von Laban und die Entstehung des modernen Tanzdramas, Berlin 1996, p. 50; Hans Brandenburg, Der Moderne Tanz, München 1917, p. 108.

4 Cfr. i libri di Laban, p. es. Rudolf von Laban, Die Welt des Tänzers. Fünf Gedankenreigen, Stuttgart 1920.

sottili gradazioni di tono. Questa formazione musicale di base include anche lo sviluppo dell'orecchio musicale, l'armonia e la teoria musicale. Le lezioni di arte verbale consistono in esercizi di recitazione, esposizione e declamazione. L'insegnamento artistico nelle discipline danza, suono e parola era abbinato alla cosiddetta arte formale, ossia le arti applicate tra cui la costruzione, la tessitura, la calzoleria, la sartoria, la pittura e la scultura.

In un articolo, Hugo Ball loda la scuola Laban e specialmente la sua formazione pratica ed estetica ad ampio spettro dell'individuo. A tale proposito scrive: «Mettendo in pratica la propria filosofia di fondo, la scuola Laban è andata molto oltre a quanto una scuola di danza tradizionale è in grado di offrire ai propri giovani allievi. Essa si è trasformata in un istituto che non mira solo allo sviluppo delle capacità, ma anche all'educazione dell'artista.»[5] Queste parole riflettono l'ammirazione di Ball per Laban e le sue idee pedagogiche, artistiche e di riforma della danza. Specularmente Laban e le sue allieve si interessano alle innovazioni estetiche e artistiche dei dadaisti. Già nel 1916 «Laban, accompagnato da alcune signore»,[6] assiste a soirée dadaiste al Cabaret Voltaire. Secondo la testimonianza di Suzanne Perrottet, sua allieva e in seguito sua assistente e amante, è entusiasta delle esibizioni proposte poiché, citando le memorie della Perrottet, «si trattava di forme nuove e fresche».[7] Se Laban non partecipa attivamente alle soirée ma vi assiste soltanto, diverse sue allieve dal 1917 salgono invece sul palco durante alcune soirée dada. In occasione dell'inaugurazione della Galerie Dada nel marzo 1917, Sophie Taeuber[8] esegue «Abstrakte Tänze» (Danze astratte) e Claire Walther presenta «Expressionistische Tänze» (Danze espressioniste).[9] Nel quadro delle attività dadaiste, Suzanne Perrottet dal canto suo non si esibisce come danzatrice ma come pianista mascherata; alcune allieve di Laban partecipano poi alla «danza negra» pseudo-africana, fortemente ritmata e coreografata da Ball, citata all'inizio di quest'introduzione.

Viceversa Emmy Hennings e Hugo Ball nel 1917 partecipano al congresso dell'Ordo Templis Orientis (OTO) sul Monte Verità; le fonti attestano inoltre che Sophie Taeuber e Hans Arp si recano ad Ascona[10] e assistono alla messinscena «Sang an die Sonne» (Inno al sole),

---

5 Hugo Ball, Über Okkultismus, Hieratik und andere seltsam schöne Dinge [1917], in: Hugo Ball, Der Künstler und die Zeitkrankheit. Ausgewählte Schriften, a cura di Hans Bernhard Schlichting, Frankfurt am Main 1984, pp. 54-57. Il medesimo articolo è pubblicato con lo stesso titolo sul Intelligenzblatt für die Stadt Bern, annata 84, n. 314, del 15 novembre 1917.
6 Ball 2006 (vedi nota 1), p. 57 (2.4.1916).
7 Suzanne Perrottet citata in: Suzanne Perrottet, Ein bewegtes Leben. Text und Bilder bearbeitet und ausgewählt von Giorgio J. Wolfensberger, Bern 1984, p. 134.
8 Nei passaggi relativi alle attività artistiche di Sophie Taeuber prima del suo matrimonio con Hans Arp, abbiamo adottato la dicitura «Sophie Taeuber». Quando invece si parla della sua opera in generale o del suo operato dopo il 1922, abbiamo optato per «Sophie Taeuber-Arp».
9 Ball 2006 (vedi nota 1), p. 91 (29.3.1917).
10 Cfr. l'annotazione nel diario di Ball dell' 8.4.1917 (vedi nota 1), p. 93: «Arp e Sophie Taeuber sono partiti per Ascona.»

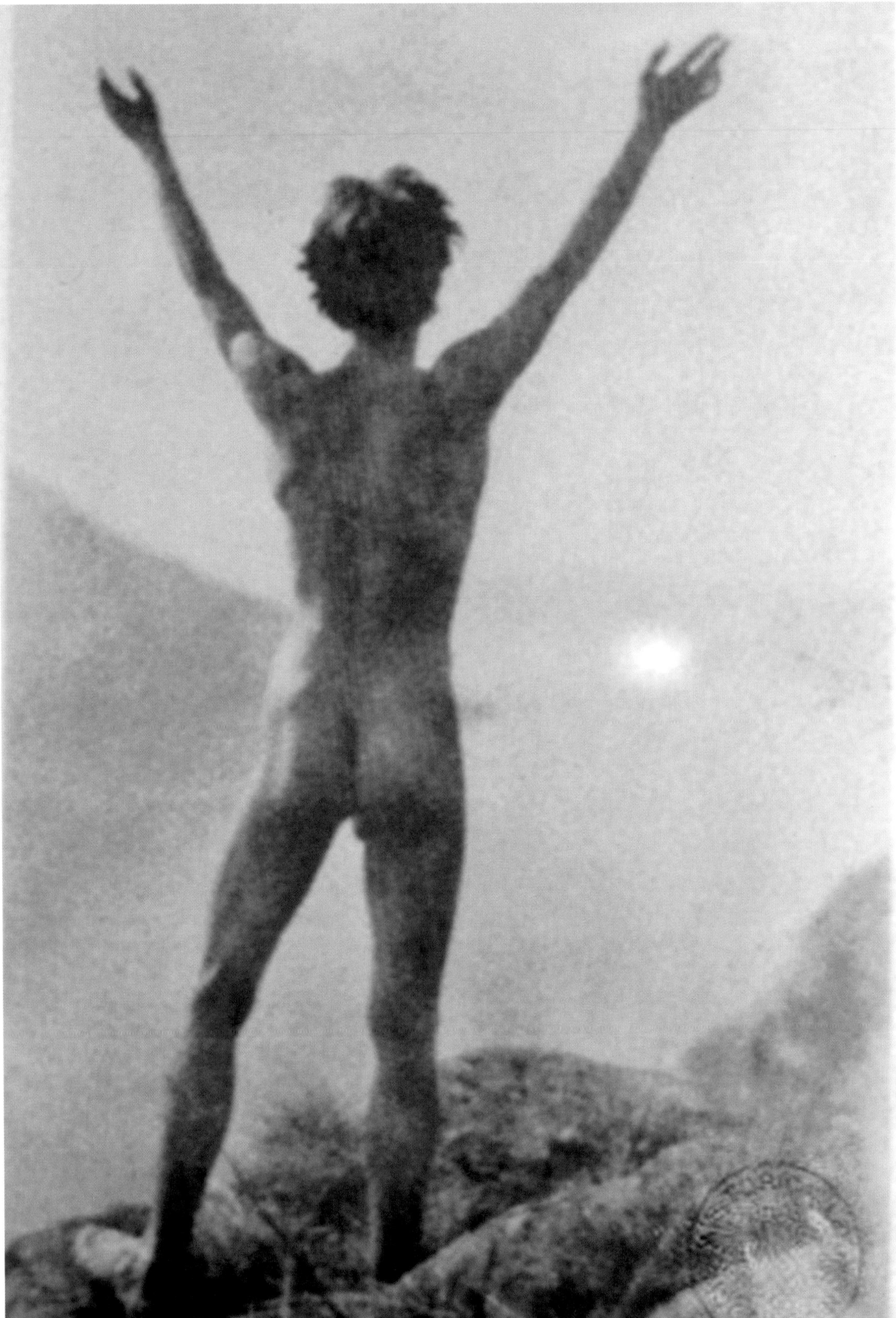

un imponente spettacolo di danza che si svolge in mezzo alla natura sull'arco di due giorni. La rappresentazione inizia la sera del 18 agosto 1917 con la prima parte intitolata «Die sinkende Sonne» (Il sole che tramonta), «una ridda solenne attorno al fuoco».[11] Una volta tramontato il sole, tutta la comunità festante si trasferisce nel vicino prato di Parsifal, dove inizia la seconda parte dal titolo «Die Dämonen der Nacht» (I demoni della notte), una danza pantomimica con fiaccole, «tamburi, tamtam e flauti».[12] La serata termina con il finale «Die siegende Sonne» (Il sole vincente), con cui si dissolvono i fantasmi della notte. Questo dramma coreico in tre parti assume il carattere di una festa rituale nella natura. Si tratta di uno spettacolo magico e sensuale, in cui l'eterno alternarsi del giorno e della notte, il tramonto del vecchio giorno e il sorgere di quello nuovo simboleggiano il rinnovamento spirituale. Gli spettatori vengono trasportati da una società moderna malata di civiltà a una festa del sole archetipica e ricca di valenze simboliche che evoca antichi riti pagani.[13]

Le rappresentazioni della scuola Laban e le conferenze tenute regolarmente dallo stesso Laban affascinano Ball. «Poche volte si sentono argomentazioni sulle origini del rito artistico, della liturgia mimico-teatrale e della danza ieratica altrettanto convincenti di quelle esposte nelle conferenze di R. von Laban, e raramente ho visto eseguire danze rituali dell'antico Messico, dell'Africa centrale e dell'Oriente con maggiore sensibilità e intuito di quelli dimostrati dal suo gruppo.»[14] Proprio questo interesse per la diversità culturale e per la dimensione rituale accomuna peraltro i protagonisti del movimento dada e la riforma della danza di Laban. Il dramma coreico «Der Trommelstock tanzt. Rhythmische Tanzfolge (nach mexikanischen Trommelsprüchen)» (La bacchetta del tamburo danza. Sequenza coreica ritmica [secondo linguaggi ritmici messicani]), eseguito in prima assoluta sul Monte Verità nel 1913, si ispirava ad antichi linguaggi ritmici messicani, dai contenuti però incerti,[15] mentre nella favola orientale «Die Grimasse des Sultans» (La smorfia del sultano), portata in scena nel 1918 a Zurigo, compare la figura del derviscio come forza innovatrice che sconvolge gli ordinamenti sociali.[16] Il primitivismo e il confronto con altre culture assume un ruolo importante anche nel dadaismo. Poco tempo dopo l'inaugurazione del Cabaret Voltaire, nel suo programma compaiono le due «canzoni negre» «Chant nègre I e II», che, stando alle parole di Ball, vengono eseguite «con tonache nere e tamburi esotici grandi e piccoli come una

---

[11] Rudolf von Laban, Ein Leben für den Tanz, Dresden 1935, pp. 195 sg.
[12] Ibid., p. 196.
[13] Susan A. Manning, Ecstasy and the Demon. Feminism and nationalism in the dances of Mary Wigman, London 1993, p. 79; Hedwig Müller/Patricia Stöckemann (a cura di), «… jeder Mensch ist ein Tänzer!» Ausdruckstanz in Deutschland zwischen 1900 und 1945, Giessen 1993, pp. 16 sg.

[14] Ball 1984 (vedi nota 5), p. 54.
[15] Cfr. Ina Boesch (a cura di), Die Dada. Wie Frauen Dada prägten, Zürich 2015, pp. 47-51.
[16] Cfr. Evelyn Dörr, Rudolf Laban. Das choreographische Theater. Die erste vollständige Ausgabe des Laban'schen Werkes, historisch-kritisch kommentiert von Evelyn Dörr, Norderstedt 2004, pp. 119-123.

Fig. 4: Esercizi fisici sul Lago Maggiore, s.d.

santa vema».[17] Anche Hans Richter si ricorda di queste danze pseudo-africane: «La danza ‹Noir Kakadu›, con le sue maschere negre estremamente selvagge di Janco, che dovevano aiutare a nascondere i visi graziosi delle ragazze, e con i suoi costumi astratti sopra i corpi snelli delle nostre labanesi, era qualcosa di completamente nuovo, inaspettato, anticonvenzionale.»[18] Questa citazione dice poco sulla forma concreta assunta dalla danza, ma molto sulle sue intenzioni, vale a dire presentare qualcosa di anticonformista e scioccante. Nel dadaismo, il rifiuto delle convenzioni si traduce in una presa di distanza dalla cultura borghese e dai paradigmi artistici logocentrici nonché in una combinazione eclettica di elementi diversi, da cui scaturisce un'estetica scenica del tutto particolare caratterizzata da aspetti grotteschi.

Sia in alcuni drammi coreici di Laban sia nelle esibizioni dada al Cabaret Voltaire, al Galerie Dada, al Zunfthaus zur Waag o presso la Sala zur Kaufleuten, i protagonisti portano delle maschere. Nell'impiego e nello scopo di questi camuffamenti si ravvisano però delle differenze. Nelle manifestazioni dadaiste, spesso i corpi erano interamente coperti da costumi che limitavano la libertà di movimento e miravano a trasformare e nascondere il più possibile la fisionomia di chi li indossava. Maschere e costumi servivano da travestimento o a rappresentare qualcosa, ad esempio le donne nere africane o, come le chiamavano gli artisti dadaisti, le «négresse». Oppure venivano utilizzati come indumenti formali senza scopo rappresentativo o narrativo che assumevano sembianze geometriche, come ad esempio gli ingombranti costumi indossati da Emmy Hennings nella sua danza dada o da Ball nella sua leggendaria esibizione quale «magico vescovo».[19] Laban invece ritiene che i costumi non debbano ostacolare i danzatori nella loro libertà di movimento. Mentre nelle manifestazioni dada si assiste a un'interazione paritaria tra musica, costumi e movimento, per Laban «i costumi, la musica, l'illuminazione e tutta la messinscena sono strumentali all'espressione stilistico-spaziale del movimento».[20] Un parallelismo significativo tra Laban e il dadaismo consiste nel modo in cui il movimento viene generato. Secondo Ball, i movimenti di Sophie Taeuber durante la «danza astratta» eseguita in occasione dell'inaugurazione della Galerie Dada sono suscitati da colpi di gong e particelle di parole e quindi scaturiscono dall'esterno. Ball precisa che «un colpo di gong» e «una sequenza di risonanze poetiche» bastano «perché il corpo della ballerina si rianimi e descriva fantastiche composizioni».[21] Si tratta di una tecnica per generare movimenti adottata anche

---

17 Ball 2006 (vedi nota 1), p. 57 (30.3.1916).
18 Citazione di Hans Richter tratta da Werner Haftmann (a cura di), Dada – Kunst und Antikunst. Der Beitrag Dadas zur Kunst des 20. Jahrhunderts, 1978, p. 82.
19 Cfr. a questo proposito Birgit Hess, «Sphäre des Wilden … Sphäre des Spiels». Masken und Puppen im Dada Zürich: ‹Agenten› der Alterität und Performanz, Trier, pubblicazione online, 2006, http://ubt.opus.hbz-nrw.de/volltexte/2006/388/pdf/HessBirgit_20031103.pdf (ultimo accesso: 27.4.2016, p. 187).
20 Dörr 2004, p. 96 (vedi nota 16). Cfr. a questo proposito anche il contributo di Christina Thurner nel presente volume.
21 Ball 2006 (vedi nota 1), p. 91 (29.3.1917).

da Laban nei suoi studi sul movimento e sull'improvvisazione. Per produrre movimenti provenienti dalla sfera interiore del danzatore e trasformare le emozioni in movenze coreiche esteriori, egli non utilizzava la musica, ma bacchette o tamburi.[22] In linea di massima, dai resoconti dei protagonisti coevi è difficile trarre indicazioni concrete sulle caratteristiche coreografiche e sull'estetica scenica e del movimento di queste danze dadaiste. Le testimonianze dell'epoca in forma di diari,[23] lettere e recensioni di giornali spesso non sono descrittive, ma metaforiche e poetiche e quindi non offrono informazioni precise sullo svolgimento concreto delle esibizioni coreico-performative sui palcoscenici dada. Poiché esistono solo poche fotografie e nessun filmato o registrazione sonora delle rappresentazioni dadaiste, è possibile ricostruire solo in maniera sommaria la forma, la coreografia e l'estetica del movimento di queste danze. La stessa cosa vale anche per le esibizioni di danza sul Monte Verità. Ad ogni modo, dalle fonti traspare con evidenza che sia gli artisti dadaisti sia Laban superano con coraggio le consuetudini artistiche e sceniche dell'epoca, propongono nuove estetiche del movimento e rimettono in questione i principi estetici e le concezioni coreiche predominanti.

Traduzione: Martin Kuder

---

22 Cfr. Hess 2006 (vedi nota 19), pp. 211-212.
23 Il diario di Hugo Ball La fuga dal tempo costituisce una fonte importante sul dadaismo zurighese e contiene alcune poche annotazioni sulle danze dadaiste e sulle relative maschere e costumi. Cfr. Ball 2006 (vedi nota 1).

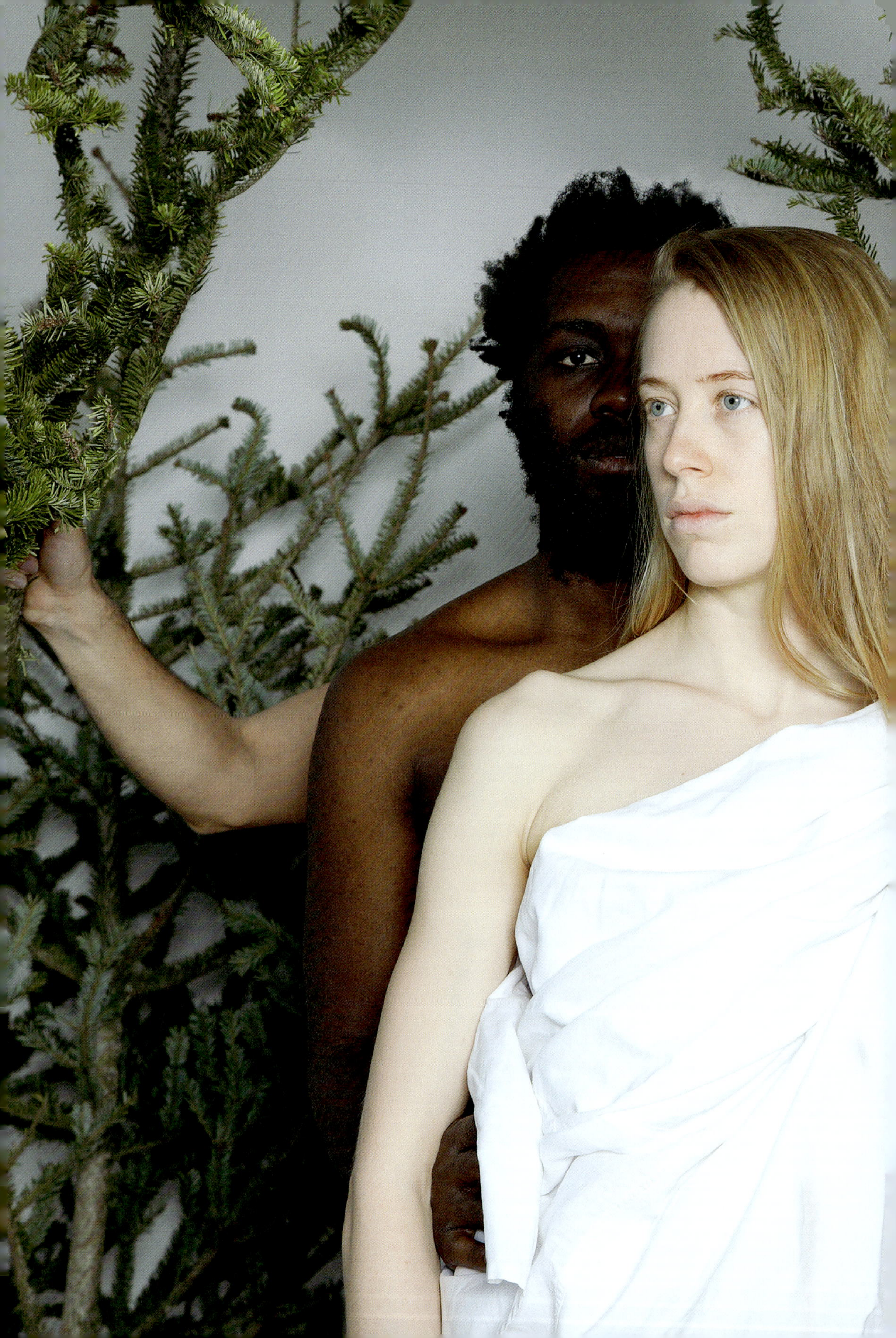

Mona De Weerdt

# «Peut-on être révolutionnaire et aimer les fleurs?» di Dorothée Thébert Filliger e Filippo Filliger

## Un confronto coreico-performativo con le pratiche, le idee e le utopie del movimento per la vita sana

«Dobbiamo seguire la natura, porci sotto la protezione delle sue leggi che concedono tutto liberamente, guarire grazie a lei, imparare da lei che offre l'opportunità a ogni essere vivente di svilupparsi in modo libero.»

Fig. 5: Lola Riccaboni e Cédric Djédjé in «Peut-on être révolutionnaire et aimer les fleurs?», 2014 © Dorothée Thébert Filliger.

Questa era la visione che Ida Hofmann, seguace del movimento per la vita sana e femminista, esponeva nelle sue annotazioni «Monte Verità. Wahrheit ohne Dichtung» (Monte Verità. Verità senza poesia).[1] Con il suo compagno Henri Oedenkoven, figlio di un industriale belga, e i fratelli Karl e Gustav Gräser, nel 1900 acquista una collina sopra Ascona, in Ticino. Là i quattro fondano una comunità spirituale e pacifica, in sintonia con il principio in precedenza enunciato di una vita «naturale» all'aria aperta e finalizzata a uno sviluppo senza costrizioni dell'individuo.[2] Essi cercano la «veridicità», l'«autenticità» e una vita «naturale» ricca di senso, lontano dalla cosiddetta società civilizzata da loro considerata fonte di malattia, e pertanto danno alla collina il nome di Monte Verità. L'intento era di condurre una vita autarchica, separati dal resto della società e immersi nella natura. Secondo Ida Hofmann, infatti, «il libero sviluppo delle persone desiderose di emanciparsi» era impensabile all'interno delle «organizzazioni sociali esistenti, che soffocano ogni impulso individuale nell'essere umano e mettono la sua forza e le sue doti naturali al servizio dei potenti».[3]

In breve tempo il Monte Verità attira alternativi, antroposofi, femministe, filosofi, artisti di vita e rivoluzionari. Henri Oedenkoven, fautore del movimento per la vita sana, vi decanta i pregi del naturismo e del vegetarismo. Il coreografo e danzatore Rudolf von Laban sviluppa le sue teorie e pratiche della danza moderna le quali, oltre a riformare l'attività artistica e coreica, avevano anche implicazioni sociali, dato che, mediante la danza e il movimento, Laban intendeva trovare «nuove forme di vita semplice».[4] Lo psichiatra Otto Gross dal canto suo mette in pratica il prototipo di una società matriarcale, mentre il poeta Gusto Gräser incarna il primo profeta antimoderno.[5] Tutti loro erano uniti da quello che la Hofmann definiva «il bisogno di abbandonare l'ordine, o meglio il disordine, sociale obsoleto a favore di una vita e di un modo di vivere più personali – il bisogno di libertà».[6] L'obiettivo della colonia, basata sulla visione di un mondo migliore, era dunque di

---

1 Ida Hofmann, Monte Verità. Wahrheit ohne Dichtung, Lorch (Württemberg) 1906, p. 6.
2 A questo proposito cfr. tra l'altro Andreas Schwab, Claudia Lafranchi (a cura di), Senso della vita e bagni di sole: esperimenti di vita e arte al Monte Verità, Ascona 2001. Per quanto concerne la nascita e la storia del Monte Verità, cfr. tra l'altro Robert Landmann, Monte Verità, Ascona. Die Geschichte eines Berges, Berlin 1930, di cui nel 2000 è stata pubblicata una ristampa modificata e ampliata a Frauenfeld.

3 Hofmann 1906 (vedi nota 1), p. 3.
4 Cfr. Harald Szeemann, Monte Verità: antropologia locale come contributo alla riscoperta di una topografia sacrale moderna, Locarno, 2015, p. 131.
5 A cavallo del 1900, sviluppi simili si verificano naturalmente anche altrove, tant'è che centri di vita di questo genere, spesso di natura religiosa, sorgono quasi contemporaneamente in vari luoghi. A proposito di questi centri di vita si veda Martin Green, Una Nuova Era. New Age e nuovi ‹Centri di vita› dal 1890 al 1920, in: Schwab/Lafranchi 2001 (vedi nota 2), pp. 205-221.
6 Hofmann 1906 (vedi nota 1), p. 7.

Fig. 6: Riprese di prova © Dorothée Thébert Filliger.

proporsi come alternativa radicale alla società esistente e di promuoverne la trasformazione e il rinnovamento.

Nella propria pièce di danza «Peut-on être révolutionnaire et aimer les fleurs?», la coppia di artisti Dorothée Thébert Filliger e Filippo Filliger tratta questi ideali propagandati ma anche concretamente vissuti dai seguaci del movimento per la vita sana all'inizio del XX secolo, confrontandosi con una strizzatina d'occhio con le pratiche dada, le utopie del suddetto movimento e le ribellioni artistiche e sociali a cavallo del 1900 (fig. 5-6). Questo spettacolo all'aperto è stato presentato il 14 settembre 2014 sul Monte Verità nel quadro del primo simposio Monte Dada.

Alle nove di sera gli spettatori entrano in una struttura di legno circolare a cielo aperto (fig. 7) e, appena seduti, ricevono coperte calde e uno spray contro le zanzare. La disposizione a cerchio fa sì che le persone si vedono e stanno sedute vicine, per cui si viene a creare una sorta di spirito comunitario. Due interpreti maschi (Cédric Djédjé e Valerio Scamuffa) e due donne (Marion Duval e Lola Riccaboni) entrano in scena, illustrando l'ambiente naturale circostante e descrivendo minuziosamente lo scenario in cui si svolge la pièce. Essi si soffermano tra l'altro sui materiali naturali (legno e feltro) utilizzati per la costruzione, menzionano la sauna di cui gli spettatori possono usufruire dopo lo spettacolo per la cura del proprio corpo, distribuiscono vino e frutta e commentano

Fig. 7: Costruzione in legno come palcoscenico © Dorothée Thébert Filliger.

pure i costumi da loro indossati. Questi ultimi sono ampi e ariosi per lasciare la massima libertà di movimento possibile, come i vestiti del movimento per la vita sana di inizio XX secolo. Queste descrizioni e spiegazioni approfondite servono a presentare verbalmente utopie, idee e pratiche del movimento per la vita sana e a illustrare come i riformatori ambissero a trasformare gli individui e la società intera mediante attività fisiche e regole di abbigliamento specifiche (come ad esempio indossare vestiti riformati), la cura del corpo (esercizi all'aperto, bagni di sole) e un'alimentazione particolare. In questa scena gli interpreti non rappresentano figure concrete, ma si limitano a trasmettere informazioni di carattere storico-culturale sul movimento per la vita sana, mostrando come l'attenzione per il corpo coniugasse «valori alternativi e tradizionali quali integrità, naturalezza, ascesi e religione, e norme igieniche tipiche della società industriale come salute, autodisciplina, forma fisica e prestazione, con esigenze moderne quali l'individualità e l'identità», dando così vita alla «concezione del corpo di gran lunga più influente del XX secolo».[7]

Si prosegue con una scena la cui drammaturgia è incentrata sulla ripetizione: uno dei quattro interpreti si posiziona al centro del cerchio e incarna un personaggio storico del Monte Verità, recitando frasi quali: «Sono Ida Hofmann, non porto più il corsetto!» –

---

[7] Bernd Wedemeyer, Culto del corpo e attività sportiva: un centro di cultura fisica all'avanguardia al Monte Verità, in: Schwab/Lafranchi 2001 (vedi nota 2), pp. 90-104, qui p. 94.

«Sono Gusto Gräser, vivo nudo in una grotta!» – «Sono Erich Mühsam, sono un rivoluzionario!» – «Sono Isadora Duncan, ho liberato la danza dagli imperativi estetici del balletto!»[8] Vengono eseguite e citate anche note sequenze di movimenti, tratte tra l'altro dall'«Hexentanz» (Danza della strega) di Mary Wigman, e poesie fonetiche o versi senza parole, come quelli presentati da Hugo Ball al Cabaret Voltaire nel 1916. Così, davanti agli occhi degli spettatori, vengono costruite in successione le figure storiche legate al Monte Verità o al dadaismo zurighese, con gli interpreti che illustrano in maniera sia verbale sia performativa, spesso mediante gesti e movimenti esasperati, le idee programmatiche, le pratiche artistiche e coreiche nonché le innovazioni estetiche di questi artisti.

Subito dopo, i quattro interpreti formano un cerchio tenendosi per mano e danzando lentamente in tondo. Così facendo essi evocano tra l'altro gli studi sul movimento di Laban, di cui esiste una fotografia nota,[9] e nel contempo ricreano l'atmosfera rituale e comunitaria che caratterizzava questi esercizi eseguiti all'aria aperta (fig. 8). Poi però intonano insieme la canzone polemica sul vegetarismo «Gesang der Vegetarier» (Canto dei vegetari) di Erich Mühsam, «una canzone da osteria senz'alcol», che si prende gioco dell'ascesi, dello spirito di rinuncia e della rigida filosofia alimentare del movimento per la vita sana:

«Mangiamo insalata, sì mangiamo insalata. E verdura da mattina a sera. [...] Prendiamo il sole, sì prendiamo il sole, questo è il nostro unico passatempo. [...] Odiamo la carne, sì odiamo la carne, il latte e le uova e amiamo con castità. I mangiatori di cadaveri sono stupidi e rozzi, le bestie suine – è così, non c'è niente da fare. [...] Non beviamo alcol, no non beviamo alcol, dato che è deleterio per l'animo. [...] Non fumiamo tabacco, no non fumiamo tabacco, solo la marmaglia di peccatori lo fa. Preferiamo sederci sulle chiappe. E viviamo in modo sano e secondo natura.»[10]

L'intera pièce non segue una narrazione lineare o un filo logico, ma costituisce piuttosto una successione di singole esibizioni, in analogia alle soirée dada svoltesi nel 1916-1919 a Zurigo, durante le quali si alternavano danze in maschera «astratte» e «cubiste», poesie fonetiche onomatopeiche e canzoni. Nelle singole scene, idee, figure, pratiche e azioni dell'epoca vengono citate o parodiate. La pièce di danza «Peut-on être révolutionnaire et aimer les fleurs?» offre così innanzitutto uno sguardo ironico e divertito sugli eventi storici avvenuti all'inizio del XX secolo sul Monte Verità e al Cabaret Voltaire, riportando in vita singole personalità di spicco del movimento per la vita sana, della riforma della danza e del dadaismo nonché le rispettive idee.

L'interrogativo di cosa sia rimasto del pensiero del movimento per la vita sana nella società odierna, anche in modo non apertamente dichiarato, non trova una risposta

---

8 Non si tratta di citazioni letterali delle frasi in questione.
9 Cfr. a questo proposito le fotografie nel saggio di Christina Thurner in questo volume, p. 34 e p. 37.

10 Erich Mühsam, Ascona. Eine Broschüre (seconda edizione), Locarno 1905, p. 27 sg.

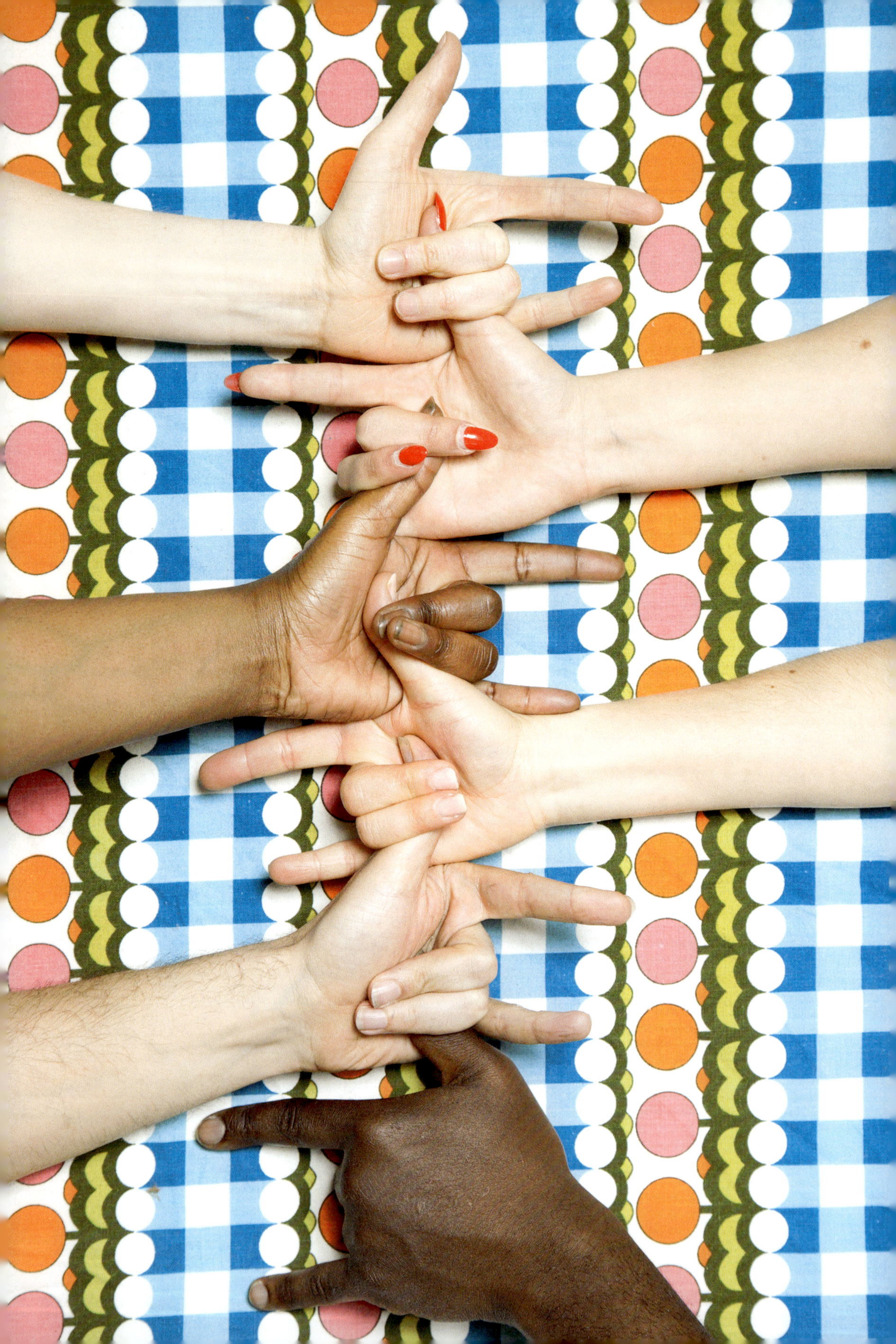

Fig. 8: Cédric Djédjé, Valerio Scamuffa, Marion Duval, Lola Riccaboni 2014 © Dorothée Thébert Filliger.

univoca nella pièce. Per concludere, a tale riguardo vorrei sottolineare che le tendenze artistiche e di riforma della vita che si sviluppano all'inizio del XX secolo sul Monte Verità e al Cabaret Voltaire assumono un'importanza notevole per la storia culturale non solo svizzera, ma anche europea. Entrambe le correnti forniscono impulsi «che avrebbero ispirato e assunto un carattere esemplare per l'arte figurativa, la danza, l'alimentazione come pure per le strutture sociali e politiche», come ha affermato lo storico dell'arte Simon Baur in riferimento agli inizi della danza (espressiva) moderna in Svizzera.[11]

11 Simon Baur, Ausdruckstanz in der Schweiz. Anregungen, Einflüsse und Auswirkungen in der ersten Hälfte des 20. Jahrhunderts, Wilhelmshaven 2010, p. 67.

È interessante notare a questo proposito come all'inizio del XXI secolo, un'epoca caratterizzata da una globalizzazione accelerata, da un ordine mondiale neoliberale e dallo sviluppo tecnologico, si manifesti nuovamente un desiderio di ritorno alla natura. Tale aspirazione, pur non riallacciandosi esplicitamente al movimento per la vita sana, si esprime attraverso fenomeni simili e concreti come la diffusione del veganismo, l'urban gardening, la tendenza al fai da te e uno stile di vita attento alle istanze ecologiche.

Traduzione: Martin Kuder

Fig. 9: © Dorothée Thébert Filliger.

# Cabaret Voltaire e Monte Verità

## Nuove forme d'arte e di vita

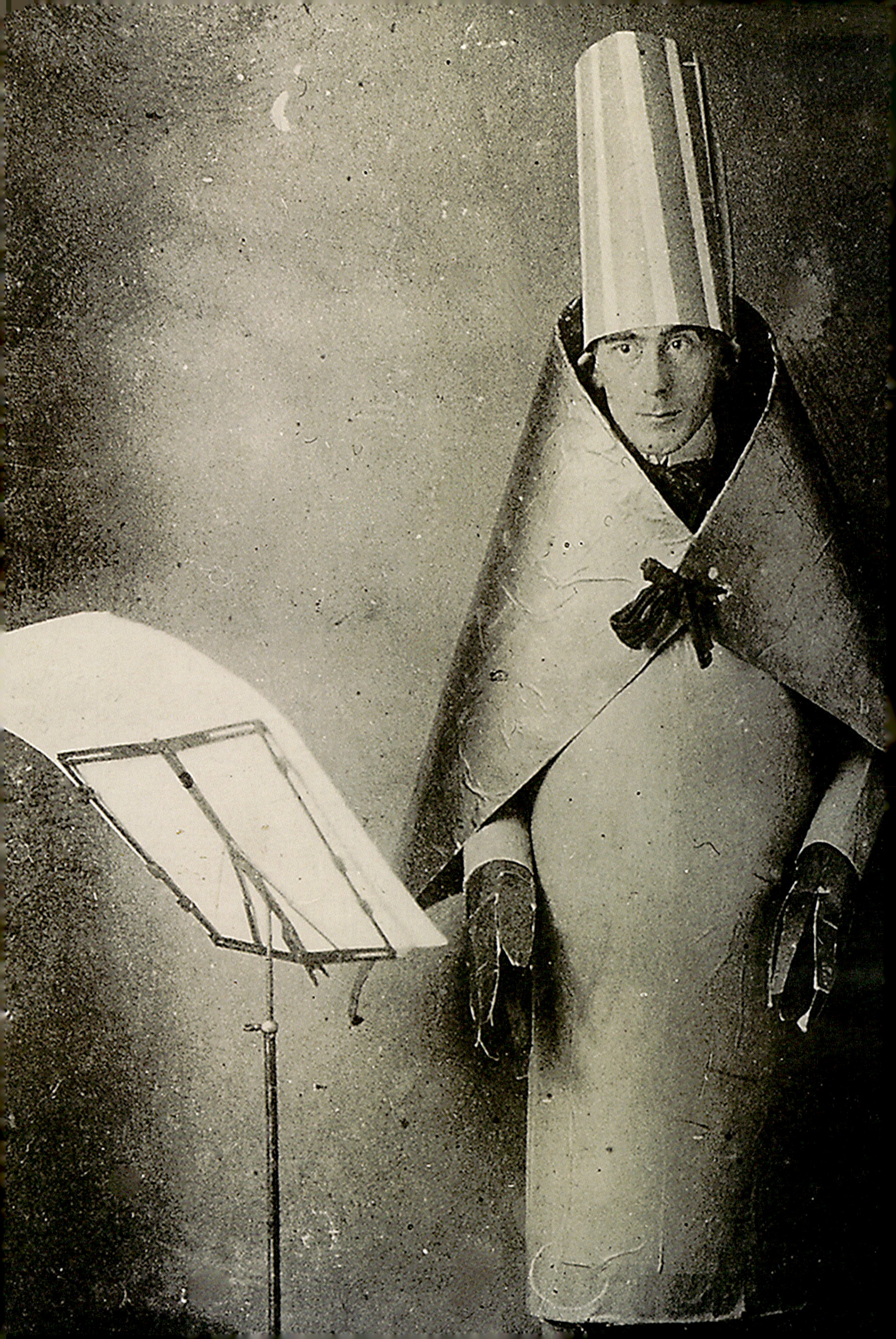

Christina Thurner

# Movimento a disposizione[1]
## Dada e la riforma della danza

---
[1] Questo testo corrisponde in parte al contributo dell'autrice nel saggio «Tanz auf den Dada-Bühnen», pubblicato insieme a Mona De Weerdt, contenuto in: Ursula Amrein e Christa Baumberger (a cura di), Dada. Performance & Programme, Zürich 2017, pp. 107-126. Ringrazio Mona De Weerdt per le sue indicazioni, i suoi suggerimenti e le sue ricerche.

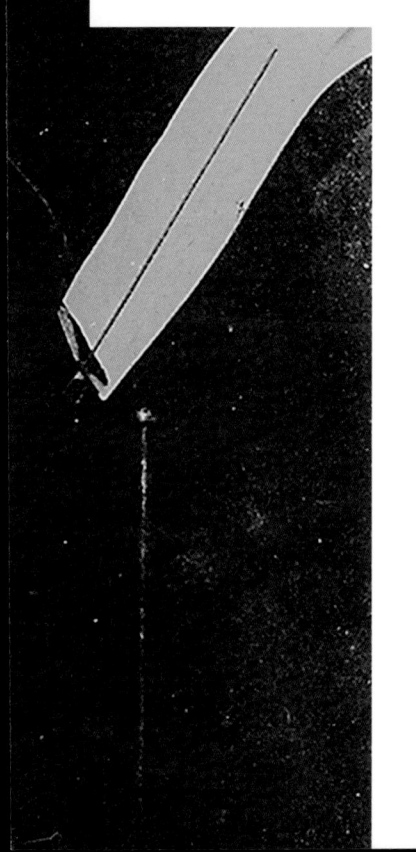

Il 23 giugno 1916 Hugo Ball annota sul proprio diario, evidentemente ancora nella stessa notte della sua leggendaria entrata in scena come «magico vescovo» al Cabaret Voltaire di Zurigo: «Fra il pubblico ho notato [...] Laban, la signora Wiegman [sic!]. Ho avuto paura del ridicolo e mi son dato un contegno. Avevo eseguito, davanti al leggio di destra, ‹Il canto di Labada› alle nuvole e, a sinistra, la ‹La carovana degli elefanti›. Mi son rivolto di nuovo al cavalletto di mezzo, sbattendo vigorosamente le ali.»[2]

---
[2] Hugo Ball, La fuga dal tempo (tradotto e annotato da Piergiulio Taino), Pasian di Prato 2006, p. 67.

Fig. 10: Hugo Ball in costume cubista, Zurigo 1916.

Da questa annotazione si possono dedurre (almeno) due cose che offrono un focus sulla storia della danza. La prima e che esistevano dei collegamenti tra la cerchia di Laban, le dadaiste e i dadaisti (Ball lo chiama per nome, evidentemente da buon conoscente), e la seconda che si può ritenere che nelle performance dada il movimento (in questo caso il battere d'ali) fosse in qualche modo in relazione con la riforma della danza (comunque sia, Ball diventa nervoso quando scorge tra il pubblico Rudolf von Laban e Mary Wigman e si mette a battere «vigorosamente» le ali).[3] Sulle particolarità di questi rapporti sarà necessario ritornarci, non prima però di aver chiarito alcune premesse storiografiche generali: la citazione qui sopra di Ball ci restituisce di certo una descrizione retrospettivamente chiara, persino figurata e concreta, che ci dice qualcosa del contesto e anche qualcosa riguardo all'atteggiamento e alle pratiche dell'artista. Ma come si svolse esattamente la scena, le lettrici e i lettori non lo vengono a sapere. A questo riguardo, nemmeno l'immagine che viene associata all'evento (fig. 10) riesce ad esserci di maggiore aiuto. Nella fotografia diventata famosa vediamo Ball nel suo costume di scena accanto ai leggii a cui accenna nel diario, ma la fotografia è da un lato statica (quindi non ritrae il movimento) e dall'altra (come si può vedere dall'allestimento e in base alle possibilità tecniche del tempo) è stata palesemente scattata in studio, o prima o dopo, e quindi in ogni caso non ci restituisce la presenza in scena.[4]

Fondamentalmente le storiche e gli storici hanno sempre lo stesso problema o – detto in termini più positivi – si trovano continuamente davanti alla sfida di non *possedere* gli avvenimenti del passato di cui parlano, ma di averne sempre e solo delle tracce. Sono le fonti a lasciare queste tracce, o meglio siamo noi che le portiamo alla luce attraverso le fonti. Il che riferito alla danza e al movimento vuol dire: quando noi parliamo di danza o movimento scenico, intendiamo eventi performativi fugaci – ai quali abbiamo accesso solo a posteriori attraverso le fonti – fonti che non *sono* «la danza» o «il movimento», ma che usano i vari strumenti del momento per ritrarli, rappresentarli, rifletterli, ricordarli, ecc. Un elemento centrale della ricerca estetica sulla danza è quindi la rappresentazione, di cui si dispone però solo attraverso i documenti, ovvero il suo discorso: documenti e discorso che devono essere considerati ognuno sulla base del loro contesto culturale, mediale e storico.

---

3 Questa rappresentazione è stata a più riprese definita come «versi senza parole» di Ball, le sue «prime poesie sonore» presentate in veste di «magico vescovo in costume cubista»; cfr. tra l'altro http://www.cabaretvoltaire.ch/dada/geschichte.html (ultimo accesso: 4.5.2016). Esiste qui anche una fotografia che difficilmente è attribuibile alla rappresentazione in sé ma sembra piuttosto una ripresa in studio.

4 Cfr. in generale per il rapporto tra la fotografia e le arti performative (in particolare la danza) così come per la fonte corrispondente alla fotografia: Tessa Jahn, Eike Wittrock, Isa Wortelkamp (a cura di), Tanzfotografie. Historiografische Reflexionen der Moderne, Bielefeld 2016.

Specialmente se si pensa alle esibizioni dada, il problema si fa serio. E questo perché da un lato le fonti, anche quando esistono,[5] spesso non sono rappresentative nel senso documentario e nemmeno per una loro ricostruzione.[6] Più che altro queste esibizioni sono parte della protesta dadaista, di una «protesta», come si è espresso Marcel Janco «contro il fallimento e la bancarotta della cultura europea»,[7] alla cui presunta serietà loro contrapponevano il gesto distorto finanche grottesco.[8] Di questo gesto dobbiamo sempre tener conto nelle nostre interpretazioni.

Dall'altro lato le esibizioni e azioni dada si basano su processi improvvisati e dipendono dal singolo momento dell'esibizione, quindi dalla compresenza di attrici, attori, spettatori, cosa che rende difficile una descrizione, o meglio, un'interpretazione fatta da fuori a posteriori. Non esiste una sua registrazione corrispondente, il che vuol dire che non è possibile una ricostruzione esatta, o in altre parole, fedele all'originale. Siamo noi che dobbiamo letteralmente ricostruire l'evento in sé. Nella ricerca sulla danza (come succede del resto anche in altri campi storiografici) questa circostanza corrisponde più alla regola che all'eccezione. Di conseguenza, come anche altri fenomeni, le azioni e i movimenti scenici delle dadaiste e dei dadaisti non sono ricostruibili se non poco o solo parzialmente. In generale però, nella contestualizzazione e nel loro reciproco rispecchiamento, le fonti – se bene utilizzate – rivelano comunque delle cose forse inaspettate. Fanno apparire i singoli fenomeni in modo più plastico o almeno rendono più plausibili alcune spiegazioni e punti di vista, portandone invece altri, fino ad allora prevalenti, a essere rifiutati. Un fenomeno, che si offre alla contestualizzazione e al rispecchiamento, è proprio la riforma della danza o, per essere più precisi, il cosiddetto movimento di danza espressiva che ha attirato l'attenzione su di sé più o meno nello stesso periodo dada. Le dadaiste e i dadaisti conoscevano Rudolf von Laban, Mary Wigman, ecc., andavano ad assistere ai loro spettacoli a Zurigo, ad Ascona e al Monte Verità. E viceversa, alcune studentesse di Laban collaboravano alle serate dada oppure sedevano – come Laban stesso – tra

---

5 Cfr. anche Manfred Engel, Wildes Zürich. Dadaistischer Primitivismus und Richard Huelsenbecks Gedicht ‹Ebene›, in: Jörg Robert e Friederike Felicitas Günther (a cura di), Poetik des Wilden, Festschrift für Wolfgang Riedel, Würzburg 2012, pp. 393-419, qui p. 401.

6 Va notato a questo proposito che *la* fonte rappresentativa non esiste perché – come descritto qui sopra – ogni fonte si rapporta all'avvenimento documentato unicamente in una certa maniera e su questa maniera c'è ogni volta da riflettere. Questo lo testimoniano anche le discussioni attorno alle poche foto di danze dada, in cui non si può dimostrare né chi vi è raffigurato né come e quando siano state fatte, cosa che rende nuovamente oscuro il rapporto della fotografia con l'avvenimento documentato e la sua attribuzione. Cfr. ibid. p. 402.

7 Janco in un'intervista, citato in: Raoul Schrott, DADA 15/25. Dokumentation und chronologischer Überblick zu Tzara & Co, Innsbruck 1992, p. 38.

8 Anche gli studi su dada a volte non possono prescindere da questo gesto, come nel caso di Hubert van den Berg, Avantgarde und Anarchismus. Dada in Zürich und Berlin, Heidelberg 1999, p. 42: «Che gli studi su dada non siano dadaisti, dovrebbe essere cosa risaputa, invece [...] tra gli studiosi dada non è per niente un'ovvietà.»

Fig. 11: Rudolf von Laban con le sue allieve e i suoi allievi sul Lago Maggiore nei pressi di Ascona, 1914.

il pubblico. Di fronte a queste circostanze, si possono fare delle considerazioni sui loro legami relazionali.

Per questo motivo, il presente contributo vuole fornire alcune ma puntuali riflessioni su questo rapporto, in particolare sotto il profilo artistico e della storia coreica, e interrogarsi su come i movimenti si collocavano l'uno con l'altro e come entrambi – insieme ma anche in modo differenziato – abbiano rivoluzionato la danza e il movimento e con quali conseguenze.

## Dada e la riforma della danza

A differenza del balletto fortemente codificato, varie correnti della danza moderna, tra cui la danza espressiva in modo paradigmatico, mettevano l'espressione creativa al di sopra delle norme del movimento. Rudolf von Laban, menzionato prima nella citazione di Ball, nel suo libro «Die Welt des Tänzers» del 1920 scrisse a proposito della sua concezione della danza: «La danza è il linguaggio più concentrato dell'arte»; e riporta il commento alle danze di Mary Wigman apparso sulle «Dresdner Neuesten Nachrichten»: «Nel gesto magico di questo corpo in movimento, i sentimenti ancestrali diventavano palpabili. Questa danza ci chiamava incessantemente: uomo! uomo!»[9] A quel tempo, Laban e le sue collaboratrici davano minore importanza a movimenti determinati e determinabili rispetto a un «sentimento»: un ritorno a quello che definivano «l'umano» e che era diretto contro «le tendenze del tempo».[10] L'esigenza di prendere nota di questi movimenti e di preservarli così oltre il *qui ed ora*, di sicuro occupò Laban ben presto, ma si concretizzò solo dopo il periodo zurighese in «Kinetographie Laban» (1927/28) che poi diventò «Labanotation».[11] La danza espressiva di allora, a cui non corrisponde una tecnica uniformemente valida, mostra negli anni 1910 – come fa anche dada – un nuovo interesse nei confronti del corpo performativo e del movimento.[12] Questa affinità verso gli aspetti fisici e cinetici è caratterizzata da un gesto mitico e mitizzante che arrivava fino alla dimensione del culto e al rituale, contrapponendosi tra le altre cose al logos e a qualsiasi simbolismo.

Inoltre questa danza – come anche le altre arti – era sospinta da un impulso espressionista, ossia «l'arte non era più ciò che comunemente veniva reputato come bello, bensì ciò che smuoveva interiormente l'artista».[13] Rudolf von Laban era uno dei più importanti rappresentanti di questa corrente artistica. Nel 1913 diresse sul Monte Verità di Ascona la sua prima Sommerschule für Bewegungskunst (scuola estiva di arte del movimento) (fig. 11-12).[14] Nell'autunno del 1914, dopo lo scoppio della prima guerra mondiale, Laban si trasferì a Zurigo; lì costruì a partire dal 1915 la sua Labanschule für Bewegungskunst (scuola Laban di arte del movimento) che doveva rinnovare l'arte della danza «con un'offerta di corsi sulla parola (recitazione e arte declamatoria) sul suono (canto e musica strumentale), sulla forma

---

9 Rudolf von Laban, Die Welt des Tänzers. Fünf Gedankenreigen, Stuttgart 1920, p. 254.
10 Cfr. Ibid., p. 13; e anche Janco in: Schrott 1992 (vedi nota 7), p. 38.
11 Cfr. anche Valerie Preston-Dunlop, Rudolf von Laban, in: Gunhild Oberzaucher-Schüller (a cura di), Ausdruckstanz. Eine mitteleuropäische Bewegung der ersten Hälfte des 20. Jahrhunderts, seconda edizione, Wilhelmshaven 2004, pp. 95–104, qui p. 102; cfr. anche lo stesso Laban nel suo libro Die Welt des Tänzers, uscito già nel 1920 a Stoccarda (vedi nota 9), p. 61: «È importante ampliare gli scritti esistenti sui movimenti. È necessario che i simboli della danza vengano messi su carta, perché solo attraverso il paragone e l'analisi, la ripetizione e l'imitazione, ne uscirà quella tradizione che renderà possibile una più profonda valutazione delle prestazioni artistiche della danza. Che ne sarebbe dell'arte poetica e dell'arte sonora, se avessimo solamente la tradizione orale delle loro opere?»

12 Cfr. Sabine Huschka, Moderner Tanz. Konzepte – Stile – Utopien, Reinbek bei Hamburg 2002, pp. 154 sg.; inoltre una dichiarazione apparsa sulla Neue Zürcher Zeitung del 29 dicembre 1915, citata in Raimund Meyer, Dada in Zürich. Die Akteure, die Schauplätze, Frankfurt am Main 1990, p. 88: «Il senso della corporalità veniva risvegliato ovunque con forza.»
13 Claudia Jeschke, Ausdruckstanz, in: Sibylle Dahms (a cura di), Tanz, Kassel 2001, pp. 152 sg.
14 Cfr. anche Preston-Dunlop 2004 (vedi nota 11), p. 96.

(arti applicate) e sulla danza (arte del movimento: danza, pantomima e rappresentazione filmica).[15]

Ad Ascona e Zurigo Laban progettò e «realizzò la sua idea di opera d'arte totale».[16] L'opera di Laban in più parti «Sang an die Sonne» (Inno al sole) del 1917 è stata per esempio «un evento fuori dal comune» che aveva luogo all'esterno e durava dal tramonto all'alba.[17] Il tutto era qualcosa che stava tra un pezzo di danza e il rituale di un'esperienza comune. Ma cosa c'entra questo con dada? È risaputo che per l'occasione anche Sophie Taeuber e Hans Arp andarono ad Ascona.[18] A quel tempo anche Hugo Ball era ad Ascona, assistendo alle rappresentazioni e alle danze di Laban.[19] Erano interessati, quindi, a questo tipo di movimento.

Sia la danza espressiva di Laban sia dada reagivano infatti (a volte allo stesso modo, e altre, in maniera differente) allo spirito del tempo che era impregnato di guerre, crisi e critica alla società coeva.[20]

Per questi motivi, tra l'altro, importanti rappresentanti della scuola di Laban così come anche del movimento dada erano – più o meno volontariamente – venuti a stare in Svizzera. Marcel Janco rilasciò queste parole in un'intervista: «Inizialmente non avevamo alcuna idea politica. Ma la guerra ci fece capire il senso di fratellanza tra gli uomini. Ritenevamo criminale la guerra tra la Germania e la Francia. Combattevano come animali, animali selvaggi. A un paio di chilometri di distanza da Zurigo potevamo sentire le granate»; e poi trasse la conclusione: «Questo orribile crimine contro l'umanità era il motivo della nostra lotta di distruzione contro l'arte vecchia e di costruzione per un'arte nuova che avrebbe favorito l'amicizia tra persone e nazioni.»[21]

---

15 Ursula Pellaton, Labanschule für Bewegungskunst, in: Andreas Kotte (in cura), Theaterlexikon der Schweiz, vol. 2, Zürich 2005, pp. 1065 sg.
16 Cfr. Preston-Dunlop 2004 (vedi nota 11), p. 99.
17 Ibid.
18 Cfr. l'annotazione di Hugo Ball dell'8.4.1917 in: Ball 2006 (vedi nota 2), p. 93: «Arp e Sophie Taeuber sono partiti per Ascona»; cfr. anche Birgit Hess, «Sphäre des Wilden ... Sphäre des Spiels». Masken und Puppen im Dada Zürich: ‹Agenten› der Alterität und Performanz, Trier, pubblicazione online, 2006, http://ubt.opus.hbz-nrw.de/volltexte/2006/388/pdf/HessBirgit_20031103.pdf (ultimo accesso: 27.4.2016), p. 42; inoltre anche Meyer 1990 (vedi nota 12), p. 89.
19 Cfr. l'annotazione di Hugo Ball del 2.8.1917 in: Ball 2006 (vedi nota 2), pp. 105-106; inoltre Hugo Ball, Über Okkultismus, Hieratik und andere seltsam schöne Dinge [1917], in: Hugo Ball, Der Künstler und die Zeitkrankheit. Ausgewählte Schriften (a cura di Hans Burkhard Schlichting), Frankfurt am Main 1984, pp. 54-57, qui p. 56.

20 Cfr. a questo proposito anche Ball, citato in Hess 2006 (vedi nota 18), p. 94: «Se si chiede agli artisti di cosa soffrono, ci si sentirà dire sempre la stessa cosa. Non hanno più nessun rapporto con la realtà. Il legame che li univa in tempi passati alla società si è strappato.» Per lo spirito del tempo che «resiste alla terribile contemporaneità», cfr. anche H. W. 1919 nella Basler National-Zeitung, in occasione di una soirée dada, in: Richard Sheppard (a cura di), Dada Zürich in Zeitungen. Cabarets, Ausstellungen, Berichte und Bluffs, Siegen 1992, pp. 53-55, qui p. 53: «Non c'è infatti niente più che ci unisca alla contemporaneità!»
21 Janco, in: Schrott 1992 (vedi nota 7), p. 38. Cfr. anche la già riportata critica di H. W., citata in Sheppard 1992 (vedi nota 20), p. 53: «Ci si lusingava con il pensiero di vedere la nascita di un nuovo mondo [...] Del resto, chi potrebbe ridere, se non chi ha la forza di creare un nuovo mondo?»

fig. 12: Rudolf von Laban con le sue allieve e i sudi allievi sul Lago Maggiore nei pressi di Ascona, 1914.

Più tardi Ball scrive che solo l'arte performativa (lui scrive «il teatro») sarebbe stata in grado di farlo e che c'era bisogno di rinnovarlo. Descrive quindi la sua convinzione di allora nel modo seguente: «Manca una scena per le passioni davvero sconvolgenti, un palcoscenico sperimentale, che vada oltre gli interessi quotidiani. […] Unicamente il teatro è in grado di plasmare la nuova società. Basta dar vita ai retroterra, a colori, parole e note, attingendo alla coscienza, per far loro inghiottire il quotidiano insieme a tutta la sua miseria.»[22]

Anche a Laban e ai suoi collaboratori premeva il rinnovamento dell'arte, della società e delle persone. A questo proposito, la storica della danza Evelyn Dörr scrive della «poesia drammatica» «Die Geburt des Menschen» (La nascita dell'essere

---

22 Ball 2006 (vedi nota 2), p. 20.

umano) di Laban, scritta secondo lei nel 1916: «Con il suo incitamento all'azione, alla libertà e il suo pathos gridato in modo sfrenato, si ispirava al ‹rompete le catene!› dell'espressionismo.»[23] Questa ripartenza doveva tra l'altro imprimere un nuovo ritmo «naturale».

I paralleli tra dada e la riforma della danza sono sia di natura estetica che politica; si possono cogliere dei rapporti a livello di motivazione e pratiche sia nel gesto che nell'attitudine.

A voler essere rigorosi, in realtà, non si dovrebbe parlare di paralleli, ma piuttosto di intrecci dal momento che le collaboratrici e le studentesse di Laban (come Käthe Wulff, Suzanne Perrottet o Clara Walther) collaboravano alle serate dada, dadaiste come Sophie Taeuber frequentavano dei corsi alla scuola di Laban,[24] e i luoghi dove esibirsi a Zurigo erano in parte gli stessi.[25]

La famosa descrizione di Hugo Ball del 29 marzo 1917 a proposito delle «Danze astratte» di Sophie Taeuber che appaiono come piene «di luce scintillante e di tagliente intensità» scaturite dal «‹Canto dei pesci volanti e degli ippocampi›»,[26] trova corrispondenza nello spettacolo danzante e corale di Laban «Das Fest» (La festa). Di quest'ultimo Dörr scrive che «probabilmente è stato realizzato tra il 1915 e il 1918». Nel libretto si legge: «Prologo [...] il solo movimento luccicante aumenta tanto da arrivare al parossismo, fino a quando un urlo rintronante di tutti i presenti interrompe di colpo la danza. L'urlo si ripete diminuendo di forza, diventando un canto di tipo corale dal quale partono rumori di parole.»[27] Nella danza espressiva ideata da Laban e nel dada si sperimentava quindi il movimento del corpo e della parola al di là delle convenzioni letterarie e della danza per trovare nuove forme all'espressione performativa.

Non solo le creazioni dada, ma di certo anche quelle di Laban risalenti al periodo di Zurigo ci offrono delle assurdità: secondo Dörr, ad esempio, la pantomima danzata «Der Tod» (La morte) si sarebbe originariamente dovuta intitolare «Die Dame im Pyjama» (La signora in pigiama).[28] Meriterebbero a nostro avviso approfondimenti più minuziosi i titoli delle danze dada come «Fliegenfangen» (Caccia delle

---

23 Evelyn Dörr, Rudolf Laban. Das choreographische Theater. Die erste vollständige Ausgabe des Labanschen Werkes. Historisch-kritisch kommentiert von Evelyn Dörr, Norderstedt 2004, p. 29.
24 Cfr. a questo proposito anche Pellaton 2005 (vedi nota 15), p. 1065; Ursula Pellaton, Therwal, Claire, in: Andreas Kotte (a cura di), Theaterlexikon der Schweiz, vol. 3, Zürich 2005, pp. 1940 sg. inoltre, l'annotazione spesso citata di Hugo Ball del 10.4.1917 in Ball 2006 (vedi nota 2), p. 157: «Preparativi per la seconda Serata. Provo una nuova danza con cinque ballerine di Laban abbigliate da africane, con lunghi caffetani neri e maschere.»
25 Cfr. Dörr 2004 (vedi nota 23), p. 85, che scrive: La prima coreografia di Laban che durava un'intera serata, la fiaba danzata Der Spielmann (Il giullare), è stata rappresentata nel 1916 «nella Sala zur Kaufleuten a Zurigo». Ed è qui che si tiene il 9.4.1919 anche l'ottava e ultima soirée dada zurighese, la «più grande di tutti gli show dada», a cui parteciparono pure studentesse di Laban.

Cfr. tra l'altro Hans Richter, Dada Profile. Mit Zeichnungen, Photos und Dokumenten, Zürich 1961, p. 106.
26 Ball 2006 (vedi nota 2), p. 91.
27 Dörr 2004 (vedi nota 23), p. 19.
28 Cfr. ibid., p. 77.

mosche), «Cauchemar» (Incubo) e «Festliche Verzweiflung» (Disperazione festiva) in occasione della Soirée al Cabaret Voltaire del maggio 1916.[29] Stando al ductus potrebbero essere allusioni – affermative o anche ironiche – nei confronti dei titoli delle creazioni di Laban.

Tra tutti questi aspetti in comune, intrecci e relazioni di queste due correnti, ci sono però da nominare anche alcune differenze importanti. Una differenza sostanziale sta di sicuro nell'effetto volutamente provocatorio che in Laban e anche nella Wigman non si presenta in modo così forte e persistente come invece per dada (su questo ci ritorneremo). Inoltre, la danza espressionista di Laban e delle sue collaboratrici, pur non richiamandosi a una tecnica coreica precisa, si basava comunque su principi e capacità tecnico-corporee dai quali di certo non si può prescindere nemmeno nell'improvvisazione. Così riportava una critica della «Züricher Post» riguardo a una serata del 1916 della scuola di Laban all'interno della Sala zur Kaufleuten: «Si prestava volentieri attenzione a un uomo che voleva contribuire a fondare una vera disciplina degli arti e delle sue articolazioni.»[30] In una recensione della «Neue Zürcher Zeitung» del 13 novembre 1917, riguardo a un'altra serata di danza della scuola di Laban del 5 novembre 1917 – tra l'altro con Clara Walther, Käthe Wulff, ecc. – si legge: «Quello che va tenuto particolarmente in considerazione di queste prestazioni è che bisogna tributare un grande riconoscimento alla parte tecnica della formazione corporea di coloro che si esibiscono, ma soprattutto anche all'arte espressiva del tutto originale e ricca di temperamento, soppesata in modo così scrupoloso.»[31]

Se in questo caso le critiche mettono in risalto capacità e tecnica ritenendole qualità, ben diverse solo le reazioni alle soirée dada. In una recensione su queste soirée, la «Basler National-Zeitung» del 14 aprile 1919 evidenzia la gioia «di venir liberati dalle regole della quotidianità» e sottolinea che questo non accadeva «su linee logiche e dritte, bensì in lungo e in largo con maestosa arbitrarietà […]. Oh, presto si fischiava, contenti dello scandalo che avrebbe avuto inizio».[32] Tuttavia il critico prosegue: «È un peccato che però mancasse lo spirito. Il pubblico era allegro, rumoreggiava in maniera vivace ed energica, mentre chi si esibiva non sapeva bene come comportarsi. […] Uno spirito vivace invece deve saper riempire la scena che sta occupando, una creatura pura deve saper fare della recitazione un'opera d'arte. Ma di tutto questo c'era ben poco, solo un miscuglio insufficiente. Magnifiche e mostruose erano invece le danzatrici nere vestite con indumenti sovrumani, mentre una triste e bella signora al pianoforte doveva esercitarsi a suonare flebili

---

29 Cfr. l'annotazione di Ball del 24.5.1916 in Ball 2006 (vedi nota 2), pp. 61-62.
30 Cfr. Dörr 2004 (vedi nota 23), p. 90.
31 Ibid., p. 91.
32 H. W., in: Sheppard 1992 (vedi nota 20), p. 53.

toni. Le sue mani, le sue braccia, si muovevano con fare nobile e silenzioso, mentre la sua testa si girava dall'altra parte.»³³ Da questa critica emerge chiaramente che l'atteggiamento escapista di voler catapultare durante la durata della performance tutti i presenti fuori dalle regole quotidiane, incontra pieno consenso, ma che le modalità di questo spettacolo vengono unite dal critico alla pretesa di un'abilità – qualunque essa sia – convenzionale. L'autore della recensione loda quindi la critica al mondo coevo, lo svago passionale e fastoso, ma critica apertamente la realizzazione della rappresentazione, percepita come caotica, benché vedesse – tra l'altro nell'esecuzione al pianoforte di Suzanne Perrottet - del potenziale artistico.

Un tale giudizio conservativo e scettico a livello artistico delle rappresentazioni dada, proprio se paragonato anche alle reazioni agli spettacoli di Laban, prosegue fino ai giorni nostri – accanto all'entusiasmo per la loro anticonvenzionalità.³⁴ Infatti Dörr scrive per esempio a proposito del repertorio della scuola di Laban: «I costumi e la loro espressione in parte grottesca potevano ricordare le maschere e i numeri di cabaret dei dadaisti, però non avevano niente a che fare né con la loro estetica materiale né con la loro ‹anti-arte› come viene invece spesso affermato.»³⁵ Qui Dörr cita tra gli altri Guido Magnaguagno, il quale attribuisce ai «dadaisti [...] un'opposizione totale nei confronti dell'ordine», constatando che «il movimento dada era da intendersi come un'anti-arte, come negazione della precedente storia dell'arte».³⁶ Dörr invece ritiene che «nelle coreografie sceniche di Laban, i costumi, la musica, le luci e in generale tutta la scenografia servivano unicamente a sostenere [...] l'espressione stilistica e spaziale del movimento».³⁷ Anche da qui diventa chiara una cosa: se da una parte (per dada) ogni intenzionalità veniva respinta con successo mediante un atteggiamento provocatorio «anti-tutto», dall'altra parte (per Laban) tutto manteneva un preciso (artistico) scopo. Benché Laban e le sue collaboratrici lavorassero anche loro con decisione alla «liberazione» dalle convenzioni dell'arte precedente e del quotidiano,³⁸ nei loro sforzi – a differenza delle artiste e degli artisti dada – si vedeva una propria sistematicità costruttiva che promuoveva per esempio nuovi concetti di spazio e movimento, definiti in modo chiaro, proprio attraverso la rottura delle tradizionali sensibilità di spazio e movimento.

La contestualizzazione di dada in rapporto alla danza espressiva non si può certo ridurre a questa dicotomia (provocazione-costruzione). Eppure questo contributo vuole rendere chiaro che la danza sui

---

33 Ibid., pp. 54 sg.
34 Cfr. a questo proposito anche la citazione di Henning, in: Hess 2006 (vedi nota 18), p. 102: «Oh, quei giorni, dove c'era Hans Arp che leggeva per la prima volta le sue poesie ‹Wolkenpumpen›, Sophie Taeuber che danzava tra i quadri di Kandinsky! Madame Perrotet [sic] che attirava le nostre orecchie verso Arnold Schönberg, e una fila di donne nere travestite che scalpicciando coi piedi seppelliva anche il rumore più forte.»

35 Dörr 2004 (vedi nota 23), p. 96.
36 Magnaguagno, citato in: ibid., p. 96.
37 Ibid., p. 96.
38 Cfr. tra l'altro Laban 1920 (vedi nota 9), p. 10: «La danza porta [...] alla liberazione.»

palcoscenici dada, proprio in base a questa riflessione tesa a rispecchiare altri fenomeni dello stesso tempo, acquista un (ulteriore) contorno – un contorno necessario perché le fonti della danza non spiegano – o lo fanno solo in parte – quale era la danza effettiva. E d'altro canto le influenze delle dadaiste e dei dadaisti sulle danze espressive delle danzatrici e dei danzatori fanno emergere nuovamente ancora altri aspetti di questo movimento paradigmatico della storia della danza. Qualcosa che a mio parere merita ancora ulteriori approfondimenti.

**Traduzione: Gudrun De Chirico**

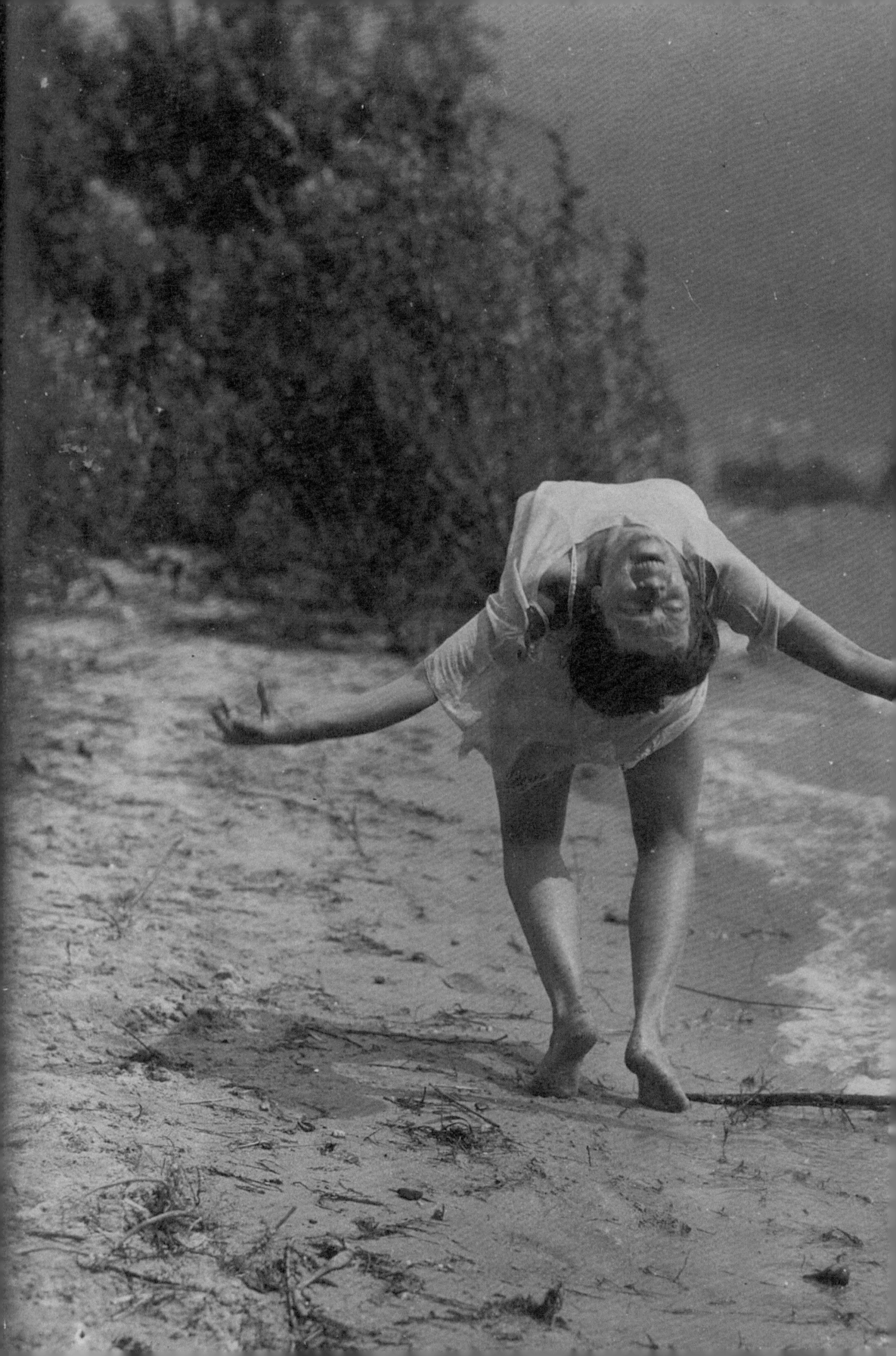

Susanne Franco

# «Jeder Mensch ist ein Tänzer!»
## La danza libera di Rudolf Laban e le nuove dimensioni del corpo

Tra la fine dell'Ottocento e i primi decenni del Novecento la componente fisica dell'uomo conobbe una centralità fino ad allora sconosciuta alla cultura occidentale.

Fig. 13-16: Mary Wigman danza sulle rive del Lago Maggiore, 1913.

L'investigazione del rapporto tra corpo, mente e anima fu sottratto al dominio fino ad allora quasi esclusivo della filosofia e della teologia, per divenire oggetto di studio privilegiato della medicina, della psicologia e della fisiologia. Nell'insieme questi modelli scientifici delinearono i contorni di un nuovo sapere antropologico e permearono le convenzioni estetiche e le teorie performative dell'epoca, creando un nuovo spazio interpretativo dell'espressività del corpo.[1] Rudolf Laban (1879-1958), danzatore, coreografo e teorico della danza libera di origine ungherese, fu il primo a introdurre un approccio sistematico allo studio del movimento del corpo nello spazio e a dare sostanza teorica alla danza libera. Formatosi come pittore e architetto tra Parigi e Monaco di Baviera ma senza seguire studi regolari, già trentenne iniziò a interessarsi alla danza che cambiò profondamente con le sue ricerche e i suoi spettacoli creando uno stile di movimento a partire da un'espressività che si voleva autentica proprio in quanto naturale. Nel 1910 Laban fondò a Monaco il suo Atelier Rudolf v. Laban-Váralja e nel 1913 a Monte Verità aprì la sede estiva chiamata Schule für Kunst (scuola d'arte), che aveva per scopo la «sana evoluzione corporea e intellettuale dei giovani attratti dalle arti»[2] e dove si tenevano corsi di arte della forma, del suono, della parola e del movimento.[3] Ida Hofmann e Henri Oedenkoven, tra i principali animatori della comunità alternativa di riformatori insediatasi a Monte Verità, erano stati folgorati dal nuovo ideale di danza libera promosso all'inizio del XX secolo dalla danzatrice americana Isadora Duncan durante il suo primo soggiorno in Europa. Convinti che l'educazione artistica dovesse diventare una tappa importante della crescita spirituale non solo dei membri della comunità ma dell'intera umanità, avevano in seguito individuato in Rudolf Laban la persona giusta per realizzare questa parte del loro progetto. In questo contesto le tensioni tra slanci rivoluzionari e nostalgie reazionarie esprimevano la complessità e problematicità della nuova visione del mondo. Laban partecipò agli ideali comunitari di Monte Verità apportandovi una nuova visione della danza che era profondamente influenzata dal rifiuto dello stile di vita borghese in favore di una maggiore libertà individuale da realizzare nell'esperienza comunitaria, una dimensione ispiratagli dalle recenti teorie di Ferdinand Tönnies sull'individualismo comunitario.[4] Alla sede estiva di Monte Verità molti dei corsi della scuola di

---

1 Sulle teorie legate al funzionamento del corpo si vedano in particolare Alain Corbin, Jean-Jacques Courtine et al. (a cura di), Les mutations du regard: le XX siècle, Paris 2006; Anson Rabinbach, The Human Motor. Energy, Fatigue and the Origins of Modernity, Berkeley/Los Angeles 1992; Joseph R. Roach, The Player's Passion, Newark 1985.
2 Si vedano i materiali informativi della scuola archiviati presso la Universitätsbibliothek Leipzig, Fondo Laban (Rep. 028 IV).
3 Evelyn Dörr, Rudolf Laban. The Dancer of the Crystal, Lanham 2007; Valerie Preston-Dunlop, Rudolf Laban: An Extraordinary Life, London 1998.
4 Ferdinand Tönnies, Gemeinschaft und Gesellschaft, Leipzig 1887.

Laban si svolgevano all'aria aperta in linea con la visione del corpo immerso nella natura che era stata alimentata da fenomeni diversi, ma con molti punti di contatto tra loro, come la nuova ondata d'interesse per la ginnastica, il naturismo, il nudismo e la riforma dell'abbigliamento. Tutte queste pratiche erano andate configurandosi nel movimento detto Körperkulturbewegung (movimento per l'educazione fisica), a sua volta strettamente legato alla Lebensreformbewegung (movimento per la vita sana) e alla Jugendbewegung (movimento giovanile) che, attraverso escursioni, esercizi fisici all'aperto e nuove norme igienico-salutari, andavano promuovendo un ideale di salute e bellezza fisica intesi come riflesso della moralità.[5]

Le teorie dei pionieri della danza definita libera, moderna, nuova, artistica, ritmica, plastica, tedesca (come fu definita in diverse fasi) e che si affermarono nei primi decenni del Novecento si basavano inoltre sull'idea che il movimento corporeo fosse l'unico linguaggio autentico e spontaneo in una cultura dominata dal discorso verbale e dalla ragione.[6] Sulla scorta di quello che aveva affermato Friedrich Nietzsche in un testo divenuto presto di riferimento per un'intera generazione di danzatori moderni, «Also sprach Zarathustra. Ein Buch für Alle und Keinen» (1882-1885)[7] (Così parlò Zarathustra), si pensava infatti che il processo di civilizzazione avesse comportato una progressiva distanza dalla natura e dunque dal corpo, di cui si era temuta la carica istintiva e irrazionale. La danza libera, al contrario, insisteva sulla comunicazione immediata e spontanea del linguaggio corporeo come strumento per recuperare una dimensione «originaria» e «naturale» dell'esistenza (fig. 13-16). Il ricorso alla natura fu un'operazione nostalgica e conservatrice, frutto di un ideale romantico e del suo impulso anti-modernista. Insieme a Nietzsche anche Richard Wagner aveva indicato la direzione di una simile rigenerazione estetica della socialità politica insistendo sulla centralità da conferire alla celebrazione di miti e riti comunitari.[8] Per dare sostanza alla nuova idea di cultura e all'ideale di comunità la corporeità acquisì un ruolo centrale e così la rivalutazione della sfera dei sensi. La danza libera che si affermò nei primi anni del Novecento nei paesi di lingua tedesca rappresentò uno dei prodotti più originali di questo clima culturale.[9] Laban fu il primo a indicare esplicitamente le linee di ricerca di quelle che considerava le fonti scientifiche della Tanzwissenschaft (scienza della danza), elencando in primis proprio la

---

5 Karl Toepfer, Empire of Ecstasy. Nudity and Movement in German Body Culture 1910-1935, Berkeley 1997.
6 Hedwig Müller/Patricia Stöckemann, «...Jeder Mensch ist ein Tänzer!» Ausdruckstanz in Deutschland zwischen 1900 und 1945, Giessen 1993; Gabriele Brandstetter, Tanz-Lektüren. Körperbilder und Raumfiguren der Avantgarde, Frankfurt am Main 1995.
7 Friedrich Nietzsche, Also sprach Zarathustra. Ein Buch für Alle und Keinen (1882-1885), in: Giorgio Colli, Mazzarino Montinari (a cura di), Nietzsche. Werke. Kritik. Gesamtausgabe, vol. 1, Berlin 1968.
8 Inge Baxmann, Mythos: Gemeinschaft. Körper- und Tanzkulturen der Moderne, München 2000.
9 Toepfer 1997 (vedi nota 5).

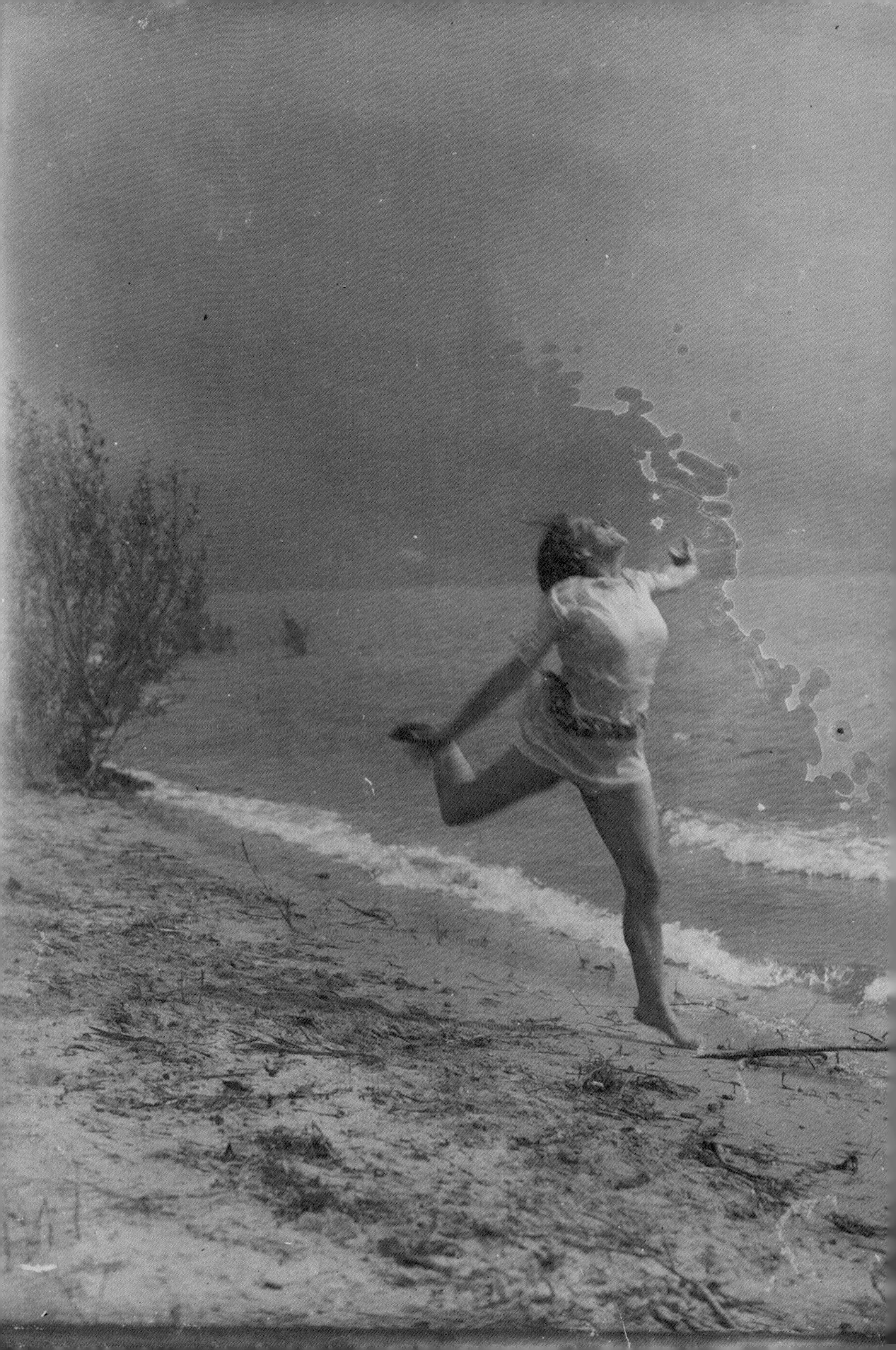

fisiologia, la psicologia, la geometria sacra, la cristallografia, ma anche i geroglifici e così via.[10]

La doppia dimensione sociale e organica dello studio del corpo fu esplorata in ambito scientifico in particolare dalla fisiologia, dalla psicologia e dalla neurologia, che nel complesso contribuirono a trasformarne l'immagine della componente fisica dell'uomo da meccanica a energetica. La fisiologia, in particolare, ebbe un'influenza decisiva sulla nascente danza moderna in quanto considerava gli organismi viventi da una prospettiva dinamica, privilegiando lo studio dei meccanismi di funzionamento dell'apparato muscolare e respiratorio, della circolazione sanguigna, dei flussi energetici e delle trasformazioni psico-chimiche del corpo. Si diffuse, inoltre, una nuova percezione di parametri come tempo e spazio e in generale una tendenza verso la spazializzazione del tempo, ovvero a condensare le relazioni temporali in relazioni spaziali. In altre parole, la realtà era esperita come un flusso ininterrotto di tempo e spazio.[11] L'invenzione tecnica che rese meglio questo concetto nella pratica fu la cronofotografia, un apparecchio messo a punto dal fisiologo francese Etienne Jules Marey e che consentiva di scattare delle istantanee a intervalli regolari poi sviluppate in un'unica sequenza di immagini. In questo modo il movimento corporeo veniva immortalato nella rapida successione di istanti distinti che lo componevano e dei quali diventava finalmente possibile misurare l'esatta relazione tra tempo e movimento.[12] Dal canto suo, Laban fu il primo danzatore moderno a introdurre un approccio sistematico allo studio del movimento del corpo nello spazio. A suo dire non esisteva uno spazio senza movimento e, viceversa, un movimento senza spazio, in quanto considerava che lo spazio era il tratto distintivo del movimento e il movimento l'aspetto visibile dello spazio. Inoltre lo spazio nella sua visione della danza non era solo quello fisico in cui si muoveva il corpo, ma anche lo spazio del tempo. La danza libera pertanto richiedeva al performer la perfetta conoscenza delle leggi del movimento e la piena padronanza del potenziale espressivo del proprio corpo. Laban era lungi dal pensare che la danza fosse libera in quanto spontanea, e ne aveva semmai una concezione rigorosa che si fondava su una teoria del movimento alimentata da ricerche empiriche sulle leggi che regolano il rapporto tra movimento corporeo, tempo, spazio ed energia. Il movimento doveva nascere dal ritmo del battito cardiaco e del respiro, e dall'energia corporea che era a sua volta considerata un riflesso dell'energia vitale dell'universo. Questo materiale di movimento era in seguito trasformato in uno stile dinamico personale e organizzato in una forma compositiva che risultava da simmetrie, ripetizioni, sfumature dinamiche, alternanze di armonie e disarmonie, e così via.

---

10 Rudolf von Laban, Die Welt des Tänzers. Fünf Gedankenreigen, Stuttgart 1920, p. 65.
11 Su questi temi si veda Stephen Kern, The Culture of Time and Space, Cambridge 1983.
12 Di Marey si veda in particolare Le mouvement, Paris 1894.

Fig. 14

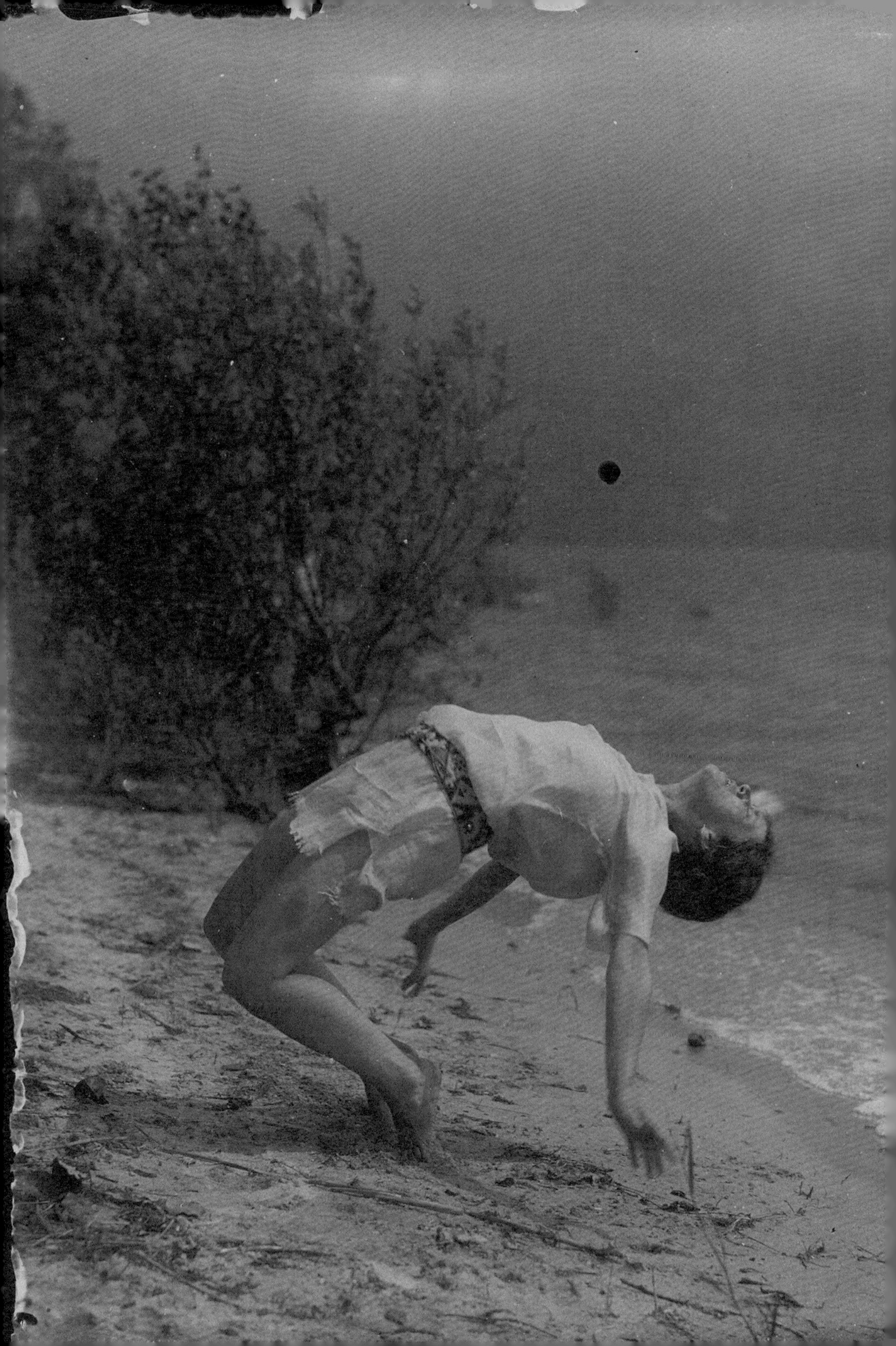

Dalla doppia radice medico-fisiologica e filosofica, nacque anche la moderna psicologia. La complessa relazione tra corpo e mente era infatti da poco divenuta oggetto di una nuova scienza, la moderna psicologia. Charles Darwin in «Expression of Emotions in Man and Animals» (1872) aveva affermato l'idea che le emozioni fossero un fenomeno involontario e i comportamenti espressivi un fenomeno ereditario nell'uomo come negli animali.[13] Altri studi condotti da Wilhelm Wundt nell'ambito di quella che fu definita la psicologia sperimentale o fisiologica, avevano messo in luce come l'azione spirituale fosse strettamente correlata a quella corporea implicando che le forme di movimento non erano solo il simbolo e la rappresentazione di accadimenti interiori, bensì la loro diretta espressione.[14] La sede fisiologica delle forze più istintive e irrazionali dell'uomo fu identificata nel subconscio che aveva nell'inconscio la sua controparte più misteriosa. Subconscio e inconscio furono il terreno d'incontro tra Darwin, Sigmund Freud e Carl Gustav Jung, ovvero della nascente psicanalisi, che nutrì molti approcci alla danza moderna. Un tratto saliente del modo di concepire il corpo a quel tempo era intendere i processi interni e l'andamento esteriore del movimento corporeo come due aspetti di uno stesso fenomeno: il movimento corporeo, cioè, era ritenuto una sorta di sostanza da manipolare, plasmare e studiare, e al tempo stesso come una materializzazione tangibile di stati interiori, psicologici ed emotivi, oltre che di dimensioni metafisiche dell'esistenza. Per la danza libera l'idea che la psiche avesse effetti visibili sul comportamento corporeo, e che mente e corpo fossero due realtà interdipendenti sebbene distinte, furono cruciali. Inoltre il valore attribuito alla danza libera era insieme etico ed estetico proprio perché mirava allo sviluppo armonico dell'individuo inteso come unione inscindibile di corpo e spirito. Laban, che si ispirava in particolare alle teorie di Jung, si era fatto sostenitore della necessità di una rivalutazione dell'energia «corporeo-spirituale-educativa»[15] della danza e del suo ruolo culturale e pedagogico; questo perché era convinto che solo attraverso la danza l'uomo potesse sviluppare la massima consapevolezza di sé e affermare la sua personalità. «Jeder Mensch ist ein Tänzer!»[16] (Ogni essere umano è un danzatore!), affermò Laban nel volume che divenne una prezioso breviario per tutti i danzatori moderni nei paese di lingua tedesca e intitolato programmaticamente «Die Welt des Tänzers» (1920). Questa affermazione perentoria divenne una sorta di slogan per definire l'Ausdruckstanz (danza espressiva). Nella visione labaniana il danzatore era innanzi tutto un uomo e ogni uomo poteva diventare danzatore,

---

13 Charles Darwin, Expression of Emotions in Man and Animals, London 1872.
14 Di Wilhelm Wundt si vedano in particolare Grundzüge der Physiologischen Pshychologie, vol. 3, Leipzig, 1903, e Völkerpsychologie, vol. 10, Leipzig 1911-1920.

15 Rudolf Laban, Die Welt des Tänzers. Fünf Gedankenreigen, Stuttgart 1920, p. 62.
16 Ibid., p. 181.

Fig. 15

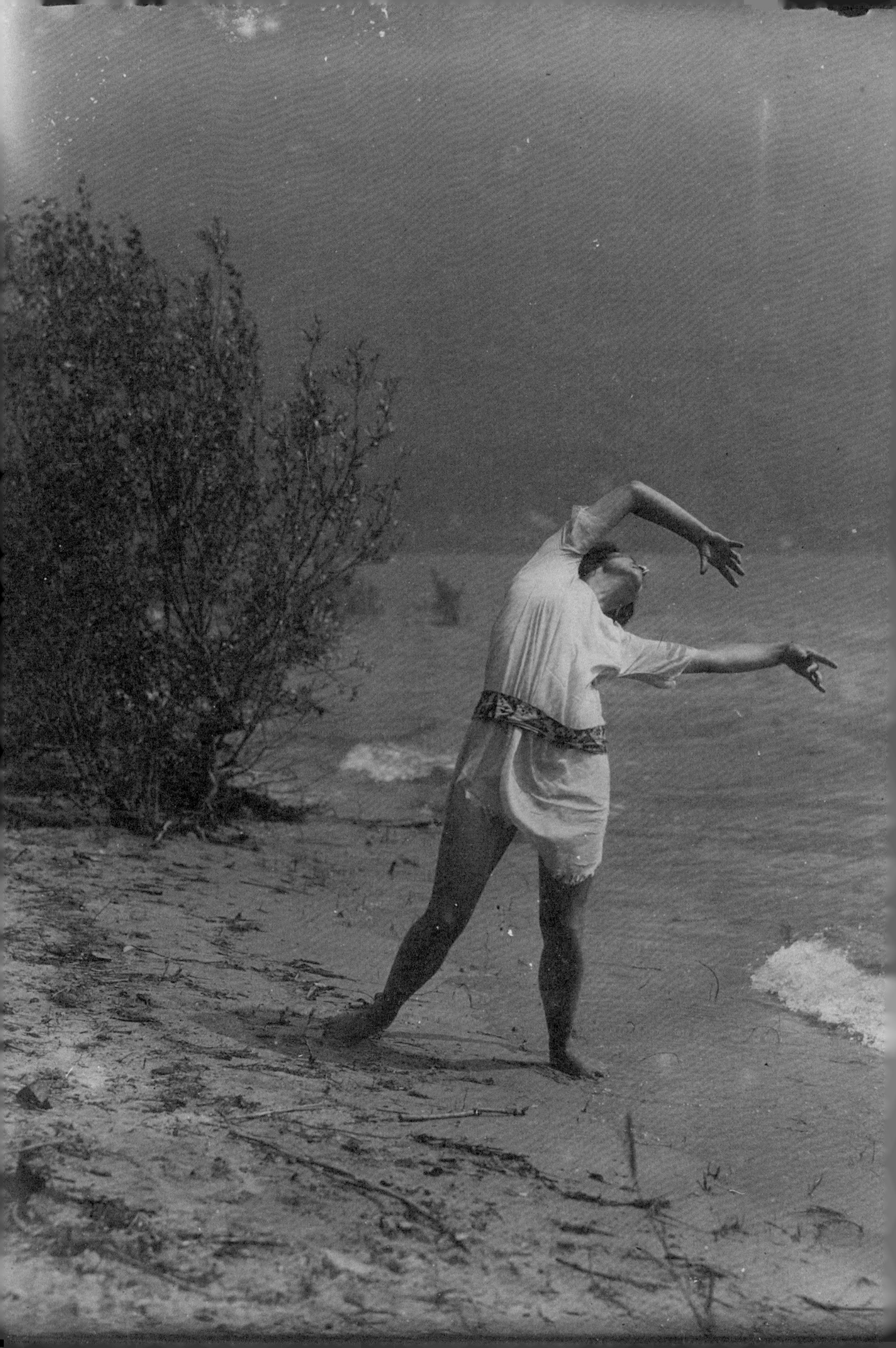

mentre il mondo in cui agiva era questo complesso sistema di relazioni tra saperi e pratiche del corpo.

Le ricerche della moderna psicologia e della fisiologia portarono anche a una visione psicologizzante della natura. Arte, filosofia e scienza si intrecciavano in particolare nel pensiero di Ernst Haeckel, figura complessa di biologo, zoologo, filosofo, nonché artista convinto che esseri umani, animali, piante e minerali fossero regolati dagli stessi principi, e che un senso per la simmetria governasse l'agglomerazione delle molecole in una forma, uno spazio e un tempo specifici.[17] Il sistema filosofico che egli contribuì a definire, il monismo, trovò nella figura del cristallo il luogo geometrico dove la dimensione religiosa delle sue ricerche incontrava quella della razionalità. Per Haeckel, infatti, il cristallo era la forma originaria della natura, e la natura un sistema complesso la cui armonia interiore era data dalla profonda correlazione di tutte le creature, animali, vegetali e minerali che seguivano gli stessi principi generativi. Forte di queste ricerche, Laban era giunto alla conclusione che il corpo del danzatore fosse il riflesso dell'armonia dell'universo perché seguiva le stesse leggi formali e causali che regolavano l'esistenza e la forma di tutti gli altri esseri viventi. Il cristallo divenne così il modello di riferimento per Laban, che utilizzò il solido geometrico cristalliforme dell'icosaedro per studiare il movimento corporeo nello spazio. Nelle sue teorie l'icosaedro era insieme una efficace metafora e uno strumento perfetto per realizzare la reintegrazione dell'uomo nel cosmo. Il corrispettivo nell'immaginario del danzatore di questo spazio cristalliforme era la cinesfera, vale a dire lo spazio generato da tutte le possibilità di movimento del corpo umano nello spazio.[18] Dalla prospettiva teorica di Laban, dunque, l'esperienza cinestetica dell'individuo era strettamente connessa sia alla geometria spaziale sia all'energia vitale del cosmo e poteva essere tradotta in un sistema di simboli grazie al metodo di notazione del movimento che egli mise a punto fin dall'inizio delle sue ricerche a Monte Verità. Le teorie di Laban resero possibile formulare e trasmettere la danza sotto forma di sapere astratto visualizzandone la forma transitoria e le sensazioni cinestetiche grazie a questo nuovo linguaggio che era al tempo stesso geometrico e concettuale.

L'aspetto spirituale era divenuto centrale anche nelle teorie artistiche del tempo e le teorie di Laban avevano molti punti di contatto soprattutto con quelle di Vasilij Kandinskij, fondatore del movimento Der Blaue Reiter e tra i primi ad associare alla tecnica pittorica dell'astrazione al recupero della componente spirituale dell'arte. Proprio come il danzatore per Laban, l'artista era per Kandinskij il redentore spirituale dell'uomo e l'arte lo strumento per indagare il mondo immateriale. Per

---

[17] Di Ernst Haeckel si vedano in particolare Kristallseelen. Studien über das anorganische Leben, Leipzig 1917, e Kunstformen in der Natur, Leipzig/Wien 1904.

[18] Vera Maletic, Body-Space-Expression. The Development of Rudolf Laban's Movement and Dance Concepts, New York/Berlin/Amsterdam 1987.

Fig. 16

Kandinskij ogni forma aveva la capacità di agire come stimolo psicologico, e la psiche era a sua volta soggetta alle variazioni cromatiche; viceversa gli stimoli cromatici erano in grado di determinare l'apprezzamento della forma e la percezione dell'opera sul piano emotivo.[19] Nella danza libera questo si traduceva nell'idea che l'espressione dinamica fosse contenuta nella forma, vale a dire che la tendenza spaziale del movimento e le sue qualità dinamiche fossero strettamente connesse tra loro. A differenza del Wort-Ton-Drama (dramma di parola e musica) wagneriano, la triade Tanz-Ton-Wort (danza-musica-parola) introdotta da Laban non doveva essere il risultato della fusione di elementi esteticamente eterogenei, bensì della loro più semplice forma di sintesi, fondata sulla forza espressiva e non soltanto rappresentativa del gesto, del suono e della parola intrinsecamente uniti tra loro. Sebbene fosse un sostenitore dell'importanza di creare una nuova forma spettacolare dall'unione delle diverse arti, Laban considerava infatti la danza un'arte primaria rispetto alla musica e alla poesia perché era l'unica in grado di esprimersi insieme nel tempo e nello spazio. In particolare le lezioni di arte del movimento si basavano sull'idea che, prima ancora di danzare, il danzatore dovesse sperimentare la propria ritmica motoria ed esprimerla dinamicamente stimolato dal suono di strumenti a percussione. Gli impulsi ritmico-motori che generavano il movimento creativo nascevano sia da stimoli sonori e verbali, sia dall'alternanza costante di tensione e rilassamento essendo originata dal ritmo motorio e dal flusso di energia del corpo. A Monte Verità la danza era insegnata insieme a materie come pittura, disegno, arte plastica, ma anche falegnameria, tessitura, giardinaggio, cucina e ogni sorta di lavoro artigianale. Lo scopo di questa formazione era di sviluppare la capacità di pensare in termini coreografici grazie all'esplorazione di forme geometriche e di concetti sviluppando nel contempo lo stile personale degli allievi. Per sottolinearne il legame con il tessuto sociale ed economico di Monte Verità e il fatto che fosse un luogo di esplorazione insieme artistica ed esistenziale, la scuola fu spesso chiamata informalmente anche «Tanzfarm» (fattoria della danza). La radicata convinzione che il peggioramento della qualità della vita dipendesse dal rapido e decisivo cambiamento dei ritmi abitativi e lavorativi sempre più determinati dalla produzione industriale, fu alla base dell'idea diffusa all'epoca soprattutto grazie agli studi dell'economista tedesco Karl Bücher, autore del celebre «Arbeit und Rhythmus» (1896) secondo cui soltanto i movimenti naturali erano ritmici, mentre quelli imposti dalla società moderna erano aritmici.[20] Per ritrovare la perduta armonia fra corpo e mente, e fra uomo e natura, bisognava quindi trovare una rapida soluzione, provvedendo a rifondare le attività lavorative e ricreative – fra cui anche la danza

---

19 Vasilij Kandinskij, Über das Geistige in der Kunst. Insbesondere in der Malerei, München 1911.

20 Karl Bücher, Arbeit und Rhythmus, Leipzig 1896.

moderna – su di un ritmo naturale, adeguato cioè alle esigenze del corpo umano. Si trattava della premessa indispensabile alla successiva sincronizzazione dei ritmi naturali e di quelli meccanici.[21]

Anche le discipline occulte e le teorie esoteriche miravano a una generale rivalutazione del corpo inteso come elemento universale e originario, e come strumento ideale per il raggiungimento di un più alto livello di conoscenza, come mezzo cioè di unione tra microcosmo e macrocosmo, tra uomo e Dio. Laban aveva attinto molte delle sue conoscenze in particolare dall'allora recente riformulazione della teosofia da parte di Helena Blavatsky, che la configurava come una scienza esoterica e una forma di sapere iniziatico capace di fornire all'uomo gli strumenti per accedere alla verità ultima delle cose. Si era anche avvicinato alla tradizione rosacrociana secondo cui il corpo era portatore di verità e l'esistenza era un continuo prolungarsi del materiale nello spirituale, e del sensibile nel sovrasensibile. Da questa prospettiva, si pensava che tutti gli esseri viventi avessero la tendenza a muoversi circolarmente e che le energie dell'universo operassero in direzioni opposte e contrastanti generando una polarità. In generale occultismo ed esoterismo furono uno strumento efficace di ribellione contro l'ideologia borghese e la religione ufficiale a cui era contrapposto un originale ibrido di culti precristiani e di valori spirituali orientali. Laban attinse a questo sapere per indagare soprattutto la dimensione spirituale che era alla base della sua idea di danza. Una delle direzioni lungo cui esplorò questi aspetti del movimento fu lo studio del rapporto del corpo umano con i solidi platonici la cui regolarità aveva alimentato fin da tempi antichissimi numerose teorie esoteriche alla ricerca di significati nascosti capaci di spiegare le leggi del cosmo. Lo stile rapsodico e mistichaggiante di «Die Welt des Tänzers» era il sintomo più evidente di questo aspetto della sua ricerca che faceva della danza uno strumento ideale di conoscenza.

A Monte Verità, Laban entrò in contatto con esponenti della massoneria e teosofia diventando in breve tempo un maestro di cerimonie della loggia Vera Mystica, mentre a Zurigo fondò una loggia femminile, la Libertas et Fraternitas, in seno all'Ordo Templi Orientis (OTO) di Theodor Reuss, a cui aderirono molti suoi allievi. Quest'ultima era uno singolare ibrido di Rosicrucianesimo, elementi mutuati da filosofie e riti orientali e altri parte delle tradizioni occidental.[22] Nel 1917 a Monte Verità si tenne il Congresso all'Ordo Templi Orientis e, come testimoniò Hugo Ball, la novità più rilevante fu proprio la componente artistica con la messa in scena del «Sonnenfest» (Festa del sole), un dramma cultuale scritto da Laban che doveva essere l'espressione di una comunità esoterica, anazionale e pacifista.

---

21 Andrej Turowsky, Étienne Jules Marey et l'utopie de la biomécanique ou machine du corps enveloppée, in: Marey Pionnier de la synthèse du mouvement, Catalogo della mostra tenuta al Museo Marey, Beaune 1995, pp. 49-58.

22 Marion Kant, Laban's Secret Religion. Discourses in Dance, n°2 2002, pp. 43-62.

Si trattò di una tappa decisiva per Laban, che aveva fatto suo il desiderio di rilanciare la Festkultur (cultura della festa) a partire dalla danza. La partitura ritmica del dramma e la struttura tripartita in «Reigen» (letteralmente «ridda») di cui era costituita la coreografia dovevano favorire l'estasi collettiva, mentre il valore simbolico dell'ascensione mistica intesa come cammino verso una dimensione spirituale superiore veniva simboleggiato dal percorso finale che portava i partecipanti sulla collina di Monte Verità.[23] Per Laban si trattò della prima tappa di una ricerca che lo impegnò per molti anni e che mirava attraverso i Festival e il lavoro con i cori di movimento a dare una forma tangibile alla dimensione comunitaria del corpo. In quegli stessi anni Laban e alcune delle danzatrici che si stavano formando con lui, tra cui Sophie Taeuber, Claire Walther, Käthe Wulff e Suzanne Perrottet, ebbero modo di collaborare con il gruppo di intellettuali e artisti riunitisi a Zurigo nel 1916 al Cabaret Voltaire e l'anno successivo alla Galerie Dada. Tra questi Jean Arp, Hans Richter e Marcel Janco disegnavano scenografie e costumi, mentre Hugo Ball e Tristan Tzara si cimentarono nella danza e nella coreografia insieme alle danzatrici di Laban. Quest'ultimo a sua volta componeva brani di musica atonale suonati da Suzanne Perrottet in occasione di alcune serate durante le quali i due gruppi di artisti interagivano sperimentando nuove forme di rappresentazione scenica.[24] Le affinità tra labaniani e dadaisti erano molte e così le differenze, in particolare nel modo di pensare al corpo e alla dimensione comunitaria. Spinti da uno spirito dissacratorio che mirava a fare tabula rasa delle istituzioni culturali, i dadaisti erano affascinati dalle teorie labaniane e dalla possibilità di trasformare le qualità narrative e mimiche della danza così come erano state veicolate dalla tradizione accademica in forme spaziali e in una ricerca sul movimento all'insegna dell'astrazione. Per Laban, però, la formazione del danzatore era piuttosto simile a un percorso iniziatico in quanto tramite la danza, intesa come una forma di sapere accessibile solo per gradi a chi seguiva il suo insegnamento, il corpo poteva accedere a una dimensione al di là del materiale e del visibile. Questo aspetto delle sue teorie era incentrato sull'idea che il movimento producesse una nuova consapevolezza e una nuova possibilità di abitare il mondo collegando lo studio della danza all'esperienza cinestetica del singolo individuo e all'energia vitale del cosmo. E proprio questo aspetto era quanto di più distante si potesse immaginare dalla sensibilità artistica e sociale degli animatori

---

23 Evelyn Dörr, Rudolf Laban. Das choreographische Theater. Die erste vollständige Ausgabe des Labanschen Werkes, historisch-kritisch kommentiert von Evelyn Dörr, Norderstedt 2004, pp. 98-103.

24 Si vedano in particolare le testimonianze di Ball e Hennings in: Hugo Ball, Emmy Hennings, Damals in Zürich: Briefe aus den Jahren 1915-1917, Zürich 1978; Hugo Ball, Die Flucht aus der Zeit, München/Leipzig 1927; Hans Richter, DADA-Kunst und Antikunst, Köln 1964; e di Suzanne Perrottet in: Suzanne Perrottet. Ein bewegtes Leben, a cura di Giorgio J. Wolfensberger, Berlin 1995, pp. 133-141.

del Cabaret Voltaire e della Gallerie Dada decisamente più inclini a un atteggiamento nichilista e anarchico.[25]

Durante tutti gli anni Venti la danza libera di Laban, dopo il suo trasferimento in Germania, continuò a svilupparsi e a diffondersi capillarmente nel tessuto sociale e artistico tedesco, penetrando sempre di più i circuiti teatrali, e partecipando attivamente a definire i contorni di una nuova cultura della vita e della festa. Per Laban, sulla scia di quanto aveva indicato Wagner con la sua idea di opera d'arte totale, e Nietzsche, ispirandosi all'esempio degli antichi greci, questa perduta dimensione della Festkultur poteva essere recuperata solo se si conferiva una nuova centralità alla danza libera. La continuità cronologica e la consustanzialità culturale di questa visione del corpo e del movimento con quella del regime nazista, che negli anni Trenta utilizzò molti degli elementi fondanti della danza libera e i cori di movimento a scopi propagandistici, rivela tutta la «fragilità delle frontiere che separano l'immaginario comunitario e la realtà politica».[26] Ed è proprio di questa fragilità che, nel processo di trasmissione della pratica della danza libera e della sua cultura del corpo, si sono perse troppo presto le tracce, consegnando alla storia e alla memoria di questa pratica artistica e sociale il difficile compito di rimetterne nella giusta prospettiva la ricchezza estetica e la complessità ideologica.

---

25 Nell Andrew, Dada Dance: Sophie Taeuber's Visceral Abstraction, Art Journal 1(73), 2014, pp. 12-29.
26 Laure Guilbert, Danser avec le IIIe Reich. Les danseurs modernes sous le nazisme, Bruxelles 2000 (2ª ed. Bruxelles 2011), p. 55.

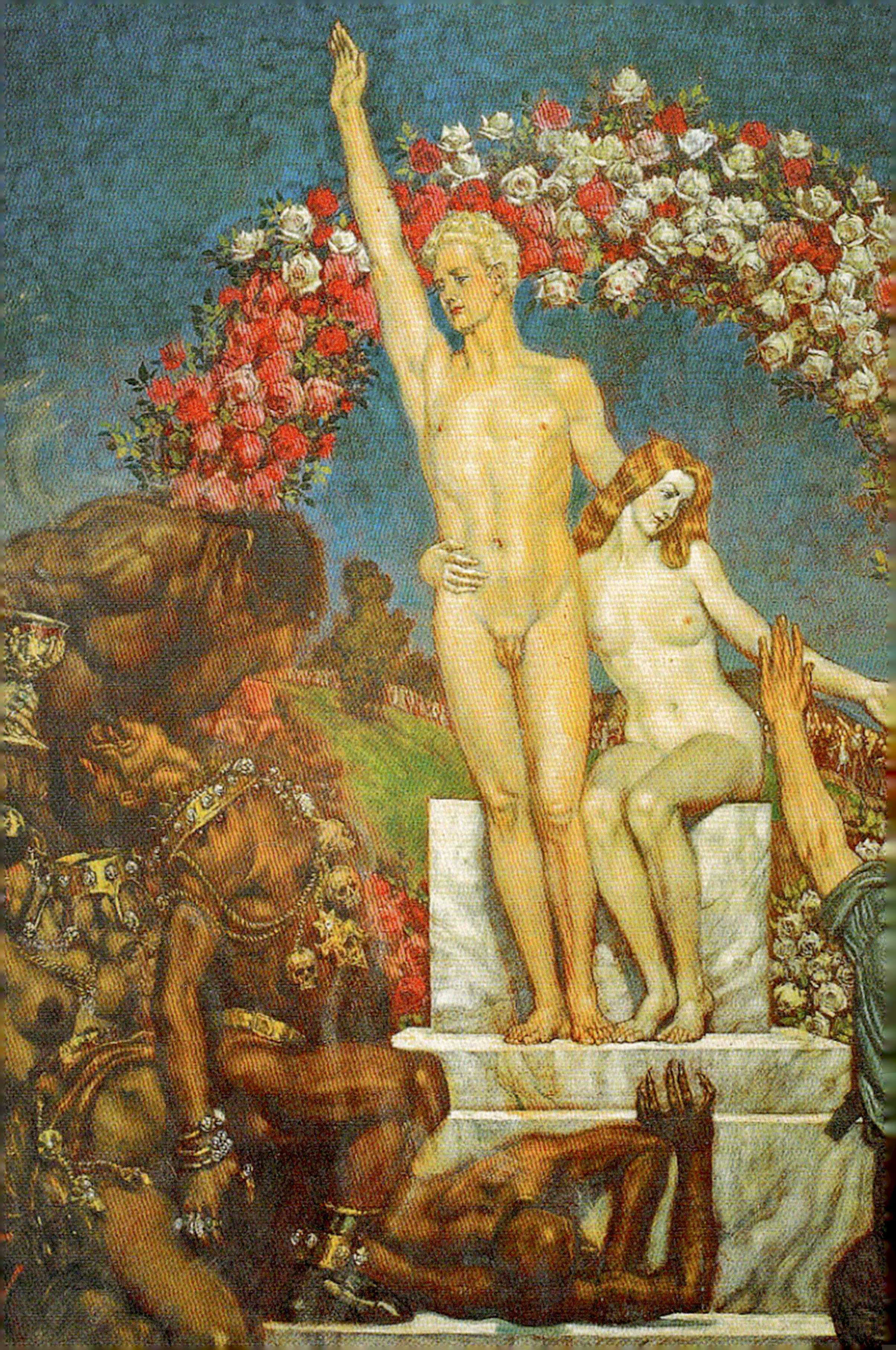

# Gabriele Guerra

# Utopie in scena
## Il Cabaret Voltaire di Hugo Ball e la Lebensreform

Nel suo romanzo «Imperium», lo scrittore svizzero Christian Kracht ha descritto in maniera convincente seppur controversa le radicali visioni del mondo del movimento per la vita sana (Lebensreform) a cavallo del 1900.

Fig. 17: Franz Stassen, «Das Sonnenpaar», 1920.

Dalla storia del visionario August Engelhardt, che naviga fino in Oceania per fondare il suo regno di vegetariani e nudisti su un'isola in mezzo a piantagioni di cocco, emergono con precisione alcuni fili conduttori di questo movimento ricco di sfaccettature, vale a dire una complessa commistione di naturismo, pacifismo, vegetabilismo, fuga dalla civiltà, ma anche di arianismo, razzismo e pensiero marziale. Kracht descrive ad esempio nel modo seguente l'incontro di Engelhardt con un amico in una fattoria nei pressi di Monaco di Baviera: «Engelhardt parla subito della noce di cocco, che naturalmente né il contadino, né sua moglie, né la fanciulla hanno mai assaggiato o visto. Annuncia l'idea di ricoprire il globo terrestre di colonie di cocco, […] del sacro dovere futuro di adorare nudi il sole nel tempio delle palme. Purtroppo qui – allarga le braccia a indicare intorno a sé – non è possibile, troppo lungo l'inverno ostile all'uomo, troppo ristrette le menti dei filistei, troppo rumorose le macchine delle fabbriche. Sale sul tavolo, poi ne discende, e diffonde il suo credo secondo cui soltanto i paesi sotto il sole eterno sopravvivranno, e in essi soltanto quegli uomini che si lasceranno accarezzare la pelle e la testa dai terapeutici e benefici raggi dell'astro centrale, liberi dall'impaccio dei vestiti. Questi fratelli e queste sorelle sono già sulla buona strada, ma dovrebbero vendere la fattoria e seguirlo, fuori dalla Baviera, come un tempo fece Mosè fuggendo dall'Egitto, e prenotare un passaggio via mare fino all'Equatore.»[1] L'autore dà così forma all'appello al cambiamento di mentalità, al rinnovamento dello spirito e del corpo, in breve alla creazione dell'uomo nuovo che era al centro del movimento per una vita sana e che conferiva a quest'ultimo i connotati di una dottrina della salvezza secolarizzata.[2]

Questa citazione tratta dal romanzo di Christian Kracht rappresenta un'introduzione accurata e suggestiva nell'universo ideale a cavallo del 1900, che costituisce il tema del presente intervento. Si trattava di un'epoca cui tutto pareva possibile, il vecchio mondo era sul punto di crollare e un nuovo mondo stava nascendo. Per le avanguardie classiche (espressionismo, cubismo, dadaismo, futurismo, ecc.), i tempi erano maturi per l'avvento di un «uomo nuovo» e del rispettivo mondo nuovo; si trattava solo di farli emergere con un'inedita volontà utopica. Quest'idea di fondo radicale fu all'origine di una nuova concezione del corpo, a cui veniva attribuita una nuova chiarezza e centralità. Concretamente ciò significava godere del corpo nudo nella natura senza doversi curare dell'abbigliamento, considerato una costrizione borghese, e nel contempo – come ci sembra fondamentale sottolineare – concepire un

---

[1] Christian Kracht, Imperium, Vicenza 2013, pp. 61-62.
[2] Cfr. a questo proposito la convincente recensione di Thomas Anz, Neue Nacktheit der Moderne. Über einige Paradoxien in Christian Krachts Roman Imperium und in der Ästhetik des frühen 20. Jahrhunderts, http://www.literaturkritik.de/public/rezension.php?rez_id=16910&ausgabe=201207 (ultimo accesso: 11.3.2015).

nuovo aspetto corporeo, un «corpo addestrato» in modo tale da regalare all'«uomo nuovo» una nuova statura, un nuovo portamento, una nuova posizione nel mondo: ne è un esempio «Lichtgebet» (Preghiera alla luce), nota stampa dell'artista tedesco Fidus, che ritrae un corpo nudo senza attributi sessuali, atletico ed elegante, intento a venerare il sole, e che è considerata il simbolo e l'incarnazione di tutto il movimento per la vita sana (fig. 18). Non va però dimenticato che le idee di redenzione non sempre erano legate alla natura come nel caso appena citato. In un quadro di Franz Stassen (1869-1949), un rappresentante dello Jugendstil (stile liberty) e ammiratore di Wagner divenuto in seguito un convinto seguace del nazionalsocialismo, sono riconoscibili gli stessi elementi dell'«uomo nuovo» di Fidus, ma caricati di un significato diverso, fortemente ideologico (fig. 17). La coppia del sole raffigurata da Stassen ha infatti una connotazione fortemente razziale, dato che funge da rigida linea di demarcazione tra la massa di schiavi e dannati di pelle scura sulla sinistra e il gruppo di contadini bianchi «redenti» sul lato destro. La mia tesi è quindi che il movimento per la vita sana rappresentò un coacervo di idee e concetti diversi, in parte contraddittori, il cui filo conduttore era l'«uomo nuovo». Tale circostanza emerge in maniera paradigmatica dalla stilizzazione dell'artista operata dall'avanguardia classica, in cui l'artista mette in scena se stesso e le sue concezioni avanguardistiche soprattutto mediante il ricorso al metaforismo

dell'«uomo nuovo»: la sua novità traspare sia dalla gestualità declamatoria, sia dai movimenti portati all'estremo, oscillanti tra i due poli dell'ipercinesia frenetica e della stasi ascetica. Sotto questo profilo, riteniamo sia giusto parlare allo stesso tempo di ascesi e di acrobatica, come ha fatto Peter Sloterdijk nel suo libro «Devi cambiare la tua vita»: «Vi è acrobatica ovunque si tratti di far apparire l'impossibile come un facile esercizio. Non basta dunque camminare sulla fune ed eseguire il *salto mortale* lontano da terra. Il messaggio decisivo dell'acrobata al resto del mondo consiste nel sorriso con cui egli accompagna il suo inchino dopo l'esibizione. Tale messaggio è espresso in termini ancora più chiari nel movimento della mano compiuto con estrema *nonchalance* prima dell'esercizio, quel gesto che si potrebbe considerare un saluto alle gerarchie superiori. In realtà, esso impartisce una lezione morale, che dice all'incirca questo: per quelli come noi una cosa del genere è una bazzecola. Quelli come noi: si tratta di coloro che si sono iscritti alla facoltà dell'impossibile, con esami mutuati dalla facoltà dell'impressionare. Alcuni di loro rimangono, fino alla fine della loro carriera, dentro le arene e gli stadi; altri passano alle *asketería* e preferiscono salire su scale di tipo religioso.»[3] In questo modo, il popolare filosofo di Karlsruhe descrive esattamente ciò che è fondamentale per l'attività artistica dell'avanguardia, vale a dire una propensione al rischio – sul

---

3 Peter Sloterdijk, Devi cambiare la tua vita. Sull'antropotecnica, Milano 2010, p. 240.

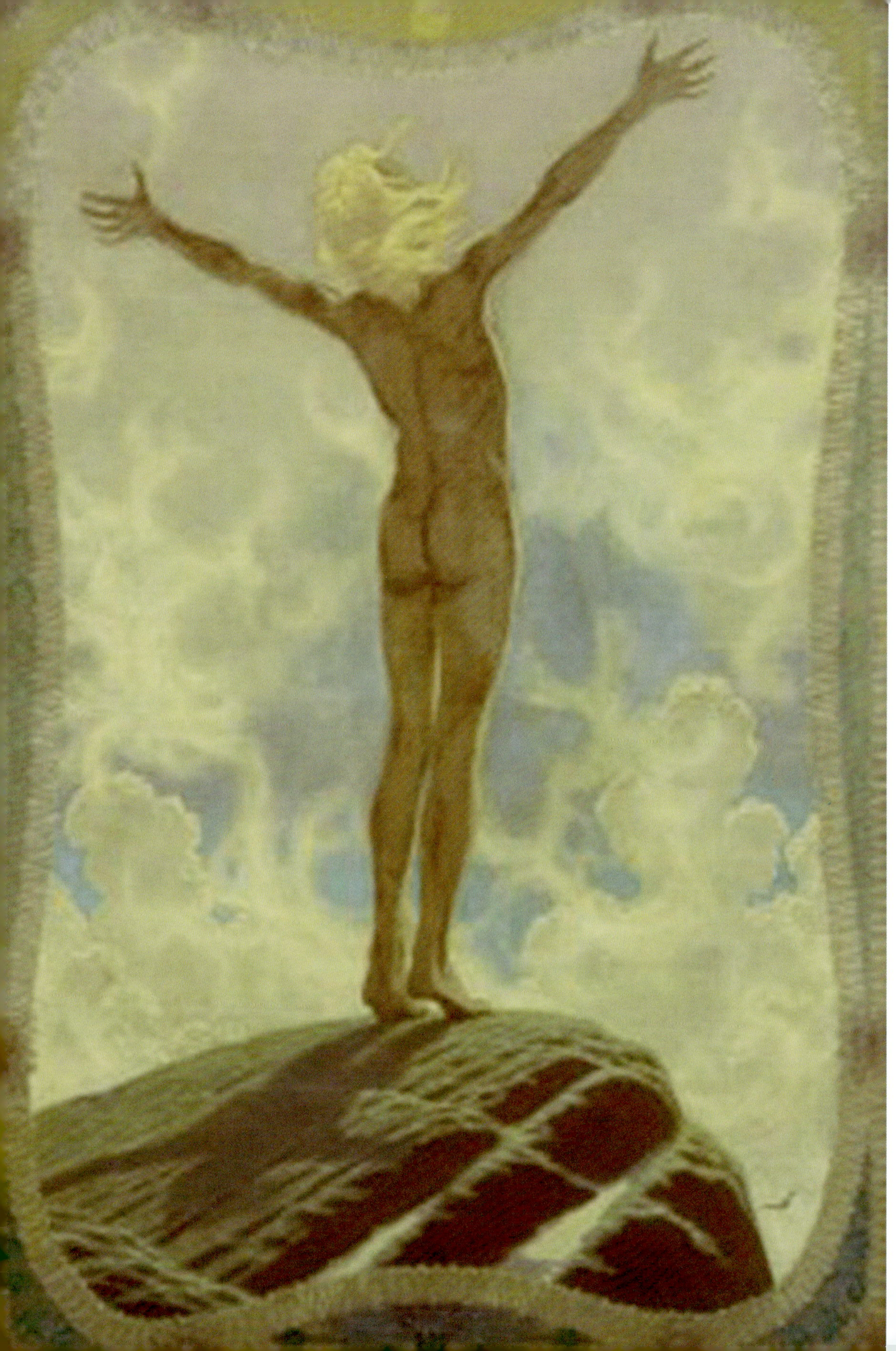

palcoscenico come nella vita, dal punto di vista artistico ed esistenziale come pure sotto il profilo filosofico o addirittura religioso – che oscilla tra pensiero acrobatico e ascetico. Nelle avanguardie nasce così una solida linea di continuità tra sperimentazione e trascendenza: l'«uomo nuovo» viene dunque messo sul banco di prova laddove riceve sia nuove parti del corpo sia un nuovo spirito, vale a dire nello spazio tra arte e religiosità, intesa come una concezione religiosa ma non confessionale del mondo e della creazione artistica. Dal punto di vista delle scienze coreiche, letterarie e sociali, ciò significa in ultima analisi articolare una dialettica tra la meccanizzazione del corpo e il «pathos dell'inerzia» descritto dalla studiosa di scienze coreiche Gabriele Brandstetter – dunque per così dire tra l'addestramento acrobatico e la stasi ascetica del corpo modernizzato, tra la sua ritmica ipertrofica e l'inerzia di una «ballerina che non balla», in cui si può osservare quella «concentrazione sul movimento nell'istante» di cui parla Brandstetter.[4]
Nel presente contributo illustreremo tutto il complesso di sperimentalismo avanguardista, tendenze mistico-ascetiche e concezioni meccanicistiche del corpo alla luce del movimento dada e della pratica artistica di Hugo Ball, intesa come connubio esemplare tra arte, letteratura, religione e politica. Vorremmo definire la stilizzazione e la messinscena di sé operata dall'artista e dal letterato come un'impresa antropologica, radicata nella cultura, nella filosofia, nella politica e nella religione (o, meglio, nella religiosità), che comporta una nuova percezione del corpo.

Hugo Ball è stato notoriamente un artista d'avanguardia, un critico d'arte impegnato e un convertito. La sua particolarità risiede apparentemente nel fatto che i suoi scritti presentano nella stessa misura sfaccettature artistiche, politiche, culturali e religiose, e senza dubbio la sua opera rappresenta un unicum nel panorama dell'arte e della letteratura tedesca dell'inizio del XX secolo. Per questo motivo la ricerca ha generalmente individuato una sorta di «svolta» per giustificare una presunta contrapposizione tra l'appartenenza all'avanguardia e la tarda fase mistica. Questa discrepanza tuttavia appare meno sorprendente se si inserisce il carattere apparentemente contraddittorio dell'artista nella sua epoca, in cui misticismo e radicalità, provocazione e ascesi andavano spesso a braccetto. Già nei testi autobiografici di Hugo Ball si possono trovare diverse attestazioni di tale commistione, come quando scrive: «Quando mi sono imbattuto nella parola *dada*, mi ha chiamato due volte Dionigi. D. A. – D. A.»[5] Ball intendeva probabilmente Dioniso l'Areopagita, il primo vescovo di Atene vissuto nel X sec. d.C., a cui successivamente furono ascritti diversi trattati di mistica. Da questa nota affermazione traspare l'idea

---

4 Cfr. Gabriele Brandstetter, Tanz-Lektüren. Körperbilder und Raumfiguren der Avantgarde, Frankfurt am Main 1995, pp. 311 sg.

5 Hugo Ball, La fuga dal tempo (tradotto e annotato da Piergiulio Taino), Pasian di Prato 2006, p. 186 (18.6.1921).

dell'arte di Ball, oscillante appunto tra misticismo ed esoterismo, tra provocazione e paradosso. Ne sono una testimonianza esemplare le sue esibizioni sul palco del Cabaret Voltaire di Zurigo, da lui co-fondato nel 1916, che accoglieva un coacervo di sperimentali performance vocali, gestuali e teatrali ma anche coreiche di vari artisti e artiste, tra cui il dadaista di origine rumena Tristan Tzara e la cantante e poetessa Emmy Hennings, futura moglie di Hugo Ball.

Hugo Ball aveva anche instaurato relazioni con il Monte Verità intervenendo nel 1917 a uno strano congresso del cosiddetto Ordo Templi Orientis (OTO), a cui parteciparono massoni, occultisti, teosofi e seguaci del movimento per la vita sana. In una sua breve recensione del congresso, Ball parlò però soprattutto del riformatore della danza Rudolf von Laban e della sua scuola coreica, che d'estate teneva corsi sul Monte Verità e che, secondo le parole di Ball, «si sta trasformando in un istituto che non mira solo allo sviluppo delle capacità, ma anche all'educazione dell'artista».[6] Per Ball, dallo spirito esoterico del congresso di occultisti scaturisce così un nuovo contegno interiore ed esteriore del corpo, che si concretizza nell'arte coreica della scuola Laban, ispirata al movimento per la vita sana.

Passiamo ora a un noto esempio del periodo zurighese, quando Hugo Ball recitava le sue cosiddette poesie fonetiche al Cabaret Voltaire. Il carattere performativo delle sue letture non consisteva tanto nell'interazione tra danza, musica, recitazione e teatro, ma soprattutto nel fatto che Ball concepiva queste esibizioni come automessinscena, in cui il corpo, il portamento assumeva un'importanza fondamentale – ma il movimento, l'azione per antonomasia quale stigma dell'avanguardia aveva un ruolo secondario (cfr. fig. 10). Nel suo diario, Hugo Ball annotava quindi: «Ho inventato un nuovo genere di poesia con ‹versi senza parole›, composizioni di suoni, in cui il bilanciamento delle vocali è soppesato e distribuito solo in virtù del valore dato alla sequenza iniziale. Questa sera ne ho dato la prima lettura pubblica. Per l'occasione mi sono preparato un costume speciale. Le gambe erano infilate in una sorta di tubo di cartone azzurro brillante, un cilindro che arrivava stretto ai fianchi, dandomi l'aspetto di un obelisco. Sopra portavo un enorme colletto che faceva anche da mantello, ritagliato ancora nel cartone, ricoperto di fogli, all'interno color rosso scarlatto e dorati fuori. Era fissato alla gola di modo che, alzando e abbassando i gomiti, potevo muoverlo come si trattasse di ali. A completare il travestimento, un cappello cilindrico da sciamano, alto, a strisce bianche e azzurre. Ho sistemato dei leggii su tutti e tre i lati della

---

[6] Hugo Ball, Über Okkultismus, Hieratik und andere seltsam schöne Dinge (1917), in: Hugo Ball, Der Künstler und die Zeitkrankheit. Ausgewählte Schriften (a cura di Hans Burkhard Schlichting), Frankfurt am Main 1984, pp. 54-57, spec. p. 54. Nelle memorie pubblicate in seguito su questo periodo, Ball menziona ripetutamente Laban come frequentatore assiduo del Cabaret Voltaire. La funzione teatrale del Monte Verità è già stata sottolineata anche da Andreas Schwab. Cfr. Andreas Schwab, Monte Verità – Sanatorium der Sehnsucht, Zürich 2003, p. 15.

scena, rivolti verso il pubblico. Vi ho posato il manoscritto, vergato con la matita rossa: così celebravo ora sull'uno e ora sull'altro. [...] Tutti erano curiosi, così mi sono fatto portare sul piedistallo al buio, perché non potevo camminare nella mia colonna, e ho cominciato a declamare lento e solenne:

gadji beri bimba
glandridi laula lonni cadori
gadjama bim beri glassala
glandridi glassala tuffm i zimbrabim
blassa galassasa tuffm i zimbrabim…

Poi gli accenti si son fatti più pesanti; l'espressione era più intensa, quando sottolineavo le consonanti. Ben presto mi son reso conto che i miei mezzi espressivi, se volevo restare serio (e lo volevo a ogni costo), non erano all'altezza della solenne messa in scena. Fra il pubblico ho notato Brupbacher, Jelmoli, Laban, la signora Wiegman [sic!]. Ho avuto paura del ridicolo e mi son dato un contegno. [...] Ho notato allora che la mia voce, cui non restava altra via, aveva assunto la cadenza antichissima della lamentazione sacerdotale, lo stile del canto liturgico, che si leva come un gemito in tutte le chiese cattoliche dell'Oriente e dell'Occidente.»[7]

La performance di Ball oscillava tra provocazione – nelle sue vesti di magico vescovo e nella lettura dei «versi senza parole» – e serietà trascendentale, arte performativa e atteggiamento ieratico. Si tratta dell'incarnazione plastica di quella commistione tra acrobatica e ascesi di cui parla Sloterdijk: l'artista dada diventa per così dire il funambolo dello spirito, che, muovendosi sul filo del rasoio tra esoterismo ed essoterismo, tra inclinazione alla trascendenza e ironia verbale, può ambire a un nuovo atteggiamento dello spirito e del corpo.

Dal contrasto tra l'habitus e l'abbigliamento di Hugo Ball, che ricordavano quelli di un santo, e i suoi «versi senza parole» privi di significato emerge un quadro dinamico di ciò che lui intendeva per avanguardia: l'avanguardia nasceva proprio dal contrasto paradossale tra la serietà liturgica del suo atteggiamento e la declamazione ironica di parole senza senso. La concezione dell'avanguardia di Ball appare anche significativa per la definizione del modernismo artistico e letterario: la liberazione delle forze verbali e la trasformazione del contegno esteriore qui entrano in concorrenza tra loro. Entrambi gli aspetti vanno intesi come un'autorappresentazione stilizzata sicuramente originale ma anche contraddittoria dell'artista.

Di una simile liberazione delle forze verbali e trasformazione del contegno esteriore nell'avanguardia esiste anche un altro esempio, vale a dire l'esibizione di Emmy Hennings (fig. 19) al Cabaret Voltaire del 6 febbraio 1916. Quella sera l'artista cantò «Totentanz» (Danza macabra), una poesia contro la guerra di Ball (cfr. fig. 39), con grande intensità. Nelle sue memorie sul dadaismo, l'amico comune Friedrich Glauser scrisse che Emmy aveva interpretato il testo

---

[7] Ball 2006 (vedi nota 6), pp. 67-68 (23.6.1916).

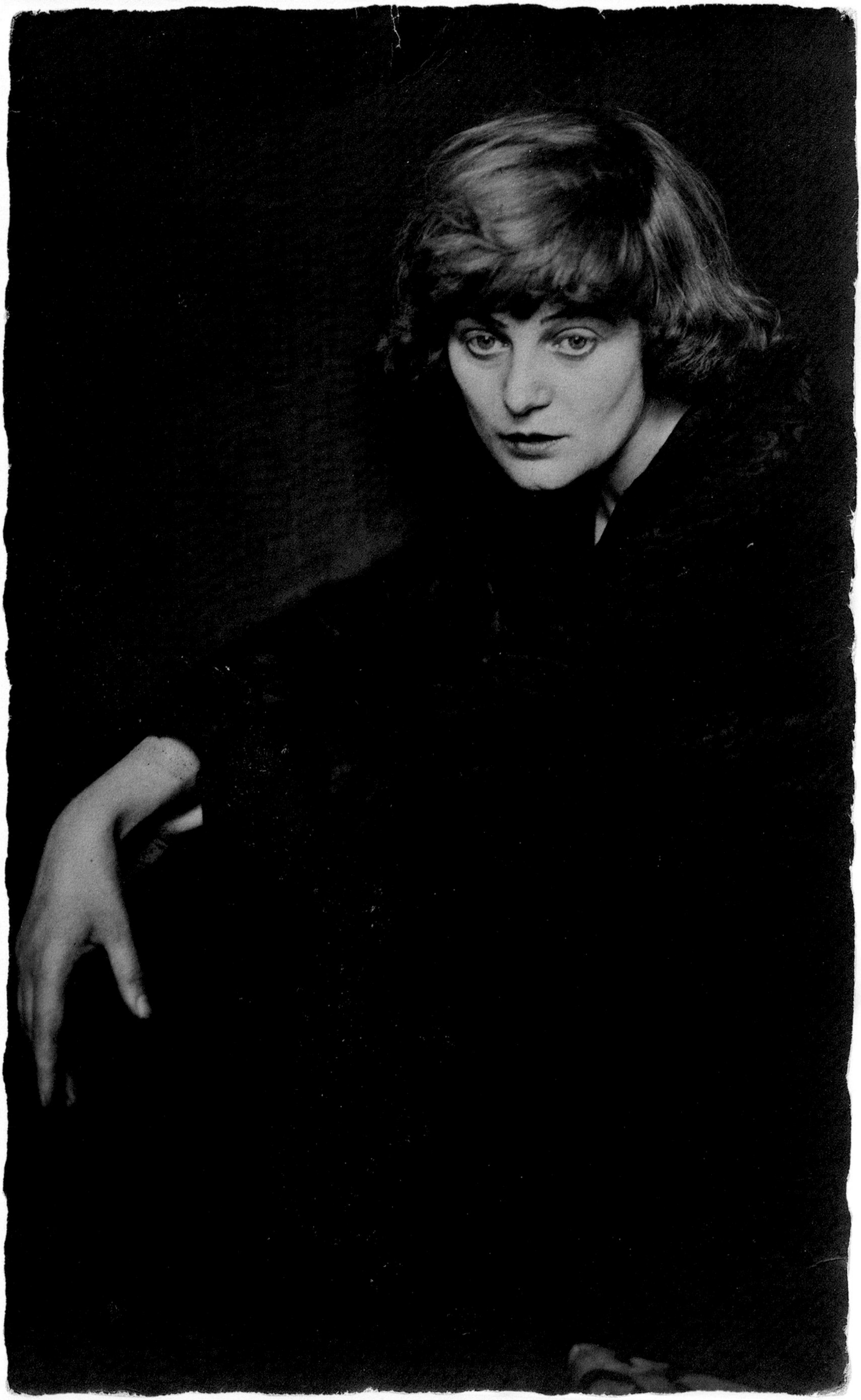

«con voce flebile e rotta, tale da procurare un brivido assolutamente non dadaista al pubblico».[8] «Una bambina che faceva propaganda contro la guerra?»[9] così il commento di Richard Huelsenbeck, uno dei più importanti dadaisti tedeschi, nelle sue memorie. Anche Emmy Hennings coltivava un'immagine dell'artista in cui il potenziale sovversivo e aggressivo della propaganda contro la guerra era veicolato da un corpo da bambina,[10] l'incontro tra acrobatica e ascesi era così letteralmente incarnato dall'artista stessa.

In questa maniera ricaviamo infine una nuova immagine degli artisti d'avanguardia, come ho qui brevemente illustrato prendendo esempio da Hugo Ball ed Emmy Hennings, e un'idea del loro spirito contraddittorio e critico, ma allo stesso tempo anche profondamente etico-mistico: «Forse non si tratta più tanto di arte, quanto dell'immagine incorrotta»,[11] come scrisse Ball. Il fatto che un'immagine incorrotta possa essere trasmessa dal corpo dell'artista – sì «nuovo», ma comunque effimero – costituisce in ultima analisi la verità più importante ma pure fragile dell'avanguardia classica.

### Traduzione: Martin Kuder

---

8 Friedrich Glauser, Dada und andere Erinnerungen aus seinem Leben, Zürich 2013, p. 29.
9 Richard Huelsenbeck, Mit Licht, Witz und Grütze. Auf den Spuren des Dadaismus, Hamburg 1991, p. 33.
10 Cfr. a questo proposito Nicola Behrmann, Emmy Hennings. Zur Inszenierung von Subjektivität in der Moderne, tesi di master, Berlin 2001, pp. 42 sg.
11 Ball 2006 (cfr. nota 6), p. 99 (19.5.1917).

Fig. 19: Ritratto fotografico di Emmy Hennings, 1917.

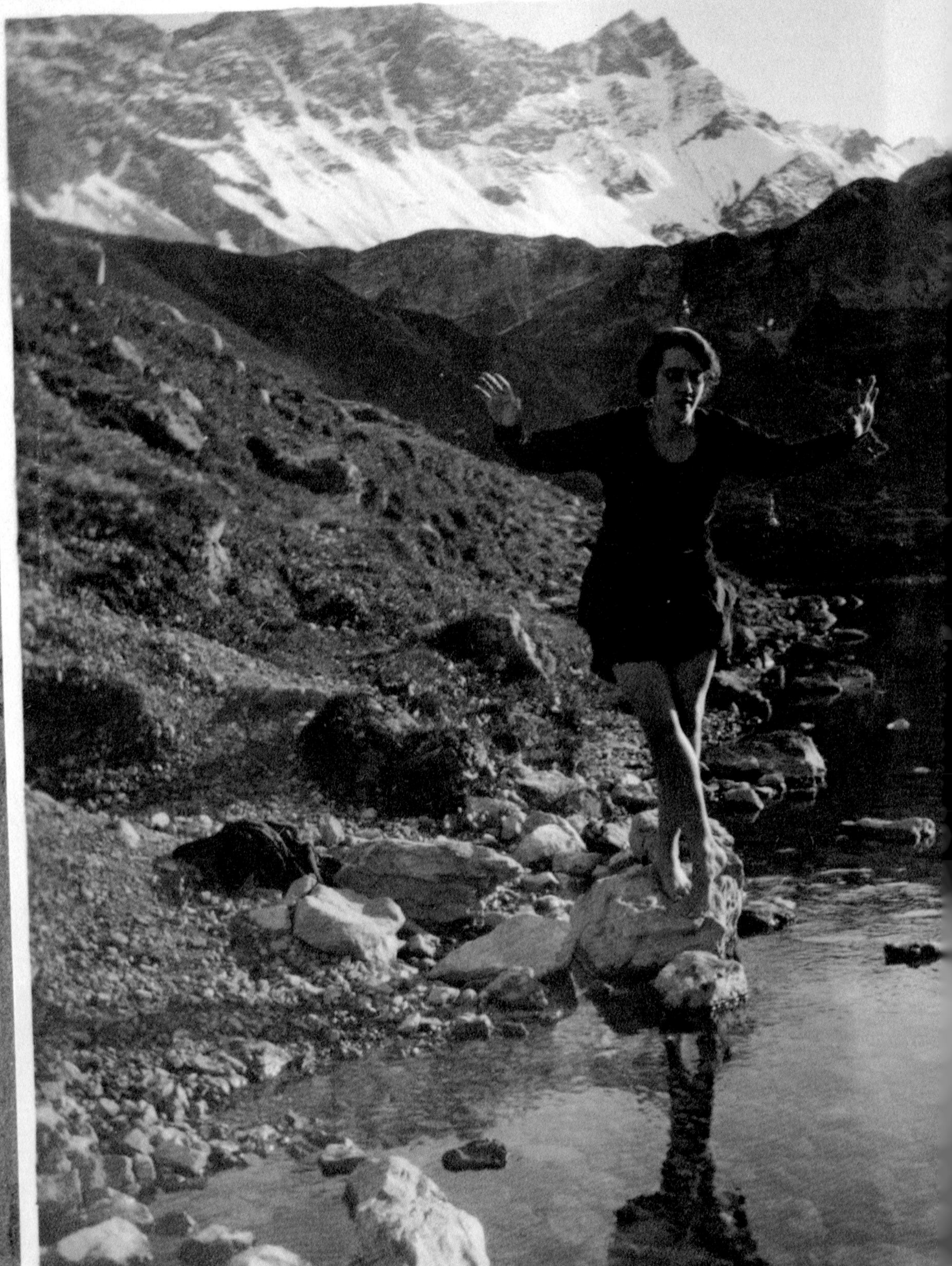

Hedwig Müller

# La danza di Mary Wigman e le arti

«Monte Dada», il titolo del convegno, coniuga due mondi: il movimento per la vita sana (Lebensreformbewegung) sul Monte Verità e il movimento artistico rivoluzionario nato a Zurigo.

Fig. 20: Mary Wigman durante le riprese di «Der Tanz um die Tänzerin», 1919.

All'inizio del XX secolo, ad Ascona si incontrano seguaci di disparate correnti filosofiche, politiche, artistiche e religiose per coltivare le loro visioni di una società più libera e a misura d'uomo. A Zurigo invece artisti di tutta Europa rimettono in questione le convenzioni dell'arte e della società borghese a favore di nuove forme d'arte e di vita. Mentre il Monte Verità è un luogo dove si persegue uno stile di vita comune in armonia con la natura e lontano dalla società, i dadaisti pongono l'accento sul confronto con la realtà politica e sulla varietà delle pratiche artistiche e di vita.

Dal 1913 Rudolf von Laban tiene corsi d'arte sul Monte Verità nei mesi estivi. Mary Wigman frequenta il primo corso dopo aver conseguito il diploma di insegnante di ritmica a Hellerau. Successivamente diventa la principale collaboratrice di Laban e, in veste di danzatrice, una delle fondatrici della danza espressiva. La scuola Laban nell'inverno 1913/14 e fino a poco tempo dopo lo scoppio della guerra nel 1914 ha sede a Monaco di Baviera, e poi, dalla primavera 1915, a Zurigo. Dopo che Laban si ritira dalla scuola nel 1918, Wigman apre il proprio atelier a Zurigo dove insegna fino al 1920, quando viene respinta la proroga del suo permesso di dimora e torna in Germania.

In seguito si cercherà di illustrare per sommi capi l'importanza del concetto educativo di Laban di danza, suono, parola, forma (Tanz, Ton, Wort, Form) per gli esordi di Wigman quale danzatrice e per il suo primo esperimento nell'ambito del cinema.

Grazie alla filosofia della danza di Laban e ai suoi studi sul movimento, Mary Wigman trova la propria estetica coreica. A tale proposito assume una particolare importanza l'approccio di Laban di mettere in relazione la danza con altre forme d'arte. Lui stesso artista poliedrico – ballerino, pittore, grafico, musicista, compositore, scrittore e soprattutto artista di vita – era pieno di visioni per una vita migliore per tutta l'umanità. Contestualmente alle sue attività massoniche, nel 1913 conosce Henri Oedenkoven e Ida Hofmann, i due fondatori della cooperativa individualistica del Monte Verità. Questi ultimi erano alla ricerca di nuovi stimoli spirituali per la propria colonia e necessitavano di nuove proposte interessanti per i propri ospiti, che garantivano la sussistenza finanziaria della colonia. In una lettera della primavera 1913 a Suzanne Perrottet, all'epoca sua amante e in seguito sua collaboratrice, Laban scrive: «Si vuole che io sistemi, che organizzi qui la vita spirituale mediante le arti – secondo le mie concezioni – religiose. [...] d'inverno si va in città – Parigi o Monaco – e in gruppi molto ristretti si continua ‹la scuola›, scuola di musica, di movimento, di poesia verbale, dell'arte di vivere. [...] Avrei qui degli allievi apprendisti, come pure dei membri della colonia, per sperimentare feste in grandi spazi, nuovi canti e movimenti religiosi [...]»¹ Per Laban, la danza formava l'essere umano nella sua dimensione cosmologica: «La danza racchiude tutta la cultura, tutta la società. [...] Ma la rappresentazione più pura della danza delle danze, di quanto accade al mondo, è il corpo umano roteante.»² In questo Laban seguiva da un lato la concezione della danza come particolare esperienza del mondo, ispirandosi a Friedrich Nietzsche, tra l'altro a «Also sprach Zarathustra» (Così parlò Zarathustra), e dall'altro la mistica islamica che aveva conosciuto da adolescente in Bosnia Erzegovina, all'epoca il centro europeo del sufismo. Mary Wigman afferma: «I fondatori dell'ordine dei dervisci danzanti definivano ciò che accade al mondo come danza delle sfere attorno al mondo. Vivere questa danza e riprodurla nella propria attività coreica per Laban diventa non solo un proprio compito, ma compito del danzatore in generale, fondamento etico dell'insegnamento della danza: esperienza cosmica, religione.»³ La danza per Laban era la forma suprema di esperienza esistenziale: «Considero la danza come l'arte primigenia di tutte le arti – la considero pertanto anche l'arte più viva, la cui forza espressiva riesce a toccare e influenzare in misura incomparabilmente più forte di tutte le altre arti l'universo sensitivo ed esperienziale dell'essere umano – in ultima analisi considero la danza portatrice e mediatrice di una visione del mondo pura e primordiale.

Questa concezione di fondo è la mia ragione di vita! [...] Rivitalizzare l'umanità tramite la danza e per la danza.»⁴

Di conseguenza per Laban la danza si riflette in tutte le altre discipline artistiche: «La danza ci parla tramite il pensiero dei poeti, le note dei musicisti e le figure dei pittori, dei creatori e dei costruttori.»⁵ I contenuti didattici della scuola Laban sul Monte Verità e a Zurigo rispecchiano questa concezione della danza. Durante le lezioni tutte le forme di espressione artistica erano messe in relazione tra loro e la stessa quotidianità veniva elevata ad arte. Tutte le attività umane facevano parte di quell'opera d'arte totale che era la vita. Il primo opuscolo del 1913 della scuola d'arte sul Monte Verità menziona le seguenti quattro categorie di insegnamento (fig. 21): ⁶

---

1 Rudolf von Laban a Suzanne Perrottet, 5 giugno 1913, Kunsthaus Zürich, lascito Suzanne Perrottet.
2 Rudolf von Laban, Die Welt des Tänzers. Fünf Gedankenreigen, Stuttgart 1920, p. 8.
3 Mary Wigman, Rudolf von Labans Lehre vom Tanz, in: Die Neue Schaubühne, annata 3, 1921, fasc. 5/6, pp. 99-106, qui p. 101.
4 Rudolf von Laban, annotazioni manoscritte, Universitätsbibliothek Leipzig, Sondersammlung Tanzarchiv Leipzig, Rep 028 IV b.1. Nr. 18.
5 Laban 1920 (vedi nota 2), p. 8.
6 Opuscolo riprodotto in Harald Szeemann (a cura di), Monte Verità: antropologia locale come contributo alla riscoperta di una topografia sacrale moderna, Milano 1978.

# SCHULE FÜR KUNST

Monte Verità Ascona      am Lago Maggiore      Schweiz.

---

Die Schule für Kunst ist der von Henri Oedenkoven geschaffenen „Individualistischen Cooperative von Monte Verità" angegliedert.

Die Schule für Kunst wird nach dem neuartigen Erziehungs- und Unterrichtsprinzipien geleitet, die R. Laban de Vàralja seit Jahren in seinen Unterrichtskursen im Sinne einer lebenskräftigen Regeneration der Künste verfolgt.

Der Schüler wird in alle Äußerungsformen des menschlichen Genius eingeführt.

Auf allen Gebieten der Tätigkeit und des Ausdrucks sucht er, in Mitarbeiterschaft mit seinen Meistern und Kollegen, die neuen Formen eines einfachen und harmonischen Lebens zu finden. Durch Anwendung dieses Grundprinzipes wird leicht das seiner persönlichen Veranlagung entsprechende Tätigkeitsfeld gefunden.

Die Einsicht und der Geschmack für lebensvolles, künstlerisches Schaffen wird geweckt und dadurch der Schüler davor bewahrt, die Zahl der wert- und nutzlosen Kunstprodukte zu vermehren, welche das traurige Ergebnis einseitig spezialisierender Kunsterziehung sind.

Die Übungen und Arbeiten werden — soviel als möglich im Freien — auf dem Terrain und in den Werkstätten der individualistischen Cooperative von Monte Verità abgehalten. Die Schule soll die Mitglieder dieser Vereinigung in ein künstlerisches Leben einführen. Es ist aber nicht notwendig Mitglied der Cooperative zu sein, um in die Schule eintreten zu können.

Die Schule für Kunst organisiert ihren Unterricht in vier Teilkursen:

### Bewegungskunst
1. Körperübungen; körperliche Arbeiten in Gärten und Werkstätten.
2. Spiele und Tänze. Einzeln und in Gruppen.
3. Die Komposition des Bewegungskunstwerkes

### Wortkunst
1. Phonetisch-mechanische Übungen in verschiedenen Sprachen. Gesprächsübungen.
2. Rede und Vortrag, Einzeln und im Chor.
3. Die Komposition des Wortkunstwerkes.

### Tonkunst
1. Vokale und instrumentale Übungen. Gesänge und Rythmen als Arbeitsbegleitung.
2. Einzel- und Chorgesang, Instrumentalmusik.
3. Musikalische Komposition.

### Formkunst
1. Technische Übungen. Technische Arbeiten in Gärten und Werkstätten.
2. Arbeit in angewandter Kunst, Baukunst, Bildnerei.
3. Die Komposition des Formkunstwerkes.

Das Honorar beträgt 50 Franken pro Monat und berechtigt zur Teilnahme an sämtlichen Kursen. Eintritt jederzeit. Das Honorar ist monatlich, im Voraus zu entrichten.

Die Schule veranstaltet eigene Kurse zur Heranbildung von Lehrern der „Schule für Kunst", ferner solche zur allgemeinen Erziehung von Kindern.

Die Schüler finden auf Wunsch Wohnung und Verpflegung (vegetarisch) in der Cooperative oder in der Pension Monte Verità.

Fig. 21: Opuscolo della «scuola d'arte», Ascona 1913.

Arte del movimento
1. Esercizi corporali: lavoro fisico in giardini e laboratori.
2. Giochi e balli. Singolarmente e in gruppo.
3. La composizione dell'opera d'arte in movimento.

Arte del suono
1. Esercizi vocali e strumentali. Canti e ritmi per accompagnare il lavoro.
2. Canto individuale e corale, musica strumentale.
3. Composizione musicale.

Arte verbale
1. Pratica fonetico-meccanica in diverse lingue. Esercizi di conversazione.
2. Parlare e recitare. Singolarmente e in coro.
3. La composizione dell'opera d'arte verbale.

Arte formale
1. Esercizi tecnici. Lavori tecnici in giardini e laboratori.
2. Lavoro nelle arti applicate. Costruzione. Raffigurazione.
3. La composizione dell'opera d'arte formale.

Questa impostazione, adottata in larga misura anche nella scuola Laban di Zurigo, poneva al primo posto l'arte in relazione alla prassi quotidiana, al secondo esercitazioni concrete e al terzo la composizione, ossia la creazione artistica come conoscenza delle interrelazioni, del rapporto degli elementi singoli tra di loro e con il tutto. Oltre ai quattro ambiti danza, suono, parola e forma, la scuola di Zurigo prevedeva anche la pantomima e il cinema, di cui Laban sottolineava così l'autonomia come forme d'arte. Come primo esempio dell'interazione della danza di Mary Wigman con altre arti, vorrei a questo punto evidenziare alcuni aspetti dell'«arte formale»: sotto quest'etichetta, nella scuola Laban venivano praticati il disegno, la pittura, lavori tessili e le arti decorative. L'intenzione era di trasmettere agli allievi la consapevolezza delle caratteristiche motorie di queste attività per sensibilizzarli alla qualità coreica delle opere. Ecco un esempio di esercitazione tratto da un quaderno di Wigman:

Forma – i 3 modi per vedere e riprodurre le cose:
1. Disegno ritmico – porre l'accento sulla tensione
2. Melodico: porre l'accento sul profilo – procedere delle linee – sentire le linee
3. Armonico: la cosa nel suo ambiente, nello spazio, distinzione tra luce e ombra, porre l'accento sulle superfici[7]

Mary Wigman descrive l'esercitazione di disegno (tensione, procedere, movimento nello spazio) come se fosse un esercizio di movimento utilizzando una terminologia musicale. Già solo questo aspetto rivela la

---

7 Mary Wigman, annotazioni manoscritte, Archivio Mary Wigman, Archiv der Akademie der Künste, Berlino.

concezione interdisciplinare dell'arte tipica della scuola Laban, assai simile peraltro a quella dei dadaisti.

Nel quadro dell'insegnamento «formale» della scuola Laban, gli studenti imparavano anche a disegnare e produrre costumi per la danza e maschere. L'utilizzo di materiali inconsueti e il ricorso ai collage come mezzo artistico accomunavano l'arte formale labaniana e il dadaismo. Il lascito di Mary Wigman comprende bozze di costumi costituite da collage di ritagli di carta lucida. Per la Wigman, la dimensione materiale assumeva grande importanza nella concezione dei suoi costumi. Privilegiava stoffe di seta e broccati, spesso intrecciate da fili metallici, che grazie all'illuminazione di scena producevano giochi di luci. Con il movimento, questi tessuti pesanti e gli altri materiali, tra cui fili o frange di rafia, sviluppavano una dinamica propria che diventavano parte del movimento e dell'espressività della danza. Anche l'utilizzo di maschere costituiva un elemento in comune tra la scuola Laban e i dadaisti, anche se le finalità erano diverse: per i dadaisti prevaleva infatti l'aspetto della critica sociale, mentre Laban e Mary Wigman ponevano l'accento sul ruolo delle maschere per l'espressione corporale del soggetto danzante.

Le maschere conservano la loro importanza lungo tutto l'arco della carriera della Wigman. Sia quelle in legno dello scultore Victor Magitos, utilizzate per le danze degli anni 1920, in primis «Hexentanz» (Danza della strega) e «Totentanz II» (Danza macabra II), sia quelle di maglia e stoffa degli esordi servivano alla de-individualizzazione della danzatrice, alla concentrazione sull'esperienza interiore e sulla forma espressiva, libera da distrazioni mimiche e focalizzata puramente sulla danza. Per le feste di danza sul Monte Verità, maschere e costumi venivano realizzati con materiali naturali quali rametti, foglie e muschio, creando così un contatto diretto tra il corpo danzante e la natura circostante.[8]

Mary Wigman si confronta in maniera diversa con l'«arte formale» nel 1916, quando in occasione dell'inaugurazione del nuovo museo di belle arti di Winterthur porta in scena il poema danzato (Tanzdichtung) in tre parti «Bildende Kunst» (Arte figurativa), composto dagli assoli «Malerei» (Pittura), «Plastik» (Arte plastica) e il duetto «Graphik» (Grafica). Nell'opera in questione traspone l'essenza di queste diverse forme d'arte in movimento, composizione dello spazio e costumi. Un critico scrive: «‹Die Malerei› appare in un'ampia veste distesa a mo' di scialle e, in maniera caratteristica, continua a offrire punti visivi di stasi nel flusso ritmico del movimento; ‹Die Plastik›, in un austero camice corto (verde) con centinaia di diverse rappresentazioni della proiezione del corpo nello spazio, si rinuncia del tutto a una posizione di stasi appiattita, c'è solo l'accentuazione della corporalità mossa in modo plastico che riempie lo spazio. Dopo l'intermezzo […]

---

8 Cfr. Rudolf von Laban, Ein Leben für den Tanz. Erinnerungen, Dresden 1935, pp. 196-197.

g. 22: Mary Wigman durante le riprese di «Der Tanz um die Tänzerin», 1919.

le due ballerine, una vestita di bianco, l'altra di nero (esteriormente un'allusione simbolica all'arte in bianco e nero) interpretano ritmicamente la ‹Graphik› quale linea composta in movimento nello spazio, quale demarcazione che separa luce e colore.»[9] Qui la danza quale arte del movimento rispecchia l'arte figurativa, ma non come riproduzione bensì quale astrazione, avvicinandosi così ai principi illustrati da Kandinsky nei suoi scritti sulla teoria dell'arte.[10]

Mary Wigman percepiva le opere d'arte nell'ottica della danza. Possedeva un disegno di una cattedrale gotica, di cui scrive: «Talvolta, nel mezzo di un lavoro mi vengono in mente le colonne proiettate verso il cielo del duomo e sento quasi

---

9 Aufführungen von Tanzdichtungen an der Museumseinweihung, in: Neues Winterthurer Tagblatt, 8.1.1916, biblioteca del Kunsthaus Zürich, lascito Suzanne Perrottet.

10 Cfr. Wassily Kandinsky, Lo spirituale nell'arte (a cura di Elena Pontiggia), Milano 1996; Max Bill (a cura di), Kandinsky. Essays über Kunst und Künstler, Berna 1955.

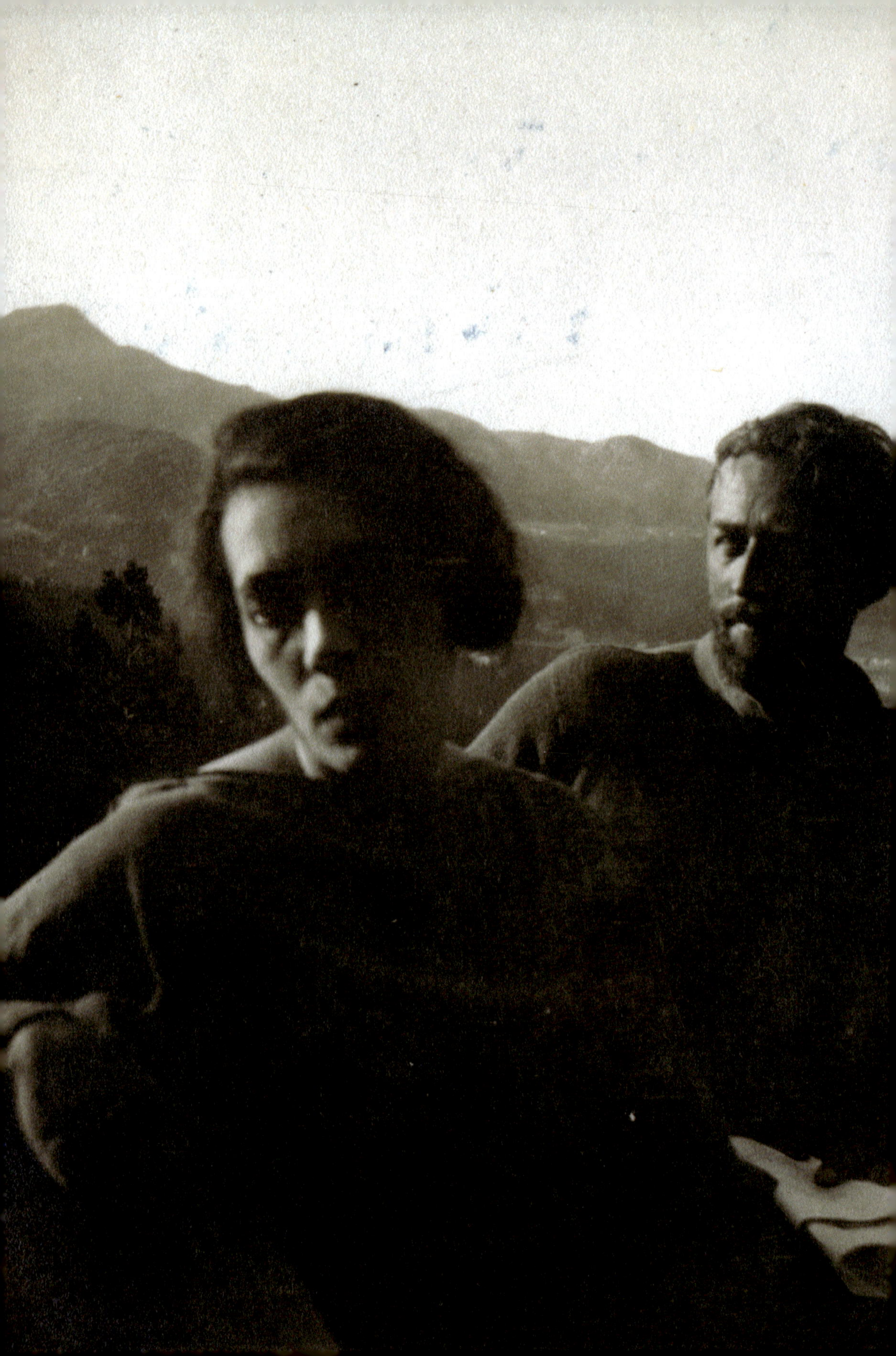

fisicamente la danza di luci e ombre sulla pietra.»[11] Si tratta di impressioni che riecheggiano nelle sue cosiddette danze «solenni», esattamente come nel 1929 l'osservazione dell'altare di Isenheim e della cattedrale di Strasburgo si riverbera nel suo «Seraphisches Lied» (Canzone serafica), ad esempio in momenti gestuali che corrispondono a quelli sulle pale d'altare o nello spazio sacrale. Mary Wigman dava una forma fisica ai movimenti che aveva percepito nelle opere figurative.

È degno di nota come le recensioni spesso associavano le danze della Wigman all'arte figurativa. Hugo Ball ad esempio scrive: «Da una prospettiva religiosa Mary Wigman è una natura di Rembrandt. Lei ama la mistica della superficie, chiaro, scuro, il contrappunto dei colori e della composizione; [...] E drappeggia le sue passioni dal rosso abbagliante al nero profondo con tutti i colori forti, netti, plastici.»[12] Paragonandola agli artisti d'avanguardia dell'epoca, un critico nel 1922 la descrive nel modo seguente: «La danza di Mary Wigman nasce tra le opere dei Picasso e Chagall, degli Stravinskij e Archipenko.»[13] Sia nel suo periodo zurighese, sia in seguito a Dresda la Wigman coltiva amicizie con molte artiste e artisti figurativi, visita mostre e possiede un gran numero di libri d'arte. Molte dadaiste e dadaisti rimangono impressionati dalla sua arte, malgrado, a differenza di parecchie sue colleghe della scuola Laban, non avesse mai assistito a un'esibizione dada. Nondimeno è una figura di primo piano della scena zurighese, perché, analogamente agli artisti dada, ridefinisce radicalmente la propria disciplina artistica e rompe con i modi tradizionali di vedere le cose. Nel primo numero della rivista «Dada», Tristan Tzara la definisce «créatrice d'abstraites notions d'expression»,[14] Hugo Ball annota nel suo diario quando figura tra il pubblico, Emmy Hennings si consulta con lei e la grande festa in costume che si svolge nel suo appartamento nella Seegartenstrasse per l'inaugurazione della Galerie Dada (1917) appartiene alla storia del dadaismo.[15] Sulla pubblicazione dada «Der Zeltweg», nel 1919 appare una sua fotografia, una dissolvenza di tre sequenze di movimenti. La fotografia simula il movimento, tematizzando così l'interazione tra danza e fotografia, tra movimento e momento immortalato.[16] Proprio questa relazione tra immagine statica e corpo in movimento è al centro dell'esperimento di

---

11 Mary Wigman a R. R. Junghanns, 1919, biblioteca del Kunsthaus Zürich, Collezione DADA.
12 Hugo Ball, Über Okkultismus, Hieratik und andere seltsam schöne Dinge, in: Hugo Ball, Der Künstler und die Zeitkrankheit. Ausgewählte Schriften, Frankfurt am Main 1984, pp. 55-57, qui p. 56.
13 Alfred Günther, Der Tanz der Mary Wigman, in: Theaterzeitung der Staatlichen Bühnen Münchens, annata 3, 1922, n. 114, pp. 1-2, qui p. 1.

14 Notes, in: Dada 1: recueil littéraire et artistique, annata 1, luglio 1917, citato da Hans Bollinger et al., DADA in Zürich, Zürich 1985, p. 213.
15 Cfr. varie annotazioni in Hugo Ball, La fuga dal tempo (tradotto e annotato da Piergiulio Taino), Pasian di Prato 2006.
16 Cfr. Hans Bollinger, 1985 (vedi nota 14), p. 241. Nella scuola Laban, non solo l'arte formale ma anche le sperimentazioni linguistiche erano strettamente legate ai dadaisti. Non possiamo però approfondire tale aspetto in questa sede.

Fig. 23: Mary Wigman e Felix Moeschlin durante le riprese di «Der Tanz um die Tänzerin», 1919.

Mary Wigman con il cinema, che vorrei proporre come secondo esempio della sua interazione con le arti.

Nell'estate 1916, tra i piccoli annunci sulla «Neue Zürcher Zeitung», esattamente sotto a una pubblicità di cappelli da lutto, figurava la seguente breve inserzione: «Attori di cinema, signori e signore, con doti solistiche cercasi a scopo di formazione. Annunciarsi a R. von Laban, Oetenbachgasse 24.»[17] La classe di cinema istituita in seguito testimonia il tentativo di Laban di includere anche il cinema nel suo progetto di formazione artistica «totale». Questo nuovo mezzo di comunicazione acquisisce crescente popolarità e, grazie a pellicole più lunghe, si conquista il riconoscimento della critica. Oltre agli ancora pochi film svizzeri, nei cinema di Zurigo vengono proiettate soprattutto opere italiane, francesi, statunitensi e – con limitazioni dovute alla guerra – tedesche. Tra i membri della scuola Laban, Mary Wigman, Käthe Wulff e Sophie Taeuber mostrano interesse per il cinema. Nel dibattito sulla necessità di tecniche attoriali specifiche per il cinema, condotto su pagine culturali e riviste, Laban intravede una possibilità per attirare nuovi studenti paganti e mitigare così la precaria situazione finanziaria della propria scuola: «Una sezione apposita della nostra scuola offre una formazione cinematografica completa. Lezioni di recitazione, trucco, pratica sportiva, ecc. sono impartite da docenti esperti», annuncia un volantino della sua scuola.[18] R. Cassina figura come «regia». Probabilmente si trattava di quella Rose Cassina che nel gennaio 1917 inaugura una propria scuola di cinema a Zurigo.[19]

Laban nutriva un grande interesse per le potenzialità estetiche del cinema. Era affascinato soprattutto dal movimento insito nella tecnica di questo mezzo di comunicazione e dal modo in cui si manifestava nelle inquadrature e nelle prospettive della cinepresa. In «Die Welt des Tänzers» afferma: «Chi osserva l'immagine è ugualmente in movimento. Una volta si avvicina […] e un'altra si allontana nuovamente dall'immagine per cogliere meglio il ritmo globale della rappresentazione, l'immagine nella sua totalità. […] Sul valore di questo tipo di ingrandimento di un oggetto osservato per la percezione artistico-umana di un evento non ci possono essere dubbi.»[20] Il pubblico sperimenta la mobilità dello spazio, l'annullamento dei confini spaziali e quindi la propria mobilità, malgrado sia seduto immobile davanti allo schermo. Siegfried Kracauer cita in maniera simile lo storico dell'arte Erwin Panofsky: «Lo spazio presentato allo spettatore è mobile quanto lo spettatore stesso. Non solo dei corpi solidi si muovono nello spazio, ma è lo spazio stesso a muoversi, modificarsi, girarsi,

---

17 Neue Zürcher Zeitung, 10.7.1916.

18 Opuscolo Labanschule Kinetographische Abteilung, Universitätsbibliothek Leipzig, Sondersammlung Tanzarchiv Leipzig, Rep 028 VIII. c.2.
19 Cfr. Hervé Dumont, Geschichte des Schweizer Films, Spielfilme 1896-1965, Lausanne 1987, p. 46.
20 Laban 1920 (vedi nota 2), p. 122.

sciogliersi e ricristallizzarsi.»[21] Per Laban, il film è uno strumento per l'educazione del movimento tramite la percezione e, vista l'affermazione del cinema come mezzo di comunicazione di massa, considera «il teatro cinematografico» come uno dei «luoghi principali di formazione del popolo».[22] Il teorico del cinema Béla Balázs condivideva il punto di vista di Laban che le opere cinematografiche potessero contribuire all'educazione popolare, soprattutto perché riteneva che il film muto veicolasse «una cultura gestuale dei movimenti espressivi».[23] «Il cinema è l'arte grazie alla quale è possibile formare la capacità di espressione fisica dell'essere umano. […] Poiché nel suo potenziale espressivo ampliato si amplia l'anima stessa.»[24.] L'attuazione di questo ambizioso obiettivo nella prassi profana delle lezioni di cinema è descritta da Käthe Wulff in una lettera alla sua famiglia: «La maggior parte dei partecipanti nutre il desiderio di diventare un attore di cinema; dovreste però vederli per cogliere la comicità di questa frase. – Voglio provare a riassumere lo svolgimento di un'ora di lezione: esercizi d'espressione: collera, paura, orgoglio, indifferenza, odio, affetto, gioia. L'espressione deve essere resa mediante la mimica facciale e tutto il corpo. Inoltre: divisione in due file. La fila I si avvicina alla fila II pronunciando le parole: ti amo. La fila II risponde avvicinandosi: anch'io. Poi, stringendosi, esclamano insieme: O, tu!»[25]

Per la sua classe di cinema, Laban scrive sceneggiature che i futuri attori, non avendo la possibilità di fare delle prove su un set cinematografico, recitano su un palco teatrale. Il giudizio del critico della «NZZ» è piuttosto scettico: la «pantomima cinematografica […] dimostra un forte senso per gli effetti visivi pieni di contrasti, ma solleva pure la questione se il cinema – anche se artisticamente impreziosito – si presti alla ‹formazione artistica e umana seria› a cui ambisce la scuola Laban».[26] Il cinema ha ancora la nomea di un divertimento da luna park poco serio – a Zurigo i cinematografi sottostavano ancora alla legge sul commercio ambulante – e non sembra conciliabile con gli ideali etici di Laban. Con i suoi sforzi per un cinema artistico, Laban rappresenta l'avanguardia.[27] Anche Mary Wigman sotto questo profilo può essere considerata una pioniera. Il suo film «Der Tanz um die Tänzerin» (Il putiferio

---

21 Erwin Panofsky, citato da Karsten Witte (a cura di), Siegfried Kracauer Schriften, Bd. 2: Von Caligari zu Hitler. Eine psychologische Geschichte des deutschen Films, Frankfurt am Main 1979, p. 12.
22 Laban 1920 (vedi nota 2), p. 191.
23 Béla Balázs, Schriften zum Film. Bd. I: Der sichtbare Mensch, Kritiken und Aufsätze 1922-1926, a cura di Helmut H. Diederichs, München 1982, p. 349.
24 Ibid., p. 350.
25 Käthe/Katja Wulff, lettera alla famiglia, 6.11.1916, lascito Käthe/Katja Wulff, Deutsches Tanzarchiv Köln.
26 Hg., Labanschule, in: Neue Zürcher Zeitung, 2.7.1917.
27 Negli anni 1920 Laban scrive una serie di soggetti cinematografici che però non vengono mai realizzati. Cfr. Evelyn Dörr, Rudolf Laban. Ein Portrait. Norderstedt 2005, pp. 254 sg.; Susanne Franco, Rudolf Laban's Dance Film Projects, in: Susan Manning, Lucia Ruprecht (a cura di), New German Dance Studies, Urbana/Chicago/Springfield 2012, pp. 63-78.

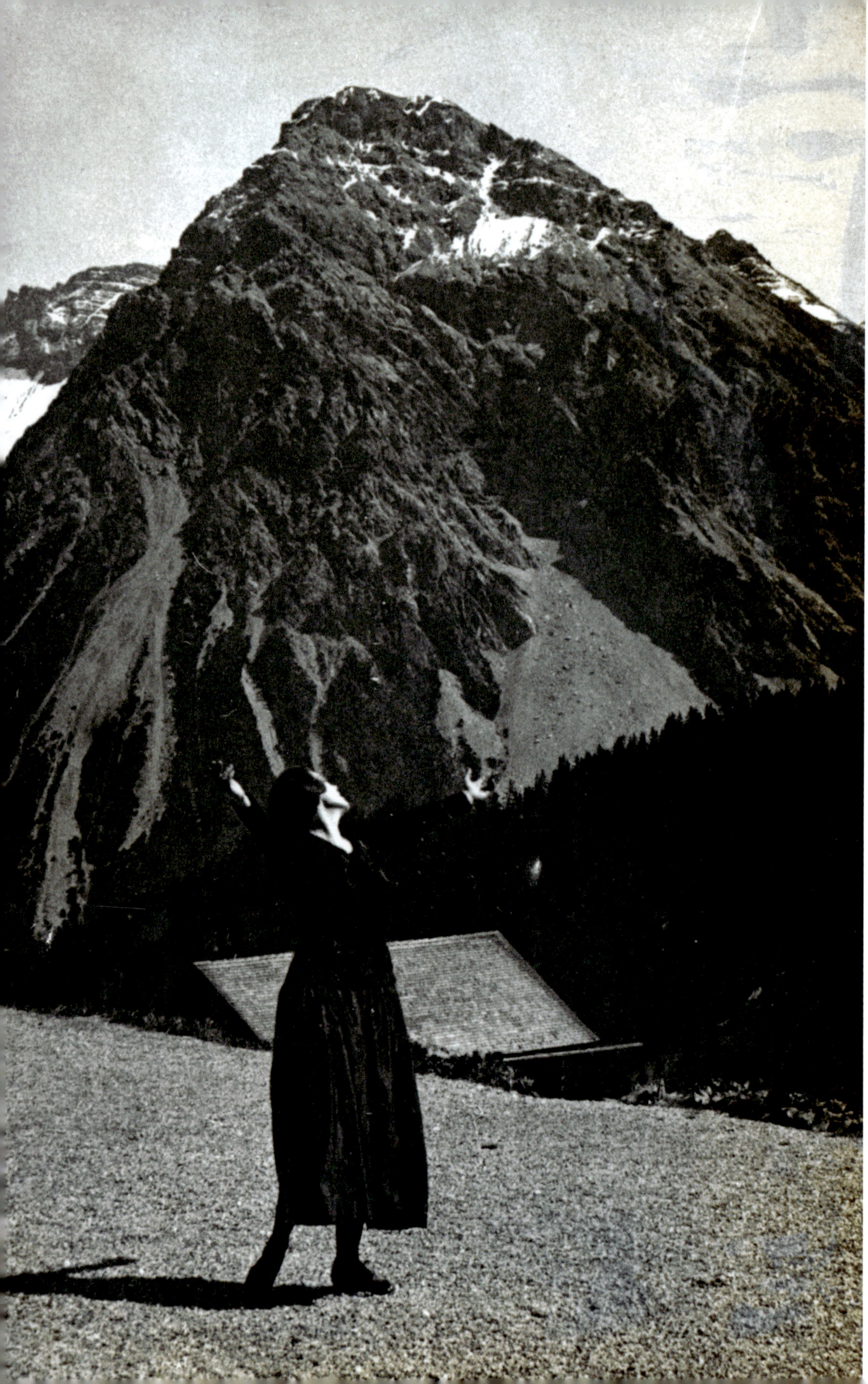

per la danzatrice) costituisce uno dei primissimi tentativi di fondere danza artistica e cinema in un'unità estetica.[28]

Realizzato nel 1919, il film «Der Tanz um die Tänzerin», una miscela tra una commedia poliziesca e un film di montagna, è tutto incentrato sulla figura di Mary Wigman e sul paesaggio montano di Arosa. La Wigman interpreta una danzatrice afflitta da pene d'amore che si reca in montagna ad Arosa per un periodo di riposo. Al Casino incontra un truffatore in fuga dalla polizia di Zurigo che subito la corteggia con insistenza. Dopo una serata danzante al Kurhaus è ormai assediata da una pletora di spasimanti, per cui fugge sui monti e trova rifugio nella capanna di un taglialegna. Lì inizia ad apprezzare la vita semplice e si dedica interamente alla danza nella natura libera. Tre corteggiatori tenaci però la inseguono (fig. 22). Uno di essi penetra nella capanna, e la protagonista per respingerlo deve addirittura ricorrere alle armi. Infine dichiara che avrebbe ceduto alle lusinghe di colui che sarebbe riuscito per prima a raggiungere la vetta del Weisshorn di Arosa. Tutti e tre falliscono però miseramente la prova, devono essere salvati dal soccorso alpino e pentiti tornano ad Arosa tra lo scherno generale. La polizia arresta il truffatore e la protagonista può di nuovo dedicarsi in solitudine alla danza nella natura.

L'obiettivo del film è di promuovere l'immagine turistica di Arosa, che nel 1919 era già una stazione di cura mondana. La stampa considera l'opera non solo come una pellicola pubblicitaria, ma anche come un tentativo ambizioso di affermare il film paesaggistico come un genere cinematografico tipicamente svizzero. Il produttore, il pioniere del cinema Robert Rosenthal di Basilea, era specializzato nelle commedie, ma dal 1917 con la sua Eos Film AG si era anche fatto un nome girando documentari sulle Alpi e sulla natura.[29] Sceneggiatura e regia sono curati dallo scrittore Felix Moeschlin, amico di Mary Wigman, redattore della rivista culturale «Schweizerland» e direttore dell'ufficio del turismo di Arosa, che probabilmente finanzia anche il film (fig. 23). Moeschlin non ha esperienza in ambito cinematografico, ma gli basta «una consapevole volontà svizzera di realizzare qualcosa di svizzero nel campo del cinema».[30] In un'intervista, persino Mary Wigman adotta toni nazionalisti: «Abbiamo voluto dimostrare, così mi dice la signora Mary Wigman, che la Svizzera è un paese dove si possono girare bei film con mezzi molto modesti. La cornice stupenda delle nostre montagne, dei nostri prati, dei nostri pittoreschi villaggi e cittadine non ha nulla da invidiare all'estero.»[31] Lo stesso Rosenthal è dietro la cinepresa, ciò che garantisce la qualità delle riprese.

---

28 Negli anni 1980 di questa pellicola esisteva apparentemente ancora una copia in mano privata, nel frattempo andata perduta. Posso quindi basarmi solo sulle foto di scena e le fonti scritte.

29 Cfr. Dumont 1987 (vedi nota 19), p. 43.
30 Felix Moeschlin, Vom Film, in: Neue Zürcher Zeitung, 6.1.1920.
31 Alfred Gehri, Le premier film suisse. La Danse et la Danseuse, in: Revue Suisse du Cinema, 1919, n. 12, p. 9.

Fig. 24: Mary Wigman durante le riprese di «Der Tanz um die Tänzerin», 1919.

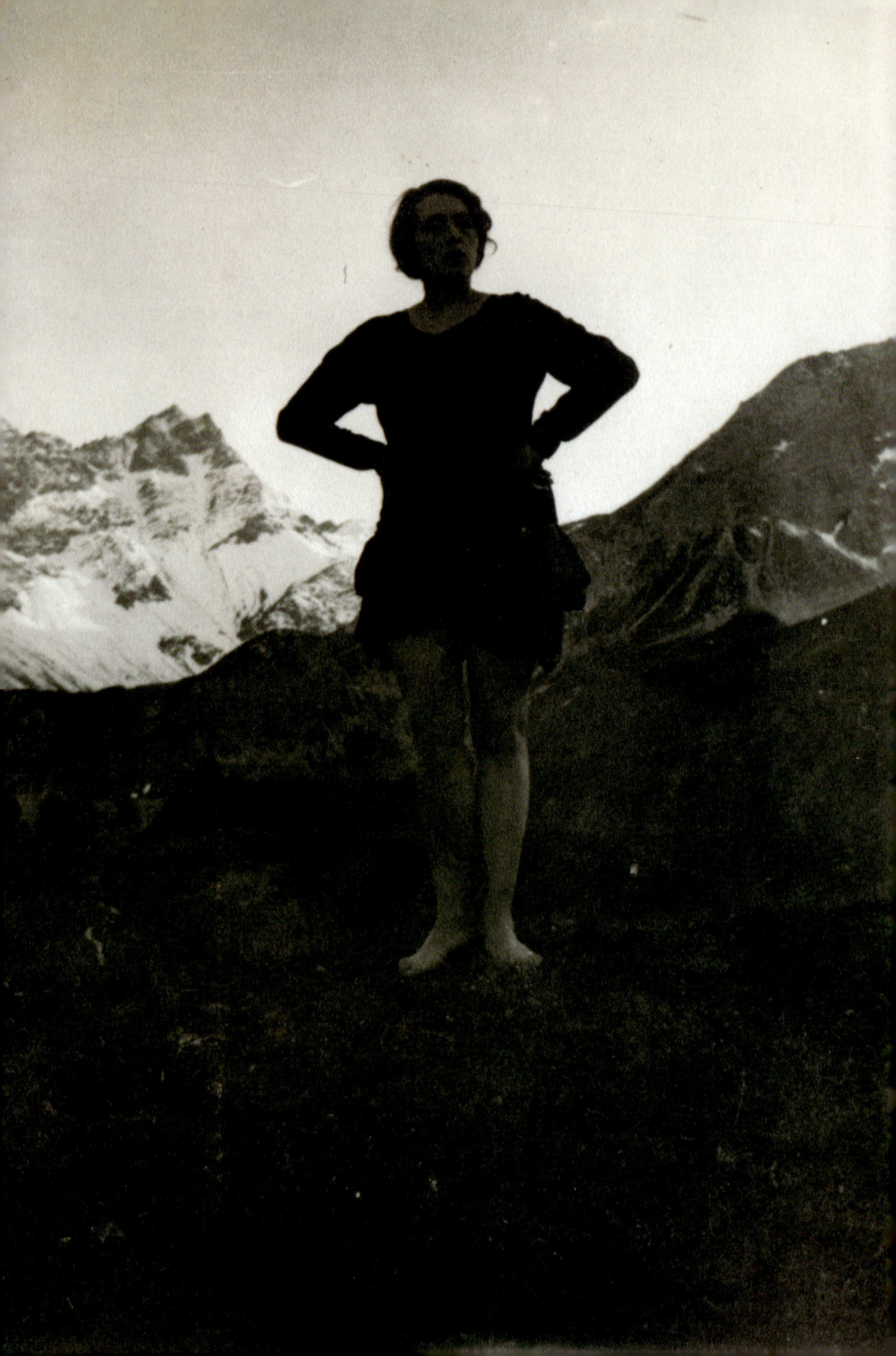

Purtroppo non sappiamo se tra gli attori vi sono anche studenti della classe di cinema di Laban. Alcune foto ritraggono però Mary Wigman e altri interpreti in pose simili alle esercitazioni descritte da Käthe Wulff. Indipendentemente dalla trama senza pretese, sono interessanti gli aspetti del film legati alla danza. L'estetica coreica e cinematografica si fondono in una nuova unità. La danza della Wigman non viene ripresa come se fosse eseguita su un palco, ma acquisisce una nuova qualità espressiva nella messinscena cinematografica. I movimenti coreici sono immersi nei movimenti della natura: Mary Wigman danza infatti sulla cima di una montagna, lungo la riva di un torrente, sui prati e presso una cascata (fig. 20, fig. 24-26).

La sagoma delle montagne, l'aspetto mutevole delle nuvole, i movimenti degli alberi e dell'acqua confluiscono nel ritmo del corpo. Anche i costumi richiamano le forme della natura: la silhouette della gonna corta a pieghe si inserisce nel panorama alpino, lo scintillio dell'acqua illuminata dal sole è ripreso dal cadere fluido e dal luccichio metallico della stoffa. Questa unità si crea solo grazie allo strumento tecnico della cinepresa. Il film amplia così l'estetica della danza e la mette in relazione con il cosmo come auspicato da Laban. Questo processo vale in maniera simile anche per lo spazio. A differenza dello spazio scenico, quello cinematografico non ha limiti. Nella pellicola della Wigman, quest'assenza di limiti è rafforzata dalla vastità della natura, che costituisce lo spazio coreico illimitato della protagonista. Sotto il profilo tecnico, lo spazio nel film è però fortemente circoscritto, dato che i fotogrammi sono bidimensionali e inquadrati, la danza appare come movimento nella superficie piana e lo spazio della danza nel film è solo un'illusione di spazio. Anche il movimento si rivela un'illusione di movimento, poiché avviene nella percezione dello spettatore, che ricollega insieme i fotogrammi della pellicola. L'inquadratura si trasforma quindi nell'astrazione del movimento nello spazio. La danza di Mary Wigman nel film non è quindi una riproduzione della sua danza nella realtà, ma una sua astrazione. Nel film la danza non è «spazio», come lei descrive la sua danza artistica, ma linea in movimento e superficie piana, il che la ricollega alla pittura. Ciò che i critici degli anni 1920 spesso sottolineano delle danze della Wigman, cioè che esse costituiscono forme in movimento e astrazioni, nella sua danza cinematografica emerge sul piano mediale.

Grazie alla tecnica cinematografica, la sua danza «assoluta» (come definisce la danza senza accompagnamento musicale) compie un passo ulteriore rispetto a quando viene eseguita su un palcoscenico. Per la Wigman, la danza «assoluta» costituisce l'esperienza coreica più intensa, dato che il movimento del corpo è l'unica espressione dei moti interiori, e rappresenta l'unico rumore nell'esibizione sul palco. Nel film muto persino questo elemento viene a mancare e il corpo danzante appare completamente autonomo. A tale proposito un critico scriveva: «Chi ha assistito una volta

Fig. 25: Mary Wigman durante le riprese di «Der Tanz um die Tänzerin», 1919.

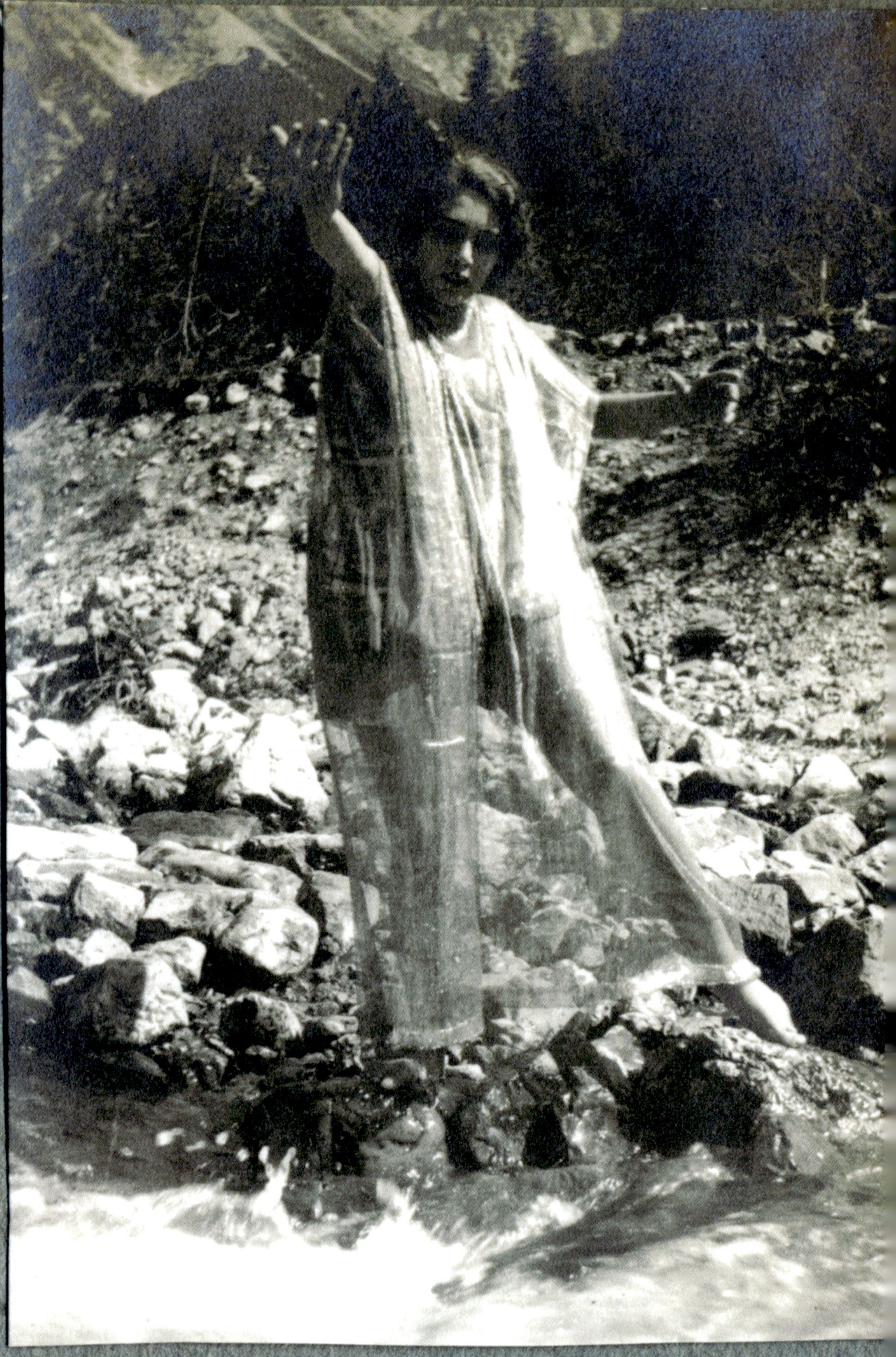

alle sue opere rimane sconvolto dalla violenza primordiale della forza creativa con cui trasferisce una sensazione dalla sfera interiore a quella fisica. Quando ho visto per la prima volta le danze senza musica di Mary Wigman, mi sono convinto che grazie a questa forma creativa il cinema ha la possibilità di riprodurre la danza in maniera efficace. La mia impressione è stata confermata in pieno quando di recente ho visto delle riprese private della sua danza, che erano realmente in grado di veicolare un'impressione artistica totale e di riprodurre la danza in modo efficace [...]»[32] È però probabile che la percezione della danza «assoluta» fosse comunque impedita dal pianoforte che normalmente accompagnava le proiezioni nelle sale. Quello che manca alla danza «cinematografica» è quella immediatezza nella ricezione della danza da parte del pubblico presente tanto cara alla Wigman. Per lei il processo creativo che porta al contenuto e alla forma della danza non è mai concluso, ma viene continuamente rivissuto anche durante le repliche delle esibizioni. Nei confronti dei cinespettatori, la sua danza resta invece separata, conservata come evento unico e inoltre risulta in contraddizione con la sua concezione della continuità della creazione coreica. Forse proprio questa «chiusura» del film è il motivo per cui Wigman in seguito, se si escludono le poche riprese documentaristiche conosciute delle sue danze, non reciterà più di fronte a una cinepresa. Di «Der Tanz um die Tänzerin» diceva che era «come una sinfonia visiva, come un poema mimato», riallacciandosi così nuovamente all'interdisciplinarietà delle forme d'arte che caratterizzano la sua danza.[33]

Rudolf von Laban, Mary Wigman e i danzatori e le danzatrici della loro cerchia a Zurigo e sul Monte Verità si confrontano intensamente con le altre arti e cercano insieme una nuova libertà per la danza. Ciò li rende un'avanguardia, senza la quale l'interdisciplinarietà della danza contemporanea oggi sarebbe impensabile.

Traduzione: Martin Kuder

---

32 Ewald Mathias Schumacher, Musikloser Tanz und Film, in: Die Neue Schaubühne, annata 3, fasc. 8, 1921, p. 168.

33 Gehri 1919 (vedi nota 31).

Fig. 26: Mary Wigman durante le riprese di «Der Tanz um die Tänzerin», 1919.

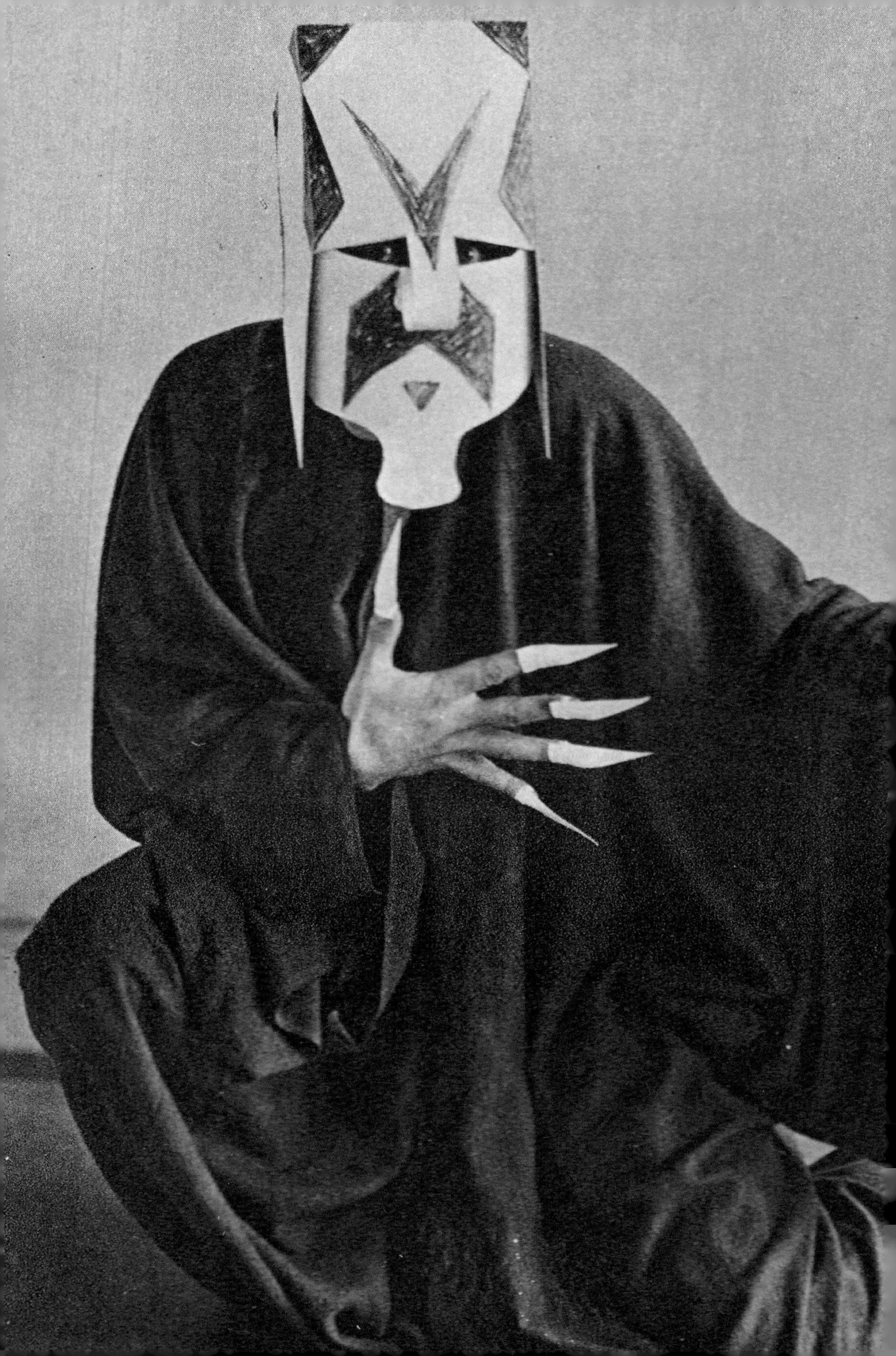

Patrick Primavesi

# Dada, Laban e i cori di movimento

Con i cori di movimento, negli anni 1920 la pratica fino a quel momento piuttosto solista della danza espressiva moderna si estese a forme di danza collettiva dove venivano spesso coinvolti anche dei dilettanti.

Fig. 27: Rudolf von Laban come «Mathematikus», ca. 1917.

I precursori di queste pratiche sono molteplici, vanno dalla ginnastica ritmica passando per i primi impulsi di una libera arte del movimento sul Monte Verità fino alla realizzazione di opere corali in pubblico. Lo sviluppo della danza corale sembra però avere poco a che fare con dada. Si tratta infatti di una forma spontanea e provocatoria di cabaret incentrata su esibizioni individuali, difficilmente comparabile con il lavoro di Rudolf von Laban basato su una moderna tecnica di danza ed estetica. I cori di movimento della Repubblica di Weimar, mostrati nell'ambito di spettacoli teatrali e festival, anche per il loro pathos ideologico sembrano essere molto lontani dalla comicità eccentrica e sfuggente di dada. Ma se i rapporti tra dada e la danza espressiva sono ancora più stretti di quanto si pensasse, qual è l'intensità della relazione con questo lavoro corale? In seguito viene innanzitutto delineato come l'idea dei cori di movimento, realizzata da Laban assieme alle sue studentesse e ai suoi studenti negli anni 1920, si sia sviluppata già prima del 1914 e durante la prima guerra mondiale. Su questa base, ci rimane da chiederci in che misura gli impulsi dada si riverberano anche sul lavoro successivo con i cori di movimento.

## Sull'idea dei cori di movimento

Il manifesto di Laban sul senso dei cori di movimento sottolinea l'impulso sociale che viene espresso attraverso il lavoro corale: «Oggi la forma più sociale – e si tratta principalmente di forme sociali; perché il senso di movimento che collega l'io allo spazio circostante non è una questione privata – è il coro di movimento, che fa vivere l'esperienza della comunità anche nella danza.» Di conseguenza, lo spazio del corpo plastico in movimento appartiene già a una sfera comune. Il precoce manifesto apre nuovi orizzonti anche perché Laban vede nel coro di movimento un nuovo tipo di pratica scenica. Così, a differenza della semplice ginnastica, il coro di movimento è anche rappresentazione: «Chi mette in scena il suo essere danzatore è più probabile che partecipi alla coreutica (Tänzertum) di chi utilizza solo la tecnica del danzatore. La coreutica incarna il senso di movimento.»[1] Questa messinscena è sì diversa da quella teatrale dell'attore o del danzatore professionista, perché non mira a una trasformazione della persona. Il senso dei cori di movimento per «l'effettiva personificazione», non potrebbe però avvenire senza la «scintilla entusiasta ed entusiasmante della volontà di rappresentazione». Così, la danza nei cori di movimento va vista come un tipo specifico di (auto)rappresentazione. Non punta all'empatia nei confronti di un determinato ruolo, come nel teatro drammatico e nella danza di scena tradizionale. L'opera corale si sviluppa piuttosto come una recita collettiva con il corpo che supera i confini della persona così come la tecnica teatrale convenzionale. I

---

[1] Rudolf von Laban, Vom Sinn der Bewegungschöre (1923, ed. ampliata nel 1926), citato qui nella versione abbreviata in: Schrifttanz, vol. 3 (1930), fasc. 2, p. 26.

cori di movimento formano un teatro volatile del corpo, una pratica comune al di là delle opere. Ciò rappresenta una tendenza che aveva cominciato a esplorare il teatro d'avanguardia dei primi anni del XX secolo: il superamento dell'illusorio gioco di ruoli e del principio della personificazione a favore del modo di apparire, della messinscena e della rappresentazione del corpo che va però sempre inteso in relazione al collettivo.

Un saggio dello studente e maestro dei cori di movimento Martin Gleisner segue una direzione simile. Così, il lavoro con i cori di movimento non cerca di educare i dilettanti a diventare delle artiste e degli artisti, ma di offrire loro un'esperienza di movimento d'insieme. Secondo Gleisner, (l'ulteriore) sviluppo dei cori di movimento si verifica tra la rappresentazione più libera del coro e l'esecuzione di opere corali in pubblico. L'estetica dei cori di movimento non è però in alcun modo ridotta a un'armonia della comunità, ma è concepita anche sulla base del «conflitto in termini di movimento»: «Ci saranno anche dei punti che saranno fisicamente dolorosi e che sono faticosi. [...] Non dobbiamo fermarci davanti al bizzarro, all'oscuro, al grottesco; perché se il dilettante esercita l'arte, non vuole solo giocarci in modo allegro, ma vuole esprimere tutto ciò che è in lui, anche ciò che lo opprime e lo ostacola. Proprio questo è il modo per liberarsene.»[2] Per approfondire questa indicazione sul grottesco e sul comico nell'opera corale, saranno rivelatrici alcune fasi preliminari di questa pratica nello sviluppo di Laban.

## Gli inizi di una pratica collettiva

In Laban sia l'idea dei cori di movimento sia la sua concezione della danza moderna sono legate in maniera complessa alla sua esperienza di vita personale.[3] A dare quest'impressione è in particolare la sua autobiografia «Ein Leben für den Tanz» del 1934/35 che tende a una lettura leggendaria del passato. In questo testo, Laban – nato nel 1879 come Rudolf Laban de Váralja, figlio di un ufficiale ungherese – afferma di aver lavorato a degli spettacoli teatrali e di danza già a scuola. Indica come sua prima grande opera di danza la sacra rappresentazione intitolata «Die Erde» (La Terra), concepita nel 1897 (messa in scena solo nel 1914 in parti divise), una «grande opera di danza», una danza intesa come principio di movimento universale e corale per animali, piante, macchine, cristalli ed esseri umani.[4] Le esperienze con il mondo dell'intrattenimento nelle principali città avrebbero costituito la base per la rappresentazione dello spettacolo di danza «Die Nacht» (La notte) del 1927, mentre il suo interesse

---

2 Martin Gleisner, Von den Bewegungschören, in: Gymnastik, annata 1, 1926, fasc. 9/10, pp. 149 sg.

3 Cfr. Fritz Böhme, Rudolf von Laban und die Entstehung des modernen Tanzdramas (1948/49), a cura di Marina Dafova (Tanzarchiv Leipzig), Berlin 1996; Valerie Preston-Dunlop, Rudolf Laban. An Extraordinary Life, London 1998; Evelyn Dörr, Rudolf Laban. Ein Portrait, Norderstedt 2005.
4 Cfr. Rudolf von Laban, Ein Leben für den Tanz (1935), nuova edizione commentata da Claude Perrottet, Bern/Stuttgart 1989, pp. 24-42, e le note a pp. 230 sg.

nei confronti del movimento corale sarebbe stato stimolato dalle danze dei dervisci (in Turchia nel 1896) così come dalla «vita militare» (il servizio militare dal 1898 al 1900 a Wiener Neustadt). Al termine del tirocinio militare in una fabbrica ferroviaria gli viene chiesto di mettere in scena una festa per centinaia di cadetti, che vuole «realizzare nella sala macchine, attorno ad una grande e nuova locomotiva, come una danza di gioia dei popoli qui riuniti e quindi letteralmente prendersi gioco del bue d'acciaio».[5] Per questo spettacolo di macchine rielabora danze popolari e soprattutto danze di spade. Laban trascorre i primi anni dopo il 1900 a Nizza, Monaco di Baviera, Parigi e Vienna, dove studia arte, architettura e danza. L'idea dei cori di movimento gli viene durante le prove di «Fest des Tigers» (Festa della tigre), un omaggio danzato per i suoi benefattori in una casa editrice a Nizza, con danzatori amatoriali sul tetto dell'edificio: «A quel tempo, per la prima volta mi era balenato in mente, seppure in modo molto nebuloso, qualcosa che avrebbe lontanamente ricordato i miei successivi cori di movimento.»[6] Tappe importanti prima del 1914 sono le coreografie di massa di Laban durante le feste degli artisti a Monaco di Baviera nel periodo di Carnevale, in cui mette in scena grandi rappresentazioni di gruppo coinvolgendo nella danza tutti i partecipanti alla festa.

Nell'estate del 1913 Laban inizia a costruire nella colonia di artisti sul Monte Verità la sua «Tanzfarm», con il sostegno di Suzanne Perrottet, ex insegnante di Émile Jaques-Dalcroze a Hellerau. Grazie al loro legame privato Laban aveva imparato a conoscere il metodo di ginnastica ritmica, in cui secondo entrambi la musica aveva un ruolo troppo forte. Presto pure Mary Wigman inizia a partecipare alla liberazione della danza come forma indipendente di movimento, visto che anche lei era passata da Dalcroze a Laban per poter seguire nella scuola estiva sul Lago Maggiore il suo impulso verso una danza indipendente dalla musica. All'aperto, nei prati e lungolago, venivano eseguiti degli esercizi collettivi di danza, accompagnati semmai dal tamburello di Laban.

In quel periodo sviluppa la sua teoria dei ritmi corporei, le idee per una funzione cultuale della danza e la visione di un tempio vibrante: «A cosa ci servono chiese, edifici teatrali dotati di spioncini, palchi e quinte? Il tempio futuro, così come il palcoscenico che verrà, non sarà forse formato da corpi umani e gruppi di persone che vibrano, cantano e suonano?»[7] Così si sperimentavano sul Monte Verità i giochi di culto che corrispondevano al misticismo della colonia di artisti. Laban descrive soprattutto i pezzi «Ishtars Höllenfahrt» (La discesa agli inferi di Ishtar), sul mito di un viaggio sotterraneo della dea babilonese, e «Der Trommelstock tanzt» (La bacchetta del tamburo danza), in cui

---

5 Ibid., pp. 63-76, qui p. 67.
6 Ibid., pp. 88 e 108 sg.

7 Ibid., pp. 114 sg.

vuole dimostrare, prendendo ad esempio un linguaggio ritmico messicano, «che tutte le intonazioni come il parlare, cantare e gridare, corrispondono ad azioni fisiche quindi a movimenti».[8] Ad Ascona Laban incontra anche Hans Brandenburg, che come autore del libro «Der moderne Tanz» (prima nel 1914) ebbe una grande influenza sullo sviluppo della nuova forma d'arte. Brandenburg aveva capito il potenziale di Laban come regista e si lascia ispirare da lui per un «primo dramma basato sul movimento, la danza e il coro».[9] A causa dello scoppio della prima guerra mondiale non va in scena la misteriosa opera di danza «Sieg des Opfers» (La vittoria del sacrificio), prevista per la mostra di Colonia del Deutscher Werkbund.

## Dada e la scuola di Laban a Zurigo

Le pubblicità per i corsi di Laban su danza, suono e parola, arte del movimento e recitazione appaiono già nel marzo 1915 sulla rivista «Mistral», una piattaforma importante per le prime attività di dada.[10] Terminate le ricerche di locali idonei per la sua famiglia e comunità lavorativa composta da Maja Lederer, Suzanne Perrottet e Mary Wigman, possono iniziare i corsi, che però costano molta fatica e portano poco guadagno. Bisogna infine rinunciare anche al «Labangarten», situato in una fattoria vicina al sobborgo di Hombrechtikon, e spostare la residenza in città. Questa fase di crisi e sforzi estremi per la scuola di danza coincide con la scoperta di dada. Il primo punto di contatto tra Laban e dada avviene infatti piuttosto a livello pubblicitico-mediatico. Occorreva propagandare qualcosa che in realtà ancora non esisteva. Con le sue conoscenze pratiche in grafica pubblicitaria, Laban sapeva, come lo sapevano Ball, Tzara, le altre dadaiste e gli altri dadaisti, che solo attraverso esagerazioni portate fino alla creazione di notizie false si otteneva l'attenzione di cui avevano bisogno iniziative quasi sprovviste di mezzi. Questo si traduce in una strategia dell'esagerazione e nel perfezionamento della messinscena del nuovo attraverso mezzi tipografici. Quello che a posteriori appare davvero dadaista, è in realtà una tecnica di propaganda, di campagne pubblicitarie, per cui Laban si rovina così come si rovinano le dadaiste e i dadaisti. Questi ultimi hanno però molto più successo visto che i loro programmi di cabaret toccano in pieno il segno dei tempi mentre le lezioni di danza moderna sono più difficili da veicolare.

Uno dei segreti di Pulcinella di dada è che il suo nome non deriva solo da una ricerca cieca nel dizionario, ma anche dalla crema per la pelle, in latte di giglio, che portava lo stesso nome così come dalla lozione per capelli «dai potenti effetti» della profumeria e fabbrica di sapone Bergmann di Zurigo, che aveva registrato la

---

8 Ibid., p. 112.
9 Hans Brandenburg, Erinnerungen an Labans Anfänge, in: Schrifttanz, annata 2 (1929), fasc. 4, pp. 70 sg.
10 Cfr. a questo proposito Hans Bolliger et al. (a cura di), Dada in Zürich, Zürich 1985. Per quanto riguarda le riviste dada, cfr. soprattutto pp. 17 sg.

# LABANGARTEN

## Sammelstelle für neuartige
# FORMBESTREBUNGEN

Die Formen neuer Lebensweise werden in Vorträgen für Erwachsene erläutert. Mnemotechnik, Denk- und Redekunst, formendes Schaffen, Organisationslehre werden geübt.

Für die Teilnahme an diesen Vorträgen besondere Bedingungen.

Auskünfte über alle Reformfragen der Ernährung, Kleidung, Wohnung, des Gemeinschaftswesens, der Festkultur und des Alltagslebens werden auf Wunsch erteilt.

Vorschläge und Mitteilungen erbeten an das Bureau des Labangarten, Hombrechtikon, Zürichsee.

Fig. 28: Cartolina pubblicitaria per il «giardino Laban» a Hombrechtikon, 1915.

parola dada come marchio già nel 1906.[11] Quando Hugo Ball in un modo o nell'altro trova questo nome, lui ancora non sa cosa doveva diventare dada, ma sa però che si vuole vendere una rivista con quel nome. Anche a Laban non è molto chiaro quello che vuole fare con il giardino a Hombrechtikon né come realizzarlo, quando investe i suoi pochi contanti nella produzione di materiale pubblicitario (fig. 28), materiale che poi gli serve a lungo tempo come carta da lettera. La veste grafica è dignitosa, i contenuti non meno audaci dei manifesti dada. Sembra quasi già utopico l'invito a ciascuno di rivolgersi, con suggerimenti e messaggi, in modo diretto alla comunità rurale di Laban (presto screditata) di Hombrechtikon per domande relative a riforme, per esempio, di carattere comunitario.

Per gli appassionati di danza, il «marchio Laban» presto acquista grande potere attrattivo, favorendo in generale la diffusione di scuole di danza e danza moderna anche in Germania. Gli anni dopo l'inizio della prima guerra mondiale sono estremamente fecondi per la vita culturale di Zurigo, e alla fine del 1915, quando anche Isadora Duncan porta un suo spettacolo in città, sulla «Neue Zürcher Zeitung» si legge che «il senso di fisicità […] viene

---

11 Ibid., pp. 25 sg. Nel manifesto di inaugurazione Eröffnungs-Manifest (prima soirée 14.7.1916), Ball stesso elenca i significati della parola internazionale: «Dada è l'anima del mondo. Dada è il clou. Dada è il miglior sapone al latte di giglio in tutto il mondo.»

risvegliato ovunque».¹² Così, nonostante tutte le difficoltà, la scuola di danza di Laban attira un numero crescente di persone, tra cui anche la cerchia dei dadaisti. Le conoscenze reciproche tra le seguaci di Laban e i dadaisti sono citate frequentemente così come le soirées promosse da Hugo Ball a cui partecipano attivamente le allieve di Laban.

La qualità teatrale degli spettacoli dadaisti e l'interesse dei dadaisti prevalentemente di sesso maschile alla danza moderna e ai danzatori prevalentemente femminili della scuola di Laban testimoniano una certa affinità tra le due sfere, già sottolineata da Annabelle Melzer.¹³

Come evidenzia però Monique Kröpfli nel suo studio dettagliato sull'importanza del movimento e della danza nella cerchia dada, gli obiettivi ideologici della scuola Laban sono difficilmente conciliabili con quelli dei dadaisti,¹⁴ che si oppongono a una riflessione sistematica sulla pratica artistica così come propugnata da Laban. Al contrario Laban, almeno per come si esprime con Hans Brandenburg, è piuttosto sprezzante nei confronti delle correnti del Cubismo, Futurismo, Simultaneismo che vede sì svilupparsi fortemente ma che non sembra prendere più di tanto sul serio.¹⁵ Un simile atteggiamento traspare da una lettera del maggio 1918: «Qui c'è una colonia di persone molto curiosa. Tutti i caffè megalomani del mondo hanno lentamente mandato i loro principali eroi a Zurigo e anche altre tendenze in ambito sociale, religioso e artistico si concentrano qui in una forma particolare e interessante.»¹⁶ Probabilmente, in queste lettere a Brandenburg che Laban riconosce già come cronista e propagandista del suo lavoro, lui vuole veder documentato il proprio atteggiamento nei confronti di dada come un interesse ironico e distanziato. Ma com'era davvero il rapporto di Laban con dada? Dopo tutto, lui stesso assiste ad alcune soirées e le attività delle sue studentesse sui palcoscenici dada fanno anche pubblicità alla sua scuola. Partendo dal presupposto che il diario di Ball riflette in modo abbastanza preciso la dimensione teatrale delle soirées, il rispetto con cui lui cita Laban è sorprendente, tanto da avere paura di rendersi ridicolo davanti a Laban e Wigman nei panni di «magico vescovo» con il cilindro di cartone in testa durante l'esecuzione della sua poesia fonetica.¹⁷ Anche nel testo programmatico «Als ich das Cabaret Voltaire gründete» Laban viene menzionato come ospite della soirée di danza del 30 marzo

---

12 Neue Zürcher Zeitung, 29.12.1915 (n. 1810), citato da Dada in Zürich (vedi nota 10), p. 40.
13 Annabelle Henkin Melzer, Dada and Surrealist Performance, Baltimore/London 1980, pp. 89-104.
14 Monique Kröpfli, The Role of Movement and Dance in Dada in Zürich (Master presso il Centro Laban per il Movimento e la Danza), dattiloscritto, London 1995.
15 Laban, lettera a Hans Brandenburg del 28.8.1916, in: Also, die Damen voran! Rudolf Laban in Briefen an Tänzer, Choreographen und Tanzpädagogen, a cura di Evelyn Dörr, vol. 1, Norderstedt 2013, p. 205.
16 Ibid., p. 295.
17 Hugo Ball, La fuga dal tempo (tradotto e annotato da Piergiulio Taino), Pasian di Prato 2006, pp. 67-68 (23.6.1916).

1916: «Monsieur Laban ha assistito allo spettacolo e ne era entusiasta.»[18] Anche se questo ricordo a posteriori è difficilmente verificabile, è tuttavia evidente un grande interesse reciproco: così come il linguaggio dei dadaisti richiedeva un'espressività fisica che loro stessi quasi non avevano, al contrario era l'impulso anarchico di dada e la sua evocazione di una forza magica del linguaggio che affascinavano Laban e le sue studentesse e che li stimolavano alla partecipazione. Gli spettacoli di danza erano piuttosto delle esibizioni da solista. Il 14 luglio 1916 Laban è presente alla prova principale per la prima soirée dada al Zunfthaus zur Waag dove sono in programma, oltre ai manifesti dell'inaugurazione, anche un «poème mouvementiste» e un «poème bruitiste» e una «danza cubista» di Emmy Hennings, eseguita a piedi nudi con i tubi di cartone di Ball. Alla festa di inaugurazione della Galerie Dada del 29 marzo 1917 Sophie Taeuber mostra «Abstrakte Tänze» (Danze astratte) su poesie di Ball, Claire Walther si esibisce in «Expressionistische Tänze» (Danze espressioniste) mentre Suzanne Perrottet suona musica nuova al pianoforte. Rientra tra le danze di gruppo al massimo la «danse nègre», provata dallo stesso Ball «con cinque ballerine di Laban abbigliate da africane, con lunghi caffetani neri e maschere. [...] I movimenti sono simmetrici, l'accento è posto sul ritmo, la mimica è d'una bruttezza morbosamente ricercata e contorta.»[19] Ball non dice se Laban abbia visto anche questa seconda soirée dada del 14 aprile 1917. In ogni caso, le dadaiste e i dadaisti condividono con Laban e Wigman l'entusiasmo per il ritmo dei cosiddetti «popoli negri» e per le forme rituali di movimento che loro imitano o inventano, così come per la sperimentazione con le maschere.

Ball descrive una grande predisposizione per esperienze di straniamento e di estasi in occasione di una prova per il «mimo negro» con maschere di Marcel Janco. «Non solo con la maschera uno sentiva la necessità di indossare subito un costume, ma era anche condizionato e costretto a muoversi in una maniera patetica, con una gesticolazione che rasentava la follia. Cinque minuti prima non l'avevamo neppure immaginato, eppure ora ci agitavamo abbozzando figure bizzarre, abbigliati con stravaganza, con addosso oggetti inimmaginabili. L'uno superava l'altro in inventiva. La forza motrice, per così dire, di queste maschere si trasmetteva al gruppo con una dinamica irresistibile e stupefacente. In breve avevamo capito qual era il loro significato per la mimica e il teatro. Il travestimento richiedeva semplicemente che chi lo portava si mettesse a ballare una danza tragico-assurda. Osservando più attentamente gli oggetti ritagliati nel cartone, dipinti e incollati, abbiamo cominciato a inventare una serie di balli, ispirandoci alle loro eclettiche peculiarità. Poi, per ognuno ho composto, seduta stante, un

---

[18] Hugo Ball, Als ich das Cabaret Voltaire gründete (15.5.1916), in: Hugo Ball, Der Künstler und die Zeitkrankheit. Ausgewählte Schriften, a cura di e con una postfazione di Hans Burkhard Schlichting, Frankfurt am Main 1984, p. 37.

[19] Ball 2006 (vedi nota 17), p. 93 (10.4.1917).

piccolo brano musicale.»[20] Questa esperienza di danza come esperienza corporale trasformativa e che travalica l'individualità quotidiana si incontra in modo simile nella descrizione che fa Ball delle «Abstrakte Tänze» (Danze astratte) eseguite da Sophie Taeuber: «Un colpo di gong basta perché il corpo della ballerina si rianimi e descriva fantastiche composizioni. Il ballo è diventato fine a se stesso.»[21]

Come emerge da quanto appena esposto, ci sono molti punti di contatto tra dada, Laban e Wigman, fino all'idea di una danza assoluta non più dipendente dalla musica ma al massimo ispirata dalla ritmica. In comune vi è il lavoro su una fisicità che doveva uscire dalle norme della cultura borghese e per questo cercare mezzi drastici, al di là di tutte le convenzioni, vista la politica di guerra disumana delle nazioni europee. Dopo la fine della prima guerra mondiale però, dada a Zurigo si esaurisce presto. L'ottava e ultima soirée è ancora un grande successo, la Sala zur Kaufleuten è gremita da più di 1500 spettatori e Tzara vede in questo il trionfo finale di dada.

Nel contempo però dal manifesto di Hans Richter «Gegen Ohne Für Dada» diventa chiaro che dada non era un movimento unitario. Anche Ball non vede nella cooperazione dei cinque membri fondatori di dada alcuna comunità permanente, piuttosto un «richiamo e una repulsione in continua metamorfosi».[22] Prima delle altre dadaiste e degli altri dadaisti, vuole terminare l'intero progetto, così si ritira dall'arte e dalla politica e diventa cattolico.

Il successivo sviluppo di dada in Germania, in particolare a Berlino, trasforma gli impulsi anarchici del periodo dada di Zurigo in atteggiamenti politici più concreti. Questa tensione dà infine l'impronta anche all'opera corale di Laban, che continua a perseguire le sue visioni mistiche. Così realizza la sua idea di una «nuova danza sociale»[23] sul Monte Verità, facendo ancora un grande «Sonnenfest» (per il raduno nella notte del 18 agosto 1917 dell'appena fondata loggia OTO): la solenne rappresentazione «Die sinkende Sonne» (Il sole che tramonta) consiste in danze in cerchio con vista sul lago (secondo Otto Borngräber). Durante la rappresentazione della pantomima danzata «Die Dämonen der Nacht» (I demoni della notte), una fiaccolata conduce i partecipanti in cima alla montagna, dove si tengono danze con maschere per il corpo fatte di erbe e rami che in seguito vengono bruciate. Al sorgere del sole si esegue l'inno alla danza «Die siegende Sonne» (Il sole vincente) e con «onde di persone che oscillano e accorrono in maniera sempre nuova, come simbolo dell'eterna ricorrenza delle stelle del giorno». Mary Wigman ricorda in seguito «la quantità di partecipanti e i grandi balli di gruppo» che segnano queste celebrazioni.[24]

---

20 Ibid., p. 62 (24.5.1916).
21 Ibid., p. 91.
22 Ball 2006 (vedi nota 17), p. 62.
23 Cfr. Hugo Ball, lettera a Suzanne Perrottet (5.10.1912), in: Rudolf Laban in Briefen (vedi nota 15), p. 53.
24 Cfr. Harald Szeemann, Monte Verità, Milano et al., 1978, p. 130; Mary Wigman, lettera a J. Adam Meisenbach (18.6.1918), in: Rudolf Laban in Briefen (vedi nota 15), pp. 305 e 261 sg.

## L'opera corale tra danza amatoriale e coreografie di massa

Laban può iniziare un lavoro costante con i gruppi, così come allora viene richiesto ovunque, solo all'inizio degli anni 1920. In questo periodo segnato da forti agitazioni politiche, nel 1921 a Canstatt nei pressi di Stoccarda trova per la prima volta l'opportunità di sfruttare il desiderio manifesto di una cultura festosa del corpo da parte del movimento giovanile e di mobilitare così molti danzatori non professionisti.[25] Ne aveva formulato le basi in «Die Welt des Tänzers»: «Un piccolo gruppo iniziale si lascerebbe facilmente organizzare in un coro di movimento in grande stile e si creerebbe così un atto artistico che il nostro tempo ci chiede e la cui necessità e il cui successo sono assicurati.»[26] In seguito al corso estivo di Gleschendorf nei pressi di Lubecca (1923), il lavoro con i cori di movimento si diffonde ad Amburgo e in molte altre città. In effetti, la pratica corale di Laban adesso riscuote successo, grazie a un seguito entusiasta di persone e recensioni euforiche nei confronti della «Tanzbühne Laban» che continua a sperimentare nuove combinazioni di danza, suono e parola. Alla fine degli anni 1920 il lavoro con i cori di movimento è così ampiamente riconosciuto che anche i teatri se ne interessano. L'impegno di Laban nei confronti del crescente movimento di danza amatoriale gli vale diversi grandi ingaggi. Vanno menzionati due spettacoli di massa del 1929. Il primo, in occasione del corteo di Vienna dell'artigianato e del commercio, che sulla Ringstrasse mobilita oltre 10000 partecipanti, tra cui 2500 danzatori e molti carri progettati da Laban che hanno più l'aspetto di un veicolo di propaganda dadaista. Sempre nell'estate del 1929, in collaborazione con Gleisner viene realizzato lo spettacolo di massa «Alltag und Fest» (Quotidianità e festa) allo stadio sportivo, per il 200° anniversario del Teatro Nazionale di Mannheim. Conformemente al titolo, la rappresentazione segue l'idea di una festa generale, che includesse tutte le parti della società, eseguita allo stadio da gruppi di persone danzanti che si distinguono uno dall'altro in base ai colori. Ampio spazio viene dato a un coro che ride e al tempo stesso si rivolge contro un pathos rappresentativo della nazione: «Non si tratta di re ed eroi, […] la comunità è libertà / è gioia, per tutti!»[27]

Collegando i cori di movimento al lavoro con i non professionisti, si pone anche la questione della politica nella danza. Dato l'avvicinamento successivo della danza espressiva alla politica culturale nazionalsocialista, Occorre interrogarsi non solo sull'ideologia esplicita dei cori di movimento, ma anche sulla dimensione politica del corpo da loro veicolata.[28] Va notato

---

25 Cfr. Preston-Dunlop, 1998 (vedi nota 3), p. 68.
26 Rudolf von Laban, Die Welt des Tänzers. Fünf Gedankenreigen, Stuttgart 1920, p. 186.
27 Citato da Dr. B., Rudolf v. Laban: Alltag und Fest, in: Schrifttanz, fasc. 3, agosto 1929, pp. 56-58.
28 Vedi a questo proposito Bewegungschöre. Körperpolitik im modernen Tanz, a cura di LIGNA, Patrick Primavesi, Leipzig (in preparazione).

Fig. 29: Coro di movimento durante un corso estivo di Rudolf von Laban a Gleschendorf nel 1923.

che i cori di movimento inizialmente corrispondono piuttosto a una tendenza di sinistra, socialista o comunista, della pratica amatoriale, soprattutto nel lavoro di Martin Gleisner, Jenny Gertz e Hans (Jean) Weidt.[29] La tensione che si manifesta nei cori di movimento tra la fisicità individuale e il movimento collettivo si interrompe dopo il 1933. Laban diventa temporaneamente un funzionario del Reichsbund per la danza collettiva da lui stesso guidata. Con la sua opera corale «Vom Tauwind und der neuen Freude» (Del vento del disgelo e della nuova gioia), concepita per il programma preliminare dei Giochi Olimpici nel 1936, si intensifica però il conflitto con il regime. Anche se «Vom Tauwind» corrisponde, con la sua costituzione quasi rituale della comunità, all'ideologia del nazionalsocialismo, dopo la prova generale Goebbels ne proibisce la rappresentazione. Gli sembrava fosse un plagio del culto fascista che invece doveva rimanere superiore a ogni esplicita rappresentazione teatrale: «Va in giro con le nostre vesti ma non ha nulla a che fare con noi.» Oltre a manovre politiche, l'improvvisa caduta in disgrazia e il sollevamento dagli incarichi di Laban è dovuta al fatto che queste grandi danze portano all'assurdo lo spirito di comunità elevato a norma, esasperandolo in maniera comica. In questo modo, nella pratica artistica di Laban persistono alcuni impulsi dadaisti e anarchici che sfuggono all'uniformazione della danza voluta dal fascismo.

Traduzione: Gudrun De Chirico

---

29 Cfr. a questo proposito Yvonne Hardt, Politische Körper. Ausdruckstanz, Choreographien des Protests und die Arbeiterkulturbewegung in der Weimarer Republik, Münster 2004.

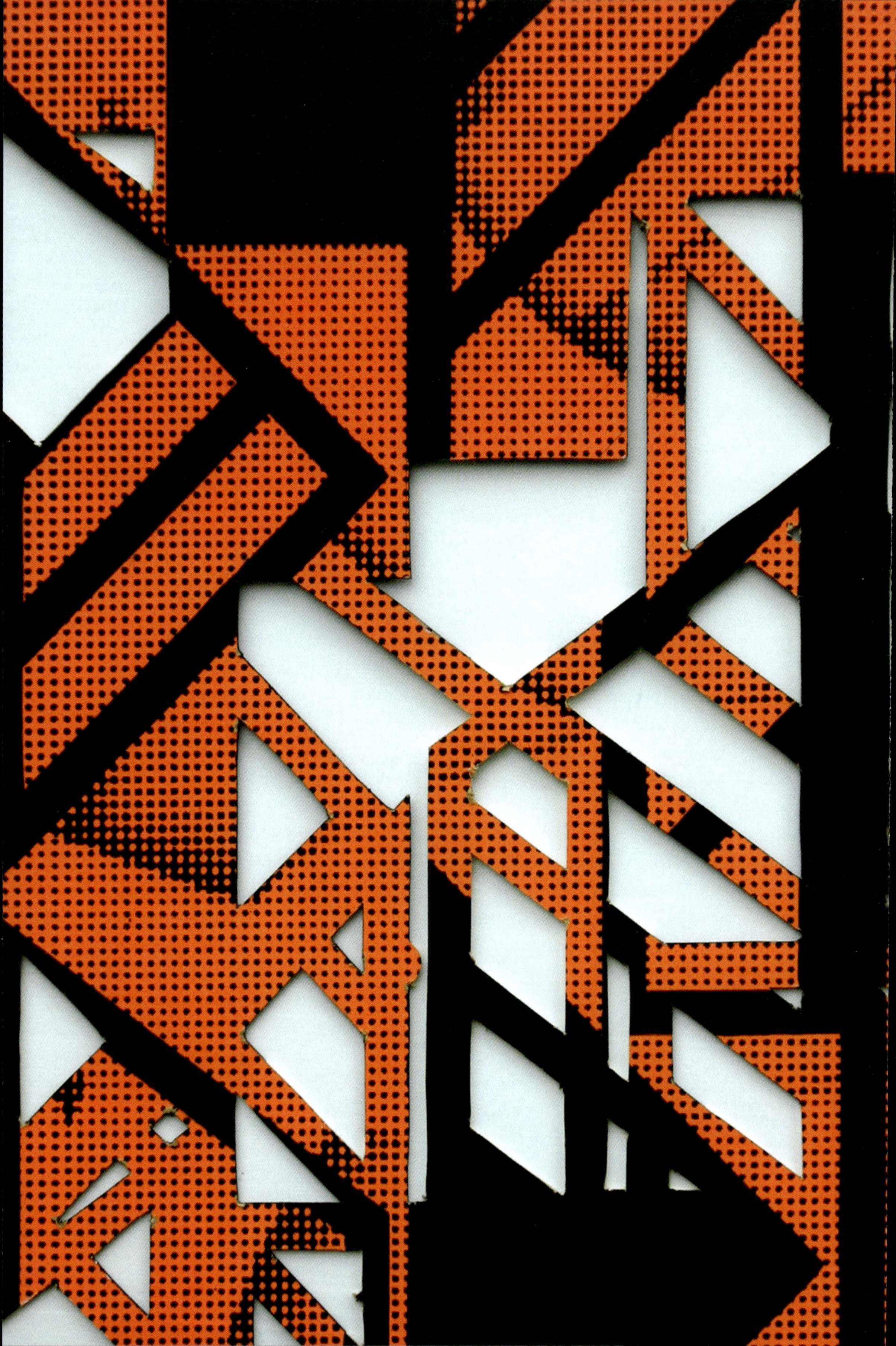

Andreas Schwab

# Capire il movimento e rappresentarlo in due o tre dimensioni
## Jean Kirsten e il suo confronto artistico con la labanotazione

Nel 2009 l'artista di Dresda Jean Kirsten venne invitato, assieme ad altre artiste e artisti, a partecipare a un progetto artistico in occasione del giubileo per i cent'anni dell'associazione civica di Hellerau.

Fig. 30: «Serie für L. Nr. 34» (fronte), 2012.

Nel 1909, davanti alle porte di Dresda, era stata fondata la prima città giardino tedesca che non comprendeva soltanto i laboratori statali di artigianato di Dresda ma anche il Festspielhaus. È qui che Émile Jaques-Dalcroze, compositore e pedagogo della musica e della ginnastica ritmica, istituì nel 1910 la Dresdner Schule für Gymnastik und erzieherische Körperbildung (Scuola di Dresda per la ginnastica e l'educazione del corpo) e un anno dopo la Bildungsanstalt di Hellerau, una scuola di ritmica che includeva un metodo educativo di formazione per il corpo, frequentata dalle danzatrici Suzanne Perrottet e Mary Wigman, diventate in seguito studentesse di Laban. Jaques-Dalcroze aspirava a produrre musica attraverso il movimento e metteva il movimento corporeo al servizio della musica, mentre il tempo e il ritmo musicale facevano da cornice al movimento.[1] Anche Rudolf Laban si trovava in cura presso il sanatorio Lahmann di Dresda nella primavera del 1912, dove conobbe Suzanne Perrottet – che sarebbe diventata poi sua allieva, assistente e fidanzata. La riforma artistica di Hellerau affascina così tanto Jean Kirsten – fino ad allora si era approcciato solo da un punto di vista visivo ai concetti di ritmo, forma e spazio, intesi come recipienti – che da lì in poi nella sua creazione artistica si dedica in maniera intensa a questi aspetti. In particolare si interessa al modo di lavorare da parte di artiste e artisti del passato e contemporanei, provenienti da settori artistici diversi, con i cosiddetti parametri di – ritmo, forma e spazio – e la maniera in cui li trattano. Così Kirsten inizia ad approfondire la storia di Hellerau di cui si riusciva a sapere pochissimo del periodo della DDR, perché in quegli anni il Festspielhaus veniva usato dall'armata sovietica che bloccava l'accesso e quindi non si poteva entrare al suo interno.

Grazie alla danzatrice Sabine Fichter, pedagoga della danza e studiosa del Laban Movement, nel 2009 viene data a Kirsten l'opportunità di frequentare due seminari di danza Laban alla Metropolitan University di Londra. È qui che vengono fatte numerose riprese fotografiche di esercizi danzati dimostrativi. Mostrano i tipici esercizi della danza espressiva eseguiti da un'unica danzatrice e da un gruppo di allievi, rifacendosi alla Raumharmonielehre (teoria di Laban sull'armonia dello spazio). Kirsten ha utilizzato queste foto come base per dei quadri che ha realizzato con la tecnica della serigrafia ma anche attraverso tecniche e varianti sperimentali – tra le tante, l'utilizzo dello smalto sintetico, l'uso della pellicola a specchio o il lino come base per il quadro. I quadri creati in questa maniera mostrano danzatrici e danzatori in movimento e si caratterizzano attraverso un grande dinamismo e una forte concitazione, benché cerchino proprio di catturare quello stesso movimento.

---

1 Per un confronto delle differenze e interferenze legate al rapporto di tensione tra ritmo, musica, corpo ed espressione nella creazione di Jaques-Dalcroze e Laban, cfr. Mariama Diagne, Kosmische und imaginäre Räume bei Rudolf von Laban und Mary Wigman, in: Christine Eckett (a cura di), Ohne Ekstase kein Tanz! Tanzdarstellungen der Moderne. Vom Varieté zur Bauhausbühne, Hannover 2011, pp. 48-57.

Alcune di queste foto gli sono servite come modello, cioè bozze per una trasposizione in quadri. Mentre cercava dei titoli da poter dare a queste immagini che puntano a catturare il movimento danzato – Kirsten s'imbatte quasi casualmente nella notazione di Laban (Labanotation). In questa notazione, attraverso dei segni astratti, un movimento tridimensionale viene fatto diventare bidimensionale e cioè il movimento viene trasformato in scrittura. Kirsten rimane affascinato dalla specifica qualità formale di questi segni che sono veri e propri segni di spazio e movimento. Egli scrive: «La notazione in sé è concepita in maniera estremamente esatta. Si può descrivere lo svolgimento dei movimenti in modo del tutto preciso fino al singolo dito, di un intero gruppo e della sua posizione sul palco.» E ancora: «La qualità formale di questi simboli mi ha portato a sviluppare delle composizioni a partire da questi segni spaziali.» Così è nata «Serie für L.» (Serie per L.) dove la L sta per Laban. Si tratta di una serie di disegni diversi tra loro, illustrazioni e rilievi in cui i segni di movimento di Laban sono organizzati in modo compositivo. Agli occhi delle osservatrici e degli osservatori che hanno dimestichezza con la notazione di Laban sembrano molto formali e astratti, mentre gli esperti della notazione sono in grado di leggere i segni dei movimenti. I quadri non risultano essere bidimensionali, anzi, attraverso i principi del collage si producono spazialità e plasticità. E i rilievi non sono di per sé una superficie pittorica pura, bensì danno

Fig. 31: «Serie für L. Nr. 34» (retro), 2012.

Fig. 32: Installazione con modelli Laban e corpi platonici, Trinity Laban Conservatoire of Music and Dance, Londra 2016.

l'effetto di essere delle opere d'arte tridimensionali che entrano nello spazio (fig. 30, fig. 31).
A Kirsten interessa trasformare il «movimento puro», la «danza pura» in un linguaggio pittorico. E perché proprio Laban? Scrive Kirsten: «Per Laban la danza è la cosa principale, in parte anche senza musica o accompagnata solamente da strumenti ritmici.» Basandoci sulle sue stesse dichiarazioni, a lui non interessa necessariamente la danza stessa, piuttosto il movimento corporeo nello spazio e la sua rappresentazione sulla superficie (del quadro) così come nello spazio. Kirsten ambisce dunque a un processo artistico di traduzione del movimento e, così facendo, ai processi performativi inseriti nelle composizioni pittoriche. La sua produzione non si limita solo a quadri e rilievi, ma ci sono anche e soprattutto le sue installazioni ispirate agli icosaedri di Laban e ai solidi platonici (fig. 32, fig. 33).
Nella prima edizione tedesca di «Choreutik. Grundlagen der Raumharmonielehre des Tanzes» (Coreutica. Fondamenti di armonia nello spazio) di Rudolf von Laban pubblicata nel 1991, il curatore Florian Noetzel aveva scritto: «Di speciale interesse sono gli aspetti grammaticali e sintattici del linguaggio del corpo rappresentati in modo chiaro in rapporto alla loro

. 33: Scultura platonica, Atelierhaus Schönherrfabrik 2016.

notazione. Viene dimostrato che questo linguaggio non ha validità solo per il danzatore, attore, cantante, ma può essere di grande utilità anche per un architetto, un pittore, uno scultore.»[2] Jean Kirsten vedeva in questa citazione la conferma del proprio modo di lavorare e del suo approccio all'opera di Laban, e in particolare alla notazione. Egli dice: «Io stesso adopero esclusivamente i simboli spaziali. Questa è una riduzione o un'astrazione.» Nel 2013 Kirsten ha potuto presentare alcuni suoi lavori durante il Laban Event al Monte Verità[3] – esattamente cent'anni dopo che proprio lì Rudolf von Laban

---

[2] Rudolf von Laban, Choreutik. Grundlagen der Raumharmonielehre des Tanzes, a cura di Florian Noetzel, Wilhelmshaven 1991, testo sul risvolto di copertina.

[3] Il Laban Event è una manifestazione organizzata dalla danzatrice e coreografa Nunzia Tirelli, che si tiene annualmente sul Monte Verità di Asco-

Fig. 34: Jean Kirsten durante il suo intervento al Cabaret Voltaire, Zurigo 2016 © Luca Hostettler.

aveva fondato la sua Scuola estiva di arte del movimento. I tanti incontri arricchenti con coreografe e coreografi, danzatrici e danzatori così come con esperte ed esperti di Laban di ogni parte del mondo, rafforzano in Kirsten il percorso artistico che aveva intrapreso, e in particolare, la sua elaborazione artistica dell'eredità variegata di Laban. In seguito si interessa anche a Sophie Taeuber e Hans Arp. Il loro lavorare e il loro modo espressivo in comune, in quanto coppia artistica, vengono recepiti da Kirsten come fatto moderno. Lui stesso si sentiva in sintonia con Arp che una volta scrisse: «Credo che la soluzione stia nella collaborazione, che possa portare un'armonia in grado di salvare l'arte da una sconfinata confusione.»[4] In questa citazione Arp dichiara di essere a favore di un lavorare in comune e per una condivisione della paternità autoriale. Seguendo questo stesso credo, anche Kirsten lavora sempre più spesso insieme ad artiste e artisti di altri settori creativi, visto che considera questa forma di collaborazione come fonte di ispirazione e di arricchimento.

---

na e che ospita contributi scientifici e workshop pratici; cfr. http://www.laban.ch/en/home_en.html (20.3.2017).

4 Citato in: Rudolf Suter, Hans Arp. Weltbild und Kunstauffassung im Spätwerk, Bern 2007, p. 215.

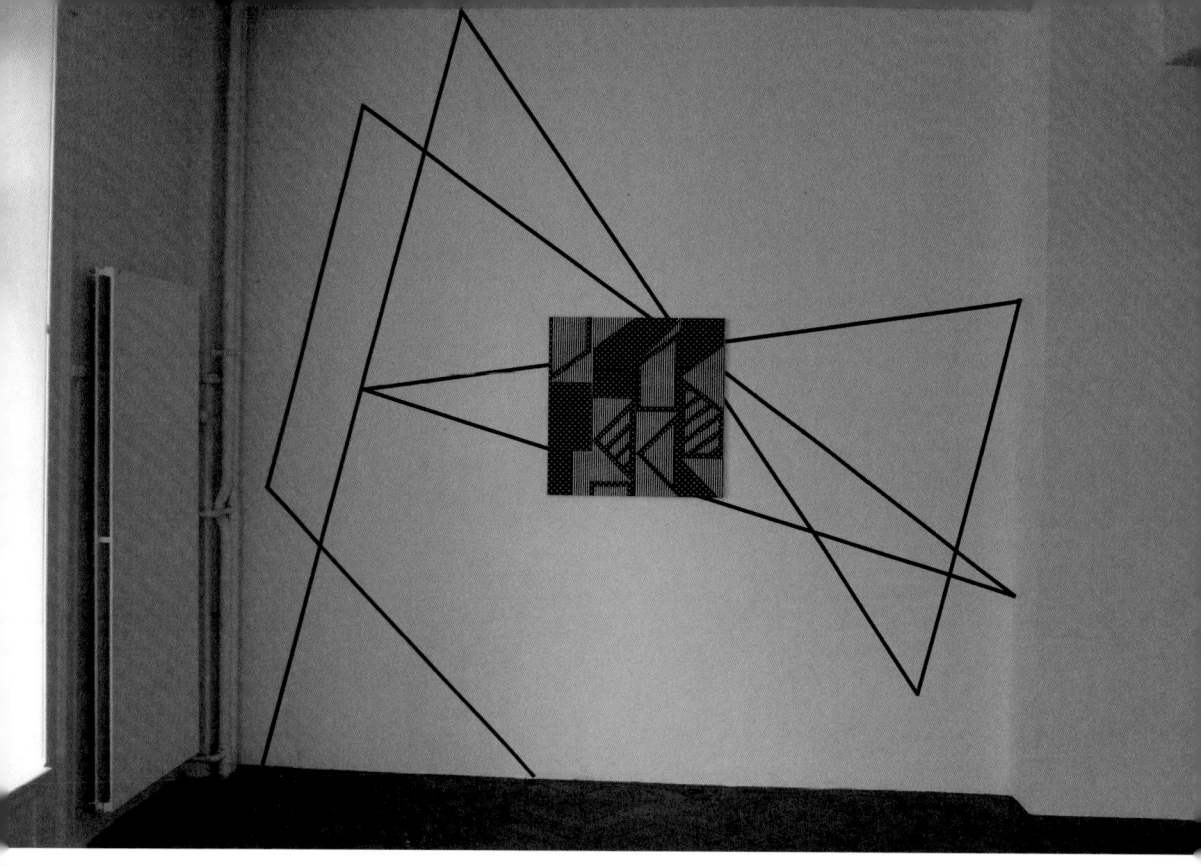

fig. 35: «Inkrustation 10/2014 mit Analysezeichnung», Réunion, Zurigo 2016.

In questo modo la serie di immagini «Für Sophie, Rudolf und Hans» di Jean Kirsten è un omaggio nei confronti di Rudolf Laban, Sophie Taeuber e Hans Arp; queste tre personalità dell'arte che per lui sono delle «stelle fisse del firmamento». Sono composizioni astratte che prendono a prestito il tipo di materiale, forma e tecnica (collage) all'arte di Taeuber e di Arp. Questi tre quadri sono stati esposti nell'ambito del convegno Monte Dada. Tanz auf den Dada-Bühnen al Cabaret Voltaire di Zurigo, dove Kirsten ha anche presentato una relazione sulla sua attività artistica (fig. 34). Sempre nel contesto di questo convegno, al Kunstraum Réunion, Jean Kirsten espone un'installazione in cui la notazione del movimento viene convertita in superficie e spazio. Le informazioni relative ai dipinti sono state disegnate sui muri utilizzando del nastro adesivo e trasportate nello spazio (fig. 35).

In conclusione si può affermare che Kirsten sia stato stimolato e si sia lasciato ispirare da queste tre personalità artistiche che hanno segnato il XX secolo – il coreografo e teorico della danza Rudolf von Laban così come la coppia artistica di Sophie Taeuber e Hans Arp – senza tuttavia che li abbia voluti copiare.

Traduzione: Gudrun De Chirico

# La danza sui palcoscenici dada

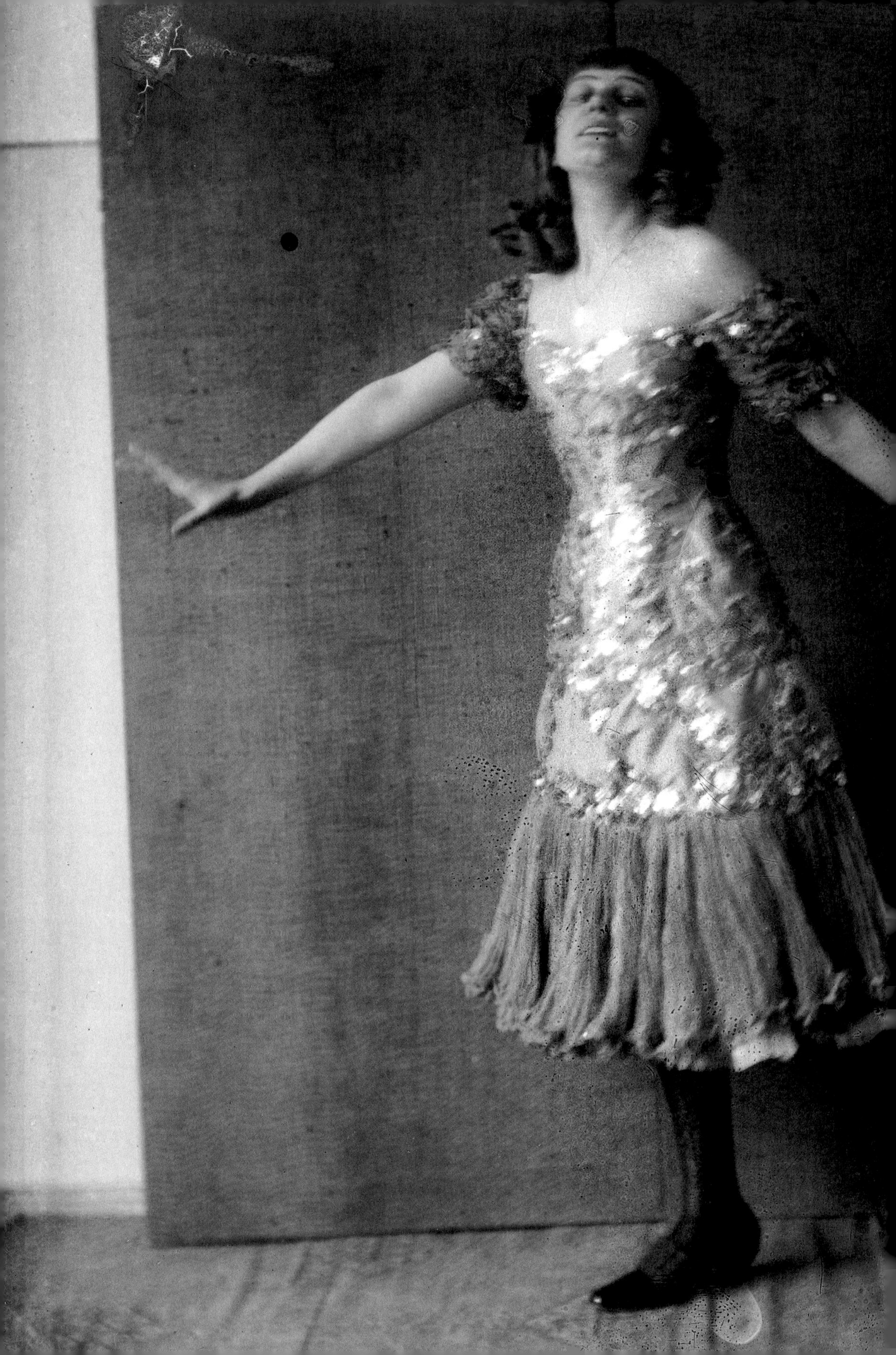

## Christa Baumberger

# «Battere con i piedi»
## Figure di danza in Emmy Hennings

«Ich bin so vielfach in den Nächten»[1] (Sono così tante cose durante le notti), è così che inizia una delle poesie più conosciute di Emmy Hennings. Applicare questo verso alla poetessa stessa è una tentazione – ed è quasi già un cliché.[2] Ma come la maggior parte dei cliché ha anche una sua pertinenza.

---

1 In: Emmy Hennings, Helle Nacht, Berlin 1922, p. 45.
2 La sovrapposizione tra la biografia e l'opera di Emmy Hennings quale costante degli studi su questo personaggio è sintomatica quanto problematica, cfr. anche Bernhard Echte (a cura di), Emmy Ball-Hennings 1885-1948: «Ich bin so vielfach ...» Texte, Bilder, Dokumente, Basel 1999.

Fig. 36: Emmy Hennings
in una posa di danza, s.d.

In effetti Emmy Hennings incarna davvero in modo sorprendente molti ruoli diversi: sui palcoscenici dada zurighesi si esibiva come poetessa, «diseuse», cantante, attrice, marionettista e anche danzatrice.

Tutti ruoli per cui Henning non aveva avuto un apprendistato artistico, essendo autodidatta. Ma proprio questa qualità era molto apprezzata da dada. Le soireés ricavavano il loro dinamismo da un eclettismo artistico: facevano parte del programma prove spontanee, la conduzione di esperimenti artistici e la partecipazione a diverse discipline artistiche. Il palco del Cabaret Voltaire era aperto a tutti. E le apparizioni di Hennings lasciavano un'impronta profonda come raccontano i testimoni dell'epoca.[3] Eppure, tanto più amici, conoscenti, compagni temporanei e giornalisti ricordavano spesso e in modo dettagliato le sue esibizioni, tanto più lei non ne parlava. La discrepanza rispetto ai suoi compagni dada maschi non poteva essere più grande: mentre questi perfezionavano l'arte della stilizzazione di se stessi, autostoricizzandosi e teorizzando,[4] lei invece si distanziò definitivamente dal movimento dada già un anno dopo l'inaugurazione con Hugo Ball del Cabaret Voltaire. Col senno di poi, per Hennings, dada non era niente di più che una «questione per piccoloborghesi diventati selvaggi» e uno «scherzo di carnevale superfluo».[5] Per questo motivo Hennings non si è mai sforzata, a differenza dei suoi colleghi maschi, di mantenere le proprie tracce sui palcoscenici dada. Nei suoi scritti autobiografici successivi, quando si riferisce a dada, diversamente dai suoi colleghi dada non lo fa con un orgoglio autoreferenziale, ma con la riluttanza e il tono di chi prende le distanze. Dal momento in cui dada un tempo ha fatto parte della sua vita, in «Ruf und Echo» (Grido ed eco) scrive: «Non posso saltare a piè pari questo tumultuoso episodio della mia esistenza.»[6] Nel suo promemoria «Rebellen und Bekenner» (Ribelli e rivendicatori) Hennings si concentra interamente su Hugo Ball: il contributo di Ball e la sua rilevanza all'interno del movimento dada vengono evidenziati, mentre i propri spettacoli sui palcoscenici dada sono appena menzionati.[7]

---

3 Una raccolta rappresentativa di resoconti e memorie è offerta da Christa Baumberger, Nicola Behrmann (a cura di), Emmy Hennings Dada, Zürich 2015.
4 Non è solo notevole la varietà di memorie e di ricordi scritti, ma anche quanto precoce si sia manifestata l'autostoricizzazione e quanto ossessivamente alcuni esponenti si siano collocati nell'orbita di dada. È esemplare a questo proposito Richard Huelsenbeck, di cui già nel 1920 appaiono tre pubblicazioni che hanno dato un'impronta decisiva al mito dada: Dada Almanach. Im Auftrag des Zentralamts der deutschen Dada-Bewegung (Berlin), Dada siegt! Eine Bilanz des Dadaismus (Berlin), e En avant Dada. Die Geschichte des Dadaismus (Hannover/Leipzig).
5 Emmy Hennings, Rebellen und Bekenner. Aus dem Leben Hugo Balls (1929), dattiloscritto nel lascito Hennings/Ball, Archivio svizzero di letteratura, ASL (Berna), HEN-A-04-c-01, p. 104
6 Emmy Ball-Hennings, Ruf und Echo. Mein Leben mit Hugo Ball, Einsiedeln/Zürich/Köln 1953, p. 90. A tale proposito e in generale sulla ricezione di dada, cfr. Ursula Amrein, Narrenspiel aus dem Nichts. Dada Zürich im Kontext, in: Ursula Amrein/Christa Baumberger (a cura di), Dada. Performance & Programme, Zürich 2017, pp. 19-43.
7 Cfr. Cabaret Voltaire und die Gründung des Dadaismus (cap. 5), in: Hennings 1953 (vedi nota 6), pp. 99-114.

Per questo vorrei cercare di rilevare le impronte in quella che a tutti gli effetti è la più fugace di tutte le arti: seguo le orme dei suoi passi di danza – sul palco e nei testi. In un primo momento si tratterà delle esibizioni di danza di Hennings durante le soirée dada e successivamente delle figure e del tema della danza presenti nelle poesie, nei racconti e nelle rievocazioni legate al Cabaret Voltaire e al periodo dada.

## «Battere con i piedi»[8]: le danze dada di Emmy Hennings

A distanza di tempo, le apparizioni di Hennings alle soirée dada si riescono ormai a documentare solo sulla base dei programmi. Per due volte viene indicata esplicitamente come danzatrice: nel programma della prima serata dada del 14 luglio 1916 allo Zunfthaus zur Waag, il nome di Hennings compare non solo per la recitazione di alcuni versi e testi in prosa, ma anche per le «Drei Dada-Tänze» (Tre danze dada) con maschere di Marcel Janco e musica di Hugo Ball. Le stesse danze o danze simili che lei ha presentato nel tour successivo attraverso la Svizzera centrale. Nel programma per «Moderne Literarische Cabaret-Abende» (Serate moderne di cabaret letterario) si legge che Hennings, oltre a proporre un vivace mix di canti e chansons, si è esibita anche nelle «Dada-(Masken)-Tänze» (Danze dada [mascherate]) su musiche di Ball (fig. 37-38).

Già alla Grande Soirée del 31 maggio 1916 al Cabaret Voltaire era stata eseguita una «danza in maschera con temi dal Sudan (maschere di Marcel Janco)». Oggi non possiamo più dire con certezza se Hennings vi abbia preso attivamente parte.[9] La stessa cosa vale anche per le soireés alla Galerie Dada nella primavera del 1917. Anche se sul programma c'è scritto diverse volte «musique et danse nègres», le danzatrici e i danzatori coinvolti vengono citati per nome solo in casi eccezionali.[10] Della stessa Hennings non sono state tramandate dichiarazioni che riguardassero le sue danze dada e anche da parte di Ball e di altri compagni non esistono annotazioni riguardo a lei come danzatrice. L'unica descrizione più

---

8 Così Suzanne Perrottet descrive una danza dada di Emmy Hennings. Cfr. Suzanne Perrottet, Ein bewegtes Leben (testo e immagini curati e selezionati da Giorgio J. Wolfensberger), Weinheim 1989, p. 162.

9 Cfr. l'annuncio nella Züricher Post del 30 maggio 1930, riprodotto in Hans Bolliger, Guido Magnaguagno, Raimund Meyer (a cura di), Dada in Zürich, Zürich 1985, p. 76. Una descrizione dei preparativi a questo spettacolo di danza si trova in Hugo Ball, La fuga dal tempo (tradotto e annotato da Piergiulio Taino), Pasian di Prato 2006, pp. 61-62 (24.5.1916). Ball descrive una danza di gruppo spontanea di «cinque amici»: Hans Arp, Marcel Janco, Richard Huelsenbeck, Tristan Tzara e lui stesso. Non è certo se Hennings abbia preso parte alla rappresentazione, cfr. a questo proposito Mona De Weerdt, Tanz auf den Dada-Bühnen, in: Amrein/Baumberger 2017 (vedi nota 6), pp. 107-126, qui pp. 118-119.
10 Cfr. il programma della seconda soirée dada (Sturm-Soiree, 14.4.1917): «Musique et danse nègres exécutées par 5 personnes avec le concours de Mlles. Jeanne Rigaud et Maria Cantarelli. (Masques par M. Janco)»; programma della terza soirée dada (Abend Neuer Kunst, 28.4.1917): «Chansons in Masken […] Musique et danse nègres»; nella quarta soirée dada (Abend Alte und Neue Kunst, 12.5.1917) sono in programma solo dei «vers nègres». Tutti i programmi pubblicati in: Baumberger, Behrmann 2015 (vedi nota 3), pp. 184, 186, 187.

# AUTOREN-ABEND

Hans Arp, Hugo Ball, Emmy Hennings, Hans Heusser, Richard Huelsenbeck, Marcel Janco, Tristan Tzara.

Freitag, den 14. Juli 1916, abends 8½ Uhr

im

## Zunfthaus zur Waag

# I. DADA - ABEND

(Musik. Tanz. Theorie. Manifeste. Verse. Bilder. Kostüme. Masken)

## PROGRAMM

### I.

*Hans Heusser:* „Prelude". „Wakauabluthe", exotische Tanzrytmen. „Eine Wüstenskizze". (eigene Kompositionen)

*Emmy Hennings:* „Zwei Frauen" (Prosa) Verse („Makrele", „Aether", „Gefängnis", „Jütland".)

*Hans Arp:* Erläuterungen zu eigenen Bildern (Papierbilder I — V)

*Hugo Ball:* „Gadji Beri Bimba" (Verse ohne Worte, in eigenem Kostüm).

*Tristan Tzara:* „La fièvre puerperale" (Poème simultan, interpreté par Ball, Huelsenbeck, Janco, Tzara.)

Chant nègre I (nach eigenen Motiven aufgeführt von Ball, Huelsenbeck, Janco, Tzara.)

Chant nègre II (nach Motiven aus dem Sudan, gesungen von Huelsenbeck und Janko.)

### II.

*Hans Heusser:* „Bacchanale aus der Oper Chrysis". „Japanisches Theehaus". Burleske" (eigene Kompositionen)

*Marcel Janco:* Erläuterungen zu eigenen Bildern

*Rich. Huelsenbeck und Tristan Tzara:* Poème mouvementiste (Masques par M. Janco) Concert voyelle. Poème de voyelle. Poème bruitiste.

Drei Dada-Tänze (getanzt von Emmy Hennings. Masques par Marcel Janco. Musik von Hugo Ball.)

*Richard Huelsenbeck:* „Mpala Tano" (Verse)

Cubistischer Tanz (Kostüme und Arrangement von Hugo Ball, Musik aus „Leben des Menschen" von Andrejew. Aufgeführt von Ball, Hennings, Huelsenbeck, Tzara.)

Karten zu 3.—, 2.— und 1.— Fr. an der Abendkasse.

dettagliata proviene da Suzanne Perrottet che ricorda l'esibizione di Hennings del 14 luglio 1916 nel modo seguente: «Un altro numero era di Emmy Hennings. Stava lì, vestita con un tubo di cartone, dalla testa ai piedi, il viso era una maschera orribile, la bocca aperta, il naso schiacciato su un lato, le braccia allungate in sottili tubi di cartone con lunghe dita stilizzate. L'unica cosa viva che si poteva vedere erano i piedi, nudi, lì in basso tutti soli, una cosa molto pregnante ed espressiva. Ballava in questo modo. Non poteva fare nient'altro che battere con i piedi o inclinare il tutto come fosse un camino e in questo qui e là parlava anche ma non si capiva quello che diceva o mal si percepiva, a volte lanciava un urlo, un urlo...»[11]

Del costume a tubo qui descritto non esiste un'illustrazione, ma sembra trattarsi di un'evoluzione radicalizzazione del «costume cubista» di Hugo Ball, con cui si esibisce il 23 giugno del 1916 al Cabaret Voltaire recitando per la prima volta i suoi «versi senza parole» e la poesia fonetica «Karawane» (Caravana) (vedi fig. 10). In «Flucht aus der Zeit» (La fuga dal tempo) Ball descrive come lui, nello sforzo di adeguare la recitazione alla «solenne messa in scena», si abbandoni alla «cadenza antichissima della lamentazione sacerdotale» e di come inizi a «cantare le sequenze di vocali come un recitativo nello stile ecclesiastico».[12]

Incapace di muoversi nel suo costume in modo autonomo, alla fine doveva essere trasportato giù dal palcoscenico. Mentre il viso di Hugo Ball rimane scoperto ed è anche il colpo d'occhio centrale, la testa di Hennings scompare dietro una maschera e l'intero corpo è bloccato dentro a un tubo da cui sbucano soltanto i piedi. Paradossalmente lei balla con un costume nel quale, eccetto i piedi, non può muoversi. Suzanne Perrottet li paragona giustamente a un «camino» statico. La danza, intesa come una successione di movimenti corporei nello spazio, in questa esibizione viene portata ad absurdum. Perché l'autonomia di movimento della danzatrice è radicalmente limitata e corre costantemente il pericolo di perdere l'equilibrio.

I ricordi di Suzanne Perrottet sono stati raccolti 70 anni dopo l'evento e vanno prese con le dovute cautele. Tuttavia la scena di danza qui descritta è un chiaro indizio che nell'ambito della danza gli effetti choc dadaisti non puntavano a liberare il corpo e i suoi movimenti ma piuttosto alla sua distorsione grottesca. Così il viso è una «orribile maschera» e il naso «schiacciato su un lato», le braccia infilate nei tubi consentono semmai solo dei movimenti limitati e spigolosi e la voce è distorta.

Il grottesco è un elemento fondamentale dell'estetica dadaista. Cose apparentemente inconciliabili vengono unite tra loro, la degenerazione e la stranezza vengono associate alla follia, la figura viene deformata a tal punto da assumere tratti paurosi e addirittura demoniaci.[13] Elementi che

---
11 Perrottet 1989 (vedi nota 8), pp. 161-162.
12 Ball 2006 (vedi nota 9), p. 106 (23.6.1916).

13 Sugli aspetti grotteschi e carnascialeschi in dada si veda Debbie Lewer, Dada, Carnival and Revolution, in: Sascha Bru et al. (a cura di), Regarding the Popular. Modernism, the Avant-Garde and High and Low Culture, Berlin/Boston 2012,

Fig. 37: Programma della «I. Dada-Abend (Autoren-Abend)» il 14 luglio 1916 presso lo Zunfthaus zur Waag a Zurigo.

possono essere intesi come espressione del tempo e reazione alla prima guerra mondiale. La guerra aveva fatto andare in rovina un ordine mondiale in apparenza solido, distruggendo una visione olistica del mondo. Pertanto sembra solo coerente che la danzatrice sulla scena dada non sia più riconoscibile nella sua interezza ma venga parcellizzata nelle singole parti del corpo. Il fatto che le danze sui palcoscenici dada di Zurigo riflettessero gli eventi bellici è sottolineato da Emmy Hennings in un suo promemoria del 1934: «Si danzava dentro a maschere ed armature dall'effetto inquietante che riportavano alla mente carri armati e maschere a gas, la terrificante attrezzatura bellica e come, in generale, la ferocia dei tempi influenzava l'arte.»[14]

Nella danza dada di Hennings del 14 luglio 1916 non ci sono dei riferimenti diretti alla guerra. Ma la maschera in testa e il costume a tubo portano intenzionalmente a una desoggettivizzazione. Così Ball riprende come scopo centrale e vera fascinazione delle maschere di Janco il passaggio graduale dall'individuo all'archetipo. Proprio perché portano delle maschere e non sono più identificabili, le danzatrici e i danzatori incarnano l'orrore dei tempi: «Quel che ci affascina tutti nelle maschere è che non rappresentano caratteri umani, ma tratti che vanno oltre i limiti della natura e delle passioni. Rendono visibile l'orrore del nostro tempo e il suo sfondo paralizzante.»[15]

Nella danza dada di Hennings ci sono tre elementi determinanti: l'occultamento del corpo in costumi grotteschi, indirizzare lo sguardo del pubblico su singole parti del corpo e in terzo luogo la percezione mirata della voce. Perché stando al ricordo di Perrottet, Hennings, in modo simile a Ball, produce nelle sue rappresentazioni di danza una sorta di «versi senza parole». Lo spettro della sua voce spazia dal mormorio indistinto fino all'urlo. La descrizione suggerisce che sui palcoscenici dada Hennings sottraeva il suo corpo agli sguardi del pubblico piuttosto che esporlo. Anche altri resoconti degli spettacoli lo testimoniano: così per esempio nella messinscena del dramma di Kokoschka «Sphinx und Strohmann» (Sfinge e uomo di paglia) in cui interpretava l'anima femminile «Anima», lei rimane coperta dietro a dei panni – risuonava solo la sua voce. La voce è lo strumento artistico principale di Hennings. Si era già esibita dal 1912 al 1914 nei cabaret letterari di Monaco di Baviera recitando delle proprie poesie ma anche come diseuse, cioè come oratrice di testi stranieri e come chansonnière. Il suo repertorio comprendeva chansons francesi, canzonette berlinesi (Berliner Gassenhauer) e canti popolari tedeschi e danesi. È sorprendente quanto spesso venga ricordata la sua voce negli articoli di giornale sul Cabaret Voltaire e da testimoni dell'epoca: «Emmy

---

pp. 99-114; Christa Baumberger, Vom Varieté zum Cabaret Voltaire. Dada zwischen Avantgarde und Populärkultur, in: Amrein/Baumberger (vedi nota 6), 45-68, spec. pp. 60-64.
14 Emmy Hennings, Das Kabarett Voltaire und die Galerie Dada, in: Neue Zürcher Zeitung, Erste Sonntagsausgabe, 27.5.1934, riprodotto in Baumberger, Behrmann 2015 (vedi nota 3), pp. 111-113.

15 Ball 2006 (vedi nota 9), p. 62 (24.5.1916).

g. 38: Programma delle «Moderne Literarische Cabaret-Abende» nel luglio 1919 nella Svizzera centrale.

possedeva una voce sottile da antidiva, ma una marcata personalità», così scrive Hans Richter. Le sue esecuzioni «non erano artistiche nel senso tradizionale né dal punto di vista della voce né da quello dell'interpretazione [...]. Nella sua insolita acutezza rappresentavano piuttosto un affronto che non rendeva meno turbato il pubblico rispetto alle provocazioni dei suoi colleghi maschi.»[16] La voce della Hennings si sposa con il concetto del grottesco. Viene costantemente ribadita la discrepanza tra il contenuto e la qualità tonale della sua voce, quella che per Roland Barthes è la «grain de la voix»,[17] la grana della voce. Viene descritta un po' come stridula, un po' come sottile, da «antidiva» e fragile. La voce di Hennings era un «affronto», aggiungeva alle sue apparizioni un effetto choc e così si adattava bene alla programmatica dadaista.

---

16 Hans Richter, Dada – Kunst und Antikunst, Köln 1973, p. 24.

17 Roland Barthes, Le plaisir du texte, Paris 1973, pp. 104-105. Prima edizione con il titolo «Le grain de la voix» in: Musique en jeu, 9/1972.

# KÜNSTLERKNEIPE „VOLTAIRE"

## TOTENTANZ 1916

So sterben wir, so sterben wir
Und sterben alle Tage,
Weil es so gemütlich sich sterben lässt.
Morgens noch in Schlaf und Traum,
Mittags schon dahin,
Abends schon zu unterst im Grabe drin.

Die Schlacht ist unser Freudenhaus,
Von Blut ist unsre Sonne,
Tod ist unser Zeichen und Losungswort.
Kind und Weib verlassen wir:
Was gehen sie uns an!
Wenn man sich auf uns nur verlassen kann!

So morden wir, so morden wir
Und morden alle Tage
Unsere Kameraden im Totentanz.
Bruder, reck Dich auf vor mir!
Bruder, Deine Brust!
Bruder, der Du fallen und sterben musst.

Wir murren nicht, wir knurren nicht,
Wir schweigen alle Tage
Bis sich vom Gelenke das Hüftbein dreht.
Hart ist unsre Lagerstatt,
Trocken unser Brot,
Blutig und besudelt der liebe Gott.

Wir danken Dir, wir danken Dir,
Herr Kaiser für die Gnade,
Dass Du uns zum Sterben erkoren hast.
Schlafe Du, schlaf sanft und still,
Bis Dich auferweckt
Unser armer Leib, den der Rasen deckt.

HUGO BALL

## La recitazione della Danza macabra

La discrepanza tra la voce sottile di Hennings e i contenuti politici aggressivi, tra ingenuità infantile e prese di posizione impegnate, emerge in modo del tutto evidente nella sua rappresentazione della «Totentanz» (Danza macabra) di Hugo Ball. Richard Huelsenbeck scrive a tal proposito: «La sua vocina era talmente sottile e fanciullesca che a volte si aveva la sensazione che potesse spezzarsi. Cantava le canzoni aggressive di Hugo Ball con una furia assolutamente credibile anche se inaspettata. Una bambina che qui faceva propaganda contro la guerra?»[18]

La «Danza macabra» di Ball è una parodia della canzone dei soldati «So leben wir» (Così viviamo) che veniva cantata sulle note della marcia di Dessau e che al tempo della prima guerra mondiale era estremamente popolare.[19] La glorificazione della vita spensierata del soldato viene sarcasticamente rovesciata da Ball nel suo contrario. La sua «Danza macabra» è una canzone contro la guerra che in cinque strofe descrive come la fedeltà incondizionata all'imperatore e l'obbedienza cieca dei soldati portino alla morte sul campo di battaglia (fig. 3). In questa prima fase di dada la «Danza macabra» è la dichiarazione politica più esplicita contro la prima guerra mondiale. Allo stesso tempo il titolo associa in maniera esplicita la poesia alle danze macabre medievali. Come memento mori queste rimandano alla caducità di ogni dignità umana davanti alla morte, all'eternità e sono un monito perché ci si penta in tempo.[20]

Anche la «Danza macabra» di Ball è un memento mori, benché sarcastico, visto che non esige pentimento e inversioni di rotta da parte dei soldati, ma li lascia andare gioiosamente incontro alla morte: «perché morire è così piacevole». Con un'ironia quasi imbattibile i soldati augurano nell'ultima strofa una buona notte all'imperatore e lo ringraziano per l'eterno riposo che lui dà loro: «Ti ringraziamo, ti ringraziamo / signor imperatore per la misericordia / che hai scelto di farci morire.» Nel 1918, nella prefazione dell'«Almanach der Freien Zeitung», Ball non fece più ironia ma definì espressamente la guerra mondiale come «una danza macabra organizzata da statisti irresponsabili».[21]

La «Danza macabra» di Ball acquisisce il suo effetto dirompente solo grazie all'interpretazione di Emmy Hennings che fece diventare la canzone una sorta di «inno

---

18 Richard Huelsenbeck, Mit Witz, Licht und Grütze. Auf den Spuren des Dadaismus, Wiesbaden 1957, p. 33.
19 Cfr. Gerhard Schaub, Totentanz 1916. Hugo Balls literarische Opposition gegen den Krieg 1985, in: Gerhard Schaub, Hugo Ball – Kurt Schwitters. Studien zur literarischen Moderne, Würzburg 2012, pp. 13-60; Karl Piberhofer, An der Wiege des Dadaismus wird gesungen. Hugo Balls Totentanz 1916, in: Michael Braun (a cura di), Hugo Ball. Der magische Bischof der Avantgarde, Heidelberg 2011, pp. 95-126, qui pp. 111 sg.

20 Cfr. Hellmut Rosenfeld, Totentanz, in: Engelbert Kirschbaum (a cura di), Lexikon der christlichen Ikonographie, vol. 4, Freiburg i. Br. et al., 1972, pp. 343-347; Hellmut Rosenfeld, Totentanz, in: Manfred Lurker (a cura di), Wörterbuch der Symbolik, Stuttgart 1991 (5ª edizione), pp. 763-764. Per la simbologia della danza macabra durante la prima guerra mondiale, si veda Schaub 2012 (vedi nota 19), pp. 31 sg.
21 Citato da Schaub 2012 (vedi nota 19), pp. 31 sg.

---

Fig. 39: Cartolina di Hugo Ball, Danza macabra, 1916.

nazionale» del Cabaret Voltaire. Ball era consapevole di questo effetto, in una lettera a Maria Hildebrand scrive: «Si rimane completamente scioccati quando Emmy canta la canzone […] e tutti sono convinti che un giorno questa poesia entrerà a far parte dei libri di storia come espressione dei nostri tempi.»[22] Con la recitazione della «Danza macabra» da parte di Emmy Hennings ci si allontana dalle esibizioni di danza delle soireé dada. Eppure, in questo modo, si apre una nuova dimensione: perché per Emmy Hennings la danza come tema all'interno di testi letterari ha una rilevanza maggiore delle proprie esibizioni effimere con maschera copricapo e costume. Nelle sue poesie e nei suoi testi in prosa del periodo dada sono presenti diverse scene di danza, ed è sorprendentemente frequente una stretta correlazione tra danza e morte che prefigura la «Danza macabra» di Ball.

## Le figure di danza nei testi di Hennings

Troviamo delle scene di danza nelle annotazioni in prosa dal 1915 al 1918, nel romanzo diaristico «Das Brandmal» (Il marchio a fuoco) (1920) così come nelle memorie sul periodo dada degli anni 1920. Esse si svolgono in localacci notturni e in squallidi varietà. Spesso si tratta semplicemente di allusioni fugaci come quando le soubrette a Budapest con il vassoio pieno di spumante restano senza voce per «il tanto amare, bere, danzare».[23] Viene descritta più nel dettaglio la danzatrice indiana del tempio Sada Ira che in realtà si chiamava Erna. Mentre si prepara, perde la cognizione del tempo e il suo numero viene sostituito al volo da una cantante.[24] In «Das Brandmal» la protagonista Dagny, dopo aver fallito come venditrice ambulante ed essere scivolata nella prostituzione, accetta l'ingaggio nel varietà che la costringe a danzare con dei cavalieri maschi. Questa forma di danza è sempre connotata in modo negativo: «Che strano! Se non si ha voglia di danzare, quanto terrificanti appaiono questi movimenti grotteschi»,[25] così esprime la sua riluttanza la protagonista. La danza nel varietà porta con sé tratti stranianti, viene associata alla fuga dal mondo,[26] all'ebbrezza e all'oblio, unendosi all'alcol e a stati di stordimento.[27] Nella danza si manifesta però anche

---

22 Lettera n. 85 in Hugo Ball, Briefe 1904–1927, vol. 1, a cura di Gerhard Schaub, Ernst Teubner, Göttingen 2003, p. 101.
23 Emmy Hennings, Der Zauberkünstler, in: Die Ähre (Zürich), 10.5.1916, riprodotto in: Baumberger/Behrmann 2015 (vedi nota 3), p. 45.
24 Emmy Hennings, Kleines Varieté, in: Die Schaubühne (Berlin), 16.9.1915, riprodotto in: Baumberger/Behrmann 2015 (vedi nota 3), p. 39.
25 Emmy Hennings, Das Brandmal – Das ewige Lied (edizione critica commentata), vol. 2, a cura di Nicola Behrmann, Christa Baumberger, Göttingen 2017, p. 30.
26 «Anche senza un repertorio diurno e notturno così faticoso la fuga dal mondo non sarebbe sorprendente. Dopo ogni notte passata a ballare e fumare penso alla mia infanzia, quando tutto ero pieno di luci e profumi!». Cfr. Ibid., p. 196. Nella poesia in prosa «Schwester» si legge: «E nelle notti passate a danzare e nei giorni assonnati / Ci siamo dimenticati di vedere la luce del sole. / Così la vita ci passava davanti / Fumi e canti, giorno e notte, non importa», cfr. Baumberger/Behrmann (vedi nota 3), p. 104.
27 Cfr. l'abbozzo in prosa Dagny (ein Fragment), n. III: «Dagny canta al cabaret. Dopo l'esibizione viene invitata da dei cavalieri. Poi è ubriaca. Le vengono strappati i vestiti di dosso: lei ride, canta,

un eccesso di allegria,[28] che può trasformarsi in improvvise visioni di morte: durante una notte lei scivola sul parquet con un cavaliere che le appare come un «cavaliere di morte», addirittura come «tristo mietitore» e immediatamente diventa parte di una danza macabra.[29]

Nel varietà non viene eseguita nessuna danza artistico-espressiva, in cui l'espressione creativa interiore prende il sopravvento sul movimento codificato. Al contrario, la danza sui palcoscenici del varietà è l'espressione di un'esistenza alienata. Il suo scopo è quello di attirare gli sguardi degli uomini sul corpo femminile. La danzatrice appare come un oggetto e il suo corpo è legato a un'economia mercificata capitalistica ed è questo che Emmy Hennings smaschera nei suoi testi. L'intenzione è quella di far uso del proprio corpo per trarre il maggior profitto possibile. Ma questo non sempre funziona: in «Das Brandmal» viene descritto come il corpo della protagonista si inceppa e si rifiuta di muoversi. Visto che la danzatrice non può più danzare e cantare, deve andare via dal cabaret.[30]

In un testo di prosa inedito del 1929 il mondo del varietà rivive ancora una volta. La protagonista ha un contratto con il cabaret Olympia, ma appena arrivata a Berlino si ricorda di quando, anni prima, aveva tentato senza successo di fare la danzatrice nel varietà: «Ero stata presa in prova ma non mi avevano confermato, ciò che mi è molto dispiaciuto. Anche se in realtà ero una cantante, a quel tempo avevo provato anche a fare la danzatrice, cosa che non si era rivelata giusta e tantomeno danzare l'inno alla gioia. È stato un mio errore che ancora mi commuove.»[31]

Tutti questi testi hanno un nucleo autobiografico: ossessionata da una «smania di girovagare e di musica»,[32] dal 1905 Emmy Hennings va in tournée con una compagnia itinerante di attori per la provincia tedesca. Il romanzo «Das Brandmal» si concentra sul periodo che va dal 1908 al 1910, quando lei si esibisce come attrice a Colonia e Hannover in spettacoli di intrattenimento e come cantante e danzatrice nei locali notturni. E a partire dal 1911 ha degli ingaggi in locali di varietà come il Linden-Cabaret e il Bier-Cabaret

---

balla. Emette piccole e stridule grida. Poi beve di nuovo, sorride al cavaliere e si lascia baciare», cfr. ibid., p. 87.
28 «Al ‹Bar Riche› ho danzato un paio di serate. Non devo pensare alla morte finché sono in vita. I signori al bar trovano che io sia la più allegra di tutte. Attorno al bancone rotondo al centro del bar, ballo un assolo improvvisato. Un piccolo staccato› che mi è venuto in mente durante la musica», cfr. Hennings (vedi nota 25), p. 200.
29 «Con ogni nuovo cavaliere mi viene in mente: ‹morte fresca in vacanza› [...] Avevo la mia serata scettica e guardavo con sospetto il mio cavaliere della morte mascherato [...] Ogni immagine del tristo mietitore risulta più accettabile d'aspetto, ma il mio almeno sa ballare.», cfr. ibid. p. 211.
30 «‹Signorina lei non può però rimanere qui›, obietta lei. Significa forse che devo fare le valigie? Non posso rimanere qui dove ho cantato? È come se cercassero di seppellirmi solo perché non so più cantare e ballare», cfr. ibid., p. 235.
31 Emmy Hennings, Olympia oder die Bretter, die die Unterwelt bedeuten. Dattiloscritto non datato [1929] nel lascito Hennings/Ball, ASL, HEN-A-02-c-03-c.
32 Emmy Ball-Hennings, Das flüchtige Spiel, Einsiedeln/Köln 1940, p. 198.

di Berlino o il Royal Orfeum di Budapest. In questi anni inizia anche a Monaco come cantante (Vortragssängerin) nel cabaret Simplizissimus, muovendosi nella cerchia bohéme di Schwabing (fig. 36).[33] Ancor più dei retroscena biografici interessa come nei testi il motivo della danza venga rappresentato in modi molto diversi. Sorprendentemente la danza è spesso associata alla morte. La protagonista di «Das Brandmal» osserva un giorno una tisica danzare in maniera così intensa da dimenticarsi di sé e da sembrare di riuscire a scacciare la malattia e la minaccia di morte attraverso i movimenti e i giri del suo corpo. La vicinanza con la morte aumenta l'intensità della danza, diventa un simbolo di vita.[34]

Danzare contro la morte – questa figura di pensiero si può trovare anche all'interno di varie poesie, nel modo più rappresentativo, nella prima poesia del ciclo di «Budapest»:

È come se io fossi già segnata
e stessi nella lista dei morenti.
Ciò mi trattiene da qualche peccato.
Come mastico lenta la mia vita!
E timorosi spesso sono i passi,
il cuore ha come un battito malato
sempre più flebile al passar dei giorni.

L'angelo della morte è in casa mia.
Eppure ballo e ballo a perdifiato
presto sarò allungata in una fossa
non mi si stringerà nessuno addosso.
Fino alla morte voglio dare baci.[35]

L'io lirico si trova al confine tra la vita e la morte, danza mentre l'angelo della morte è già in attesa («Eppure ballo e ballo a perdifiato», verso 9). L'intensità della vita è rafforzata dalla vicinanza della morte. La danza in questa poesia è simbolo di ribellione e di lotta, ma con la figura dell'angelo della morte la danza indica anche il passaggio a una vita ultraterrena.[36] La stretta connessione tra la vita fiorente e la vicinanza alla morte, il tema dell'omissione del peccato e della penitenza («Ciò mi trattiene da qualche peccato», verso 3) e l'associazione della danza all'erotismo («Fino alla morte voglio dare baci», verso 12) sono dei topoi delle danze macabre medievali. Nelle rappresentazioni pittoriche si vede spesso la morte che danza in un abbraccio stretto con una giovane ragazza attraente.

La linea sottile tra la vita e la morte è espressa tramite l'immagine della danza anche in altre poesie. Nella terza poesia del ciclo di Budapest viene detto a tal proposito: «Danzare, cantare, dolci violini! / Sarà questo il mio ultimo ballo?»[37]

---

33 Per i retroscena biografici si veda Bärbel Reetz, Emmy Ball-Hennings. Leben im Vielleicht. Frankfurt a.M. 2001, pp. 46 sg.
34 Hennings (vedi nota 25), p. 213. Per la danza come simbolo del superamento della dimensione terrena si veda anche Cora Dietl, Tanz, in: Günter Butzer, Joachim Jacob (a cura di), Metzler Lexikon literarischer Symbole, Stuttgart 2012 (seconda edizione), pp. 438-440.

35 In: Hennings, Verse und Prosa [1917]. Dattiloscritto nel lascito Hennings/Ball, ASL, HEN-A-03-b-01, riprodotto in: Baumberger/Behrmann 2015 (vedi nota 3), p. 79.
36 Cfr. anche Dietl (vedi nota 34), p. 439.
37 Hennings, Verse und Prosa [1917], riprodotto in: Baumberger/Behrmann 2015 (vedi nota 3), p. 79.

In alcune poesie Emmy Hennings stabilisce anche una correlazione esplicita tra la danza e la morte e la prima guerra mondiale. In una poesia tratta da «Verse und Prosa» (Versi e prosa) descrive addirittura una visione da giudizio universale, l'evento della guerra appare alla stregua di una danza macabra da cui Cristo, come possibile salvatore, è stato tagliato fuori da tempo: «Chi vede l'alone / nella grande danza della morte? / La terra sta cadendo! / La terra sta cadendo! / Chi tiene, chi tiene / la palla in asse?»[38]

Se infine riguardiamo ancora una volta il divario tra la danza di Hennings sui palcoscenici dada di Zurigo e le figure di danza nelle sue poesie degli stessi anni, vediamo che è molto meno grande di quello che sembrava a prima vista. Gli anelli di congiunzione sono la canzone «Danza macabra» di Hugo Ball e la sua stessa poesia sulla danza macabra. Entrambe esercitano – ognuna a modo proprio – una critica alla prima guerra mondiale: Ball con ironia sarcastica e Hennings con il ricorso a un immaginario drasticamente espressionista.

Tuttavia, anche se in modo meno esplicito, la dimensione politica appartiene anche alle danze dada. Le danze in maschere e costumi grotteschi sono una forma di protesta contro gli sconvolgimenti dell'epoca.

Tale nesso politico chiaro non si evince da altre poesie e testi di Hennings, che tuttavia conservano anch'essi un fondo di critica sociale. Utilizzando l'esempio della danzatrice di varietà vogliono incoraggiare la riflessione sulla diseguaglianza esistente tra le classi sociali e i sessi. A differenza dell'immagine comune di Hennings come ingenua Lolita, nelle sue poesie e nei suoi testi l'autrice appare come un'artista vigile, attenta e impegnata.

Traduzione: Gudrun De Chirico

---

38 Ibid., p. 93.

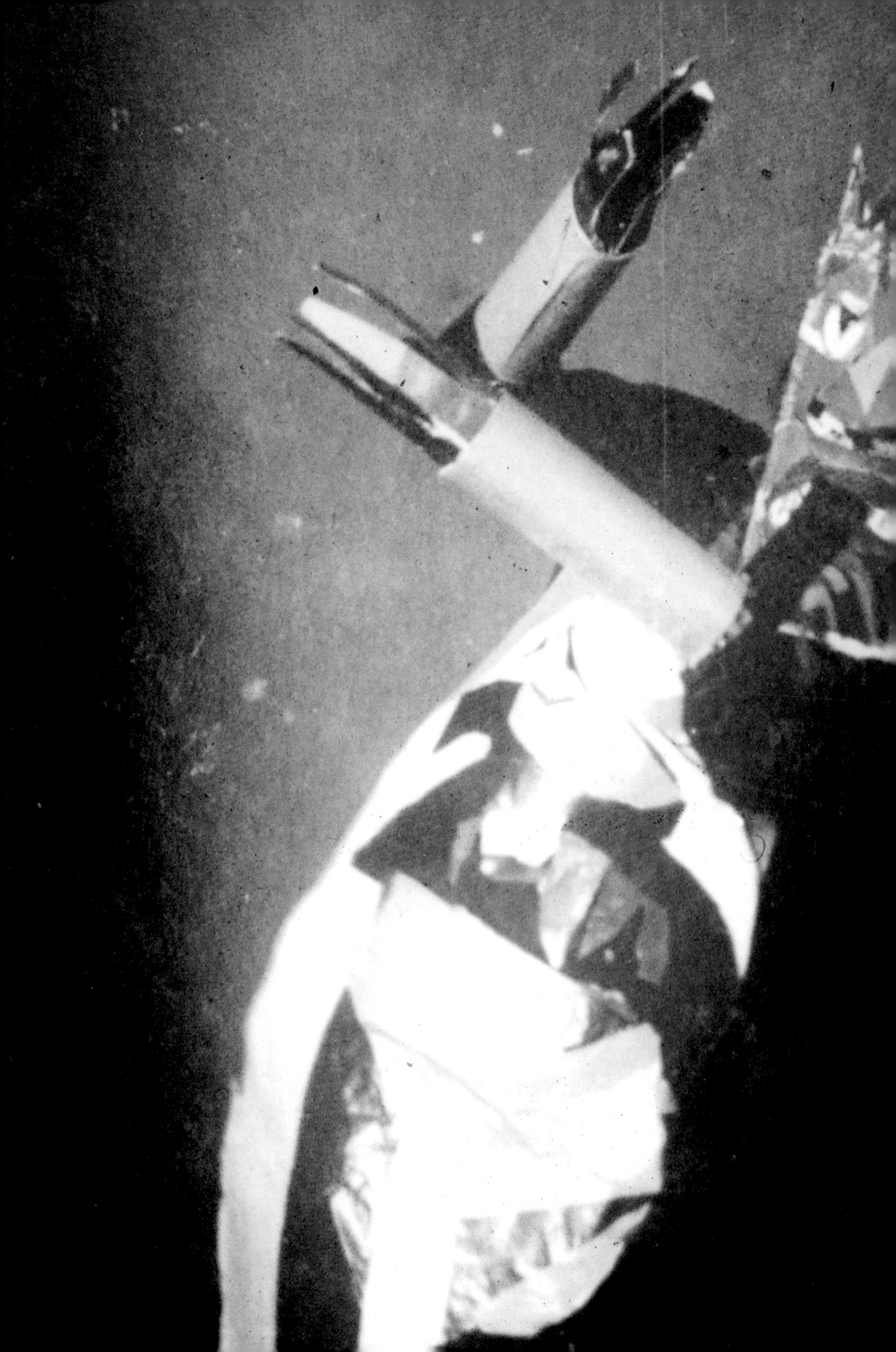

Lucia Ruprecht

# Corpi vibranti in dada e danza espressiva

Il 29 marzo 1917, in occasione della festa inaugurale della Galerie Dada di Zurigo, Sophie Taeuber presenta delle «Danze astratte», che Hugo Ball descrive nel modo seguente:

Fig. 40: Sophie Taeuber in una posa di danza con costume e maschera, 1917.

«Danze astratte: un colpo di gong basta perché il corpo della ballerina si rianimi e descriva fantastiche composizioni. Il ballo è diventato fine a se stesso. Il sistema nervoso esaurisce tutte le vibrazioni del suono, forse anche ogni emozione nascosta del suonatore di gong, e le trasforma in immagini. Qui in particolare è bastata una sequenza di risonanze poetiche per spronare ognuna delle singole particelle di parole a prender vita sul corpo della ballerina, sezionato cento volte, in una maniera leggibile e singolarissima. Il ‹Canto dei pesci volanti e degli ippocampi› è diventato un ballo tutto punte e spigoli, pieno di luce scintillante e di tagliente intensità.»[1]

Il «Canto dei pesci volanti e degli ippocampi» è una delle poesie sonore più iconiche di Ball, con versi quali «zack hitti zopp» e «fasch kitti bimm». Nella sua trasposizione coreica proposta da Sophie Tacuber, con maschere di Hans Arp, l'assenza di parole della danza incontra l'assenza di significato degli esperimenti linguistici dadaisti (fig. 40). La lingua letteraria, a cui veniva attribuita una connotazione borghese e belligerante, è scomposta e ridotta ai suoi suoni al fine di creare un idioma nuovo, personale e resistente[2], la cui autoreferenzialità corrisponde al carattere «fine a se stesso» del nuovo ballo.[3]

Non sorprende quindi l'entusiasmo di Ball per il modo di danzare di Sophie Taeuber, poiché doveva sentirlo congeniale.

Sul primo numero della rivista «Dada», nel luglio 1917 Tristan Tzara scrive a sua volta di un'esibizione della scuola di danza di Rudolf von Laban a cui partecipa anche Sophie Taeuber: «Mlle. S. Taeuber: bizarreries délirante dans l'araigné de la main vibre rhythme rapidement ascendant vers le paroxysme d'une démence goguenarde capricieuse belle»[4] (bizzarria delirante in cui la sua mano vibra ritmicamente e rapidamente come una ragnatela fino al parossismo di una follia beffarda, capricciosa e bella).

Entrambi i commenti relativi a Sophie Taeuber toccano il tema delle vibrazioni che caratterizzavano la sua danza e che erano probabilmente anche suscitate da essa: almeno in questo modo si può intendere l'affermazione di Ball che il suo sistema nervoso «esaurisce tutte le vibrazioni del suono […] e le trasforma in immagini».[5] Sempre nella sua annotazione sull'esibizione della scuola Laban, Tzara definisce il corpo della ballerina Mary Wigman come «vase pour les vibrations du silence»,[6] ossia come contenitore per le vibrazioni del silenzio. Le sopraccitate osservazioni dei due dadaisti Tzara e Ball sono perfettamente coerenti con il topos della vibrazione che si riscontra all'inizio del

---

1 Hugo Ball, La fuga dal tempo (tradotto e annotato da Piergiulio Taino), Pasian di Prato 2006, p. 91 (29.3.1917).
2 Si veda anche Gabriele Brandstetter, Poetics of Dance: Body, Image, and Space in the Historical Avant-Gardes, New York 2015, p. 354.
3 Ball 2006 (vedi nota 1), p. 91.
4 Tristan Tzara, L'École de danse Laban, in: Dada 1, luglio 1917, p. 18, http://bluemountain.princeton.edu/bluemtn/cgi-bin/bluemtn?a=d&d=bmtnaae191707-01.1.18&e=-------en-20--1--txt-txIN------ (ultimo accesso: 14.12.2016).
5 Ball 2006 (vedi nota 1), p. 91.
6 Tzara 1917 (vedi nota 4), p. 18.

XX secolo. Christoph Asendorf ha fatto notare che la «vibrazione […], insieme ad alcune variazioni terminologiche, è un aspetto centrale del dibattito estetico attorno al 1910».[7] In quel periodo, il concetto di vibrazione è ripreso da un lato dalle discussioni attorno alla materia e all'energia in vari campi della fisica, e dall'altro dalla teosofia, dalla dottrina esoterica di una forza che agisce invisibile all'ombra del mondo materiale, come viene ad esempio propugnata dagli scritti della spiritista Helena Blavatsky.[8]

Uno degli ideologi artistici della vibrazione era Wassily Kandinsky. Nel suo influente scritto «Über das Geistige in der Kunst» (Lo spirituale nell'arte), pubblicato nel 1912, anch'egli si occupa della teosofia, affermando che l'artista è sensibile alle vibrazioni immateriali e deve a sua volta far vibrare le anime degli altri. Per Kandinsky, il contributo della «nuova danza» a questa estetica della vibrazione è notevole. A tale proposito egli scrive: «È necessario creare la nuova danza, la danza del futuro. Anche qui varrà decisamente la regola che il significato *interiore* del movimento è l'elemento fondamentale della danza. Anche qui bisognerà gettare a mare la ‹bellezza› convenzionale del movimento e dichiarare inutile, se non dannoso, il procedimento naturalistico (racconto = elemento letterario). E come in musica o in pittura non esistono ‹suoni brutti› o ‹dissonanze› estetiche, perché ogni accordo è bello (= utile al fine) se è dettato da una necessità interiore, così nella danza si sentirà presto il valore interiore di *ogni* movimento e la bellezza interiore subentrerà a quella esteriore. Dai movimenti ‹non belli›, divenuti improvvisamente belli, nasce un'inaspettata energia e una forza viva. È allora che inizia la danza del futuro.»[9]

Kandinsky formula un manifesto per una danza che deve essere altrettanto «astratta» o, come si usava dire all'epoca, «assoluta» quanto l'arte figurativa. Ciò che lui definisce il senso interiore del movimento nasce dalle movenze del corpo liberate dalle convenzioni estetiche tradizionali, che non andavano più giudicate in base ai canoni tradizionali della bellezza e della bruttezza. È quindi da una danza di questo genere che possono scaturire «un'inaspettata energia e una forza viva» e, di conseguenza, le «emozioni» (in tedesco «seelische Vibrationen», letteralmente «vibrazioni dell'anima») auspicate.[10]

È risaputo che Ball fu fortemente influenzato dalla teoria dell'arte di Kandinsky, che ebbe modo di conoscere direttamente da quest'ultimo nel periodo in cui visse a Monaco e fu amico dell'artista. Il fatto che sia

---

7 Christoph Asendorf, Ströme und Strahlen. Das langsame Verschwinden der Materie um 1900, Giessen 1989, p. 154.
8 Si veda anche Robert Matthias Erdbeer, Christina Wessely, Kosmische Resonanzen. Theorie und Körper in der esoterischen Moderne, in: Karsten Lichau, Viktoria Tkaczyk, Rebecca Wolf (a cura di), Resonanz. Potentiale einer akustischen Figur, München 2009, pp. 143-176; Linda Dalrymple-Henderson, «Vibratory Modernism: Boccioni, Kupka, and the Ether of Space», in: Bruce Clarke, Linda Dalrymple-Henderson (a cura di), From Energy to Information: Representation in Science and Technology, Art, and Literature, Stanford 2002, pp. 126-150.

---

9 Wassily Kandinsky, Lo spirituale nell'arte (a cura di Elena Pontiggia), Milano 1996, p. 83.
10 Ibid.

Ball che Tzara mettano in relazione danza e vibrazioni può quindi essere visto in questo contesto. Nelle sue annotazioni su Sophie Taeuber, l'autore di poesie fonetiche Ball associa le vibrazioni coreiche principalmente con impressioni acustiche, con le risonanze del suono creato da un gong. Ball si rallegra del fatto che la Galerie Dada fosse riuscita a superare certe «rusticità» del Cabaret Voltaire[11] e la sua descrizione dell'esibizione alla Galerie si riferisce a uno studio del movimento e del suono probabilmente molto meticoloso della «cento volte sezionata» Sophie Taeuber.[12]

Al Cabaret Voltaire invece le vibrazioni acustico-motorie furono apparentemente meno sofisticate. Per renderne l'atmosfera riportiamo qui la spesso citata descrizione di una soirée dada di Hans Arp:

«In un locale variopinto e stracolmo sono visibili sul palco alcuni bizzarri fantasticoni, vale a dire Tzara, Janco, Ball, Huelsenbeck, Emmy Hennings e il sottoscritto. Produciamo un baccano infernale. Il pubblico attorno a noi urla, ride e batte le mani sopra la testa. Rispondiamo con gemiti d'amore, rutti e poesie, con il ‹Muh, Muh› e il ‹Miau, Miau› dei bruitisti medievali. Tzara fa saltellare il suo didietro come l'addome di una danzatrice orientale, Janco suona su un violino invisibile inchinandosi fino a terra. La signora Hennings con una faccia da Madonna prova una spaccata. Huelsenbeck percuote incessantemente il timpano, mentre Ball, eburneo come un fantasma, lo accompagna al pianoforte.»[13]

Vediamo davanti a noi corpi maschili dada che si dimenano alle percussioni di Richard Huelsenbeck e riteniamo piuttosto inverosimile che si possa stabilire un collegamento tra la danza evidentemente studiata nei particolari di Sophie Taeuber e questi scenari. Nelle feste dada il movimento appare come una scossa ritmica, che asseconda il lato selvaggio e primitivo, associato ai cosiddetti «tamburi negri», dell'attività performativa dadaista.[14] Di recente Adrian Curtin ha definito tutto ciò come «percussive affectivity», vale a dire un senso di esaltazione emotiva e motoria scaturito dagli strumenti ritmici dada di un'orda prevalentemente maschile, che esprime vandalicamente il proprio antibellicismo ricorrendo in modo sovversivo ai tamburi assimilati non solo alla sfera primitiva, ma anche a quella militare.[15]

Ma non vibrano solo Sophie Taeuber e i dadaisti; vibrano anche Laban e Mary Wigman. Vi è quindi tutta una varietà di fremiti, scosse, ondeggiamenti che

---

11 Ball 2006 (vedi nota 1), p. 90.
12 Ibid., p. 91.
13 Hans Arp, Dadaland, in: Unsern täglichen Traum ... Erinnerungen, Dichtungen und Betrachtungen aus den Jahren 1914–1954, Zürich 1995, pp. 52-53.
14 Richard Huelsenbeck, Erste Dadarede in Deutschland, febbraio 1918, in: Dada Almanach, Berlin 1920, p. 105.
15 Adrian Curtin, Vibration, Percussion, and Primitivism in Avant-Garde Performance, in: Anthony Enns, Shelley Trower (a cura di), Vibratory Modernism, London 2013, pp. 227-247, qui p. 233; cfr. inoltre Arp (vedi nota 13), p. 26: «Dada non era solamente un timpano, un grande frastuono e divertimento. Dada protestava contro la stupidità e la vanità dell'essere umano.»

– questa la tesi del saggio – hanno anche connotazioni politiche molto eterogenee. Nel prosieguo cercheremo di evidenziare almeno per sommi capi le diverse frequenze di queste oscillazioni. Dapprima però ci soffermeremo sulle differenze generali tra dada e la danza espressiva, che rendono ancora più interessanti personaggi di confine come Sophie Taeuber.

Naturalmente i dadaisti sono interessati alla «nuova danza». Critici nei confronti del linguaggio verbale e stregati dal primitivismo, gli uomini dada si gettano a capofitto su questa forma d'arte evidentemente vicina al corpo.[16] Nel suo diario, Ball definisce la danza come arte «del materiale più accessibile e immediato», molto vicina alla tecnica del tatuaggio e a tutti gli esperimenti primitivi di rappresentazione, che aspirano a personificare l'immagine.[17] Egli però non approfondisce questa affermazione, ma, come tanti altri intellettuali all'inizio del XX secolo, eleva la «danza libera» a pratica primordiale e immediata,[18] e ciò malgrado i dadaisti con ogni probabilità avessero avuto modo di conoscere la metodica coreica in occasione delle prove svolte in comune con le ballerine della scuola Laban.[19] E naturalmente anche da parte delle allieve di Laban c'è interesse per il movimento dada e per il primitivismo. La danza espressiva e il dadaismo sono poi accomunati da un antimilitarismo, dal fascino per il rinnovamento estetico, dalle conseguenti sperimentazioni e dalla tendenza a servirsi del corpo mascherato con fantasia come materia artistica.[20] A prescindere da questi elementi in comune, appare però logico che Mary Wigman non si esibisca mai su palcoscenici dada e che Laban insieme a lei assista sì agli eventi dada, ne tragga anche ispirazione ma non vi partecipi. Secondo Hedwig Müller, studiosa di scienze teatrali e coreiche, il legame di Mary Wigman con il movimento dada è di natura più personale che ideologica; per Evelyn Dörr, biografa di Laban, quest'ultimo si ispira al movimento per la vista sana e non ai piani rivoluzionari del dadaismo.[21]

Per giunta basta già una piccola selezione delle numerose dichiarazioni programmatiche dadaiste per evidenziare notevoli differenze tra dada e la danza espressiva.

---

16 Ciò includeva anche pruriti erotici, come emerge dal passo spesso citato sul «celestiale quartier generale» della scuola Laban nelle reminiscenze mitizzanti di Hans Richter, in: Dada – Kunst und Antikunst. Der Beitrag Dadas zur Kunst des 20. Jahrhunderts, Köln 1973, p. 71.
17 Ball 2006 (vedi nota 1), p. 91.
18 Non sempre questo carattere primigenio veniva però celebrato; per le voci critiche al riguardo si vedano ad esempio le dichiarazioni di Siegfried Kracauer sull'educazione fisica coreica nel suo fondamentale saggio La massa come ornamento, in: La massa come ornamento, Napoli 1982.
19 Richter qui è più realistico: egli parla infatti di ballerine che partecipano alle esibizioni dada «in modo disciplinato e secondo la coreografia annotata da Käthe Wulff e Sophie Taeuber secondo il sistema Laban»; cfr. Richter 1973 (vedi nota 16), p. 72.
20 Si vedano a questo proposito le osservazioni su Mary Wigman e Sophie Taeuber, in: Renée Riese Hubert, Zurich Dada and its Artist Couples, in: Naomi Sawelson-Gorse (a cura di), Women in Dada: Essays on Sex, Gender and Identity, Cambridge Massachusetts 1999, pp. 516-545.
21 Hedwig Müller, Mary Wigman. Leben und Werk der grossen Tänzerin, Weinheim/Berlin 1986, p. 57; Evelyn Dörr, Rudolf Laban: The Dancer of the Crystal, Lanham/Toronto/Plymouth 2008, p. 66.

Prendiamo qui ad esempio l'artista dada Richard Huelsenbeck, che assume posizioni più radicali di Ball. In un periodo in cui Laban lavora ai «cori di movimento» (Bewegungschöre) e si preoccupa di gettare le basi di una possibile scienza coreica,[22] Huelsenbeck scrive: «Il dadaista non sente alcuna responsabilità nei confronti di un piano o di un'idea, è troppo disilluso e odia gli istinti collettivi.»[23] Mentre Mary Wigman sfrutta la vita a contatto con la natura ad Ascona per trasformare disciplinatamente il proprio corpo in uno strumento, Huelsenbeck esorta l'essere umano «a una nuova vita primitiva, in cui l'intelletto decade e si lascia spazio alle pulsioni elementari».[24] Le critiche espresse da Huelsenbeck nel 1920 sulla «Neue Rundschau» nei riguardi dell'espressionismo nella letteratura e nella pittura, da lui già da tempo considerato obsoleto, ci offrono una descrizione abbastanza calzante seppure polemica dell'estetica wigmaniana: «Con il pretesto dell'interiorizzazione, gli espressionisti […] hanno dato vita a una generazione che già oggi attende trepidante la propria consacrazione nella storia dell'arte e della letteratura e cerca gli onori e il riconoscimento della società borghese. Con il pretesto di propagare l'anima, nella lotta contro il naturalismo sono ritornati a gesti patetico-astratti che presuppongono una vita comoda, immobile e senza contenuti.»[25]

Queste differenze, diventate sempre più evidenti con il passare degli anni, fanno apparire ancora più sorprendente e complesso il breve periodo di vicinanza spaziale e personale tra la scuola Laban e il dadaismo; perlomeno per quanto riguarda Mary Wigman e Laban, tale vicinanza sembra essere una manifestazione dello scambio inverosimile – o «inquietante», per usare le parole di Helmut Lethen – tra rappresentanti di posizioni estetiche, intellettuali e politiche in definitiva diverse, che rendono il modernismo nell'arte e nel pensiero un fenomeno estremamente ambivalente.[26] Ma torniamo alla vibrazione. Tra le dadaiste e i dadaisti si nota una gamma del vibrare che spazia dai fremiti tamburreggianti di Huelsenbeck alle esperienze di risonanza influenzate da Kandinsky, che maggiormente stanno a cuore a Ball. Un'annotazione di Ball del marzo 1916 evidenzia inoltre che il fenomeno cinetico-acustico presenta anche risvolti patologici che lo inducono a cercare riposo: «Con tutte le tensioni, lo spettacolo quotidiano non solo stanca, ma logora. In mezzo al trambusto, mi assale un brivido in tutto il corpo. A quel punto davvero non riesco più a concentrarmi, lascio tutto come sta e me ne vado.»[27]

La danza non da ultimo cercava proprio di curare nervi scossi in questo modo, anche tramite la riarmonizzazione di risonanze tra ballerini, spettatori e il mondo che li circonda, un mondo in ultima

---

22 Si veda il contributo di Patrick Primavesi sui Dada, Laban e cori di movimento in questo volume, pp. 85-95.
23 Richard Huelsenbeck, Wozu Dada. Texte 1916-1936, Giessen 1994, p. 35.
24 Ibid., p. 41.
25 Ibid., p. 39.
26 Helmut Lethen, Unheimliche Nachbarschaften. Essays zum Kälte-Kult und der Schlaflosigkeit der philosophischen Anthropologie im 20. Jahrhundert, Freiburg/Berlin/Wien 2009.
27 Ball 2006 (vedi nota 1), p. 56.

analisi visto come sfociante nel cosmico.[28] Il teorico della performance e della danza André Lepecki ha definito le forme del vibrare nella danza come «quiete non-statica».[29] Considerando l'estetica delle vibrazioni di Laban e Mary Wigman, la sua affermazione che la danza può essere intesa come un progetto che «con l'ingresso nella modernità si sviluppa lungo e all'interno di questa quiete inquieta» acquisisce una dimensione politica più eterogenea di quanto ritenuto finora.[30]

Laban è un teorico del flusso del gesto. In «Die Welt des Tänzers», la sua prima opera fondamentale pubblicata nel 1920, già all'inizio della prima di cinque «ridde di pensieri» (Gedankenreigen) in cui aveva suddiviso il suo libro egli afferma che la nuova danza non solo è composta da gesti (Gebärden), ma nel suo insieme, cioè come fenomeno, è «gesto».[31] In questo senso, nel pensiero di Laban la danza fa parte di un mondo che si «dà e riceve in ritmi gestuali».[32] Da simili asserzioni si possono estrapolare non solo il Leitmotiv del ritmo per la teoria e la prassi del movimento espressivo,[33] ma anche un altro Leitmotiv, vale a dire quello del gesto (Gebärde). A tale proposito va ricordata anche l'importanza che la gestualità in senso più specifico, intesa come focalizzazione sul busto, le braccia e specialmente le mani, assume nella danza espressiva.[34]

Per Laban il gesto è per definizione dinamico: «Ogni gesto è scomponibile in tensioni del corpo correlate a stimoli cognitivi ed emotivi. Differenziamo queste tensioni in base alle direzioni nello spazio con cui vengono eseguite, in base alla forza con cui vengono condotte in determinati spazi e in base alla durata più o meno ampia con cui si susseguono.»[35]

Il lavoro fisico con tensioni, direzioni e forze corrisponde allo stesso tempo a un «lavoro psichico della formazione del gesto» da cui scaturiscono idee di movimento, in cui ad esempio «paura, astuzia, coraggio, disperazione e tanti altri sentimenti accompagnano lo slancio discendente (Niederschwung), per poi trasformarsi durante lo slancio ascendente (Aufschwung) in benessere, gioia senso di forza e così via».[36]

Il radicamento della nuova danza nel pensiero della filosofia della vita presuppone a tale riguardo un flusso di energia sempre precedente, le cui vibrazioni – ecco che

---

28 Cfr. Rudolf von Laban, Gymnastik und Tanz, Oldenburg 1926, pp. 162-163.
29 André Lepecki, Am ruhenden Punkt der kreisenden Welt. Die vibrierende Mikroskopie der Ruhe, in: Gabriele Brandstetter, Hortensia Völckers (a cura di), ReMembering the Body, Ostfildern-Ruit 2000, pp. 334-363, qui p. 336.
30 Ibid. Si veda anche Lucia Ruprecht, Gesture, Interruption, Vibration: Rethinking Early Twentieth-Century Gestural Theory and Practice in Walter Benjamin, Rudolf von Laban and Mary Wigman, in: Dance Research Journal 47/2, 2015, pp. 23-42.
31 Rudolf von Laban, Die Welt des Tänzers. Fünf Gedankenreigen, Stuttgart 1920, p. 13.
32 Ibid., p. 44.

33 Cfr. Gabriele Brandstetter, Rhythmus als Lebensanschauung. Zum Bewegungsdiskurs um 1900, in: Christa Brüstle, Nadia Ghattas et al. (a cura di), Aus dem Takt. Rhythmus in Kunst, Kultur und Natur, Bielefeld 2005, pp. 33-44.
34 Si veda a questo proposito Lucia Ruprecht, Ambivalent Agency: Gestural Performances of Hands in Weimar Dance and Film, in: Seminar 46/3, 2010, pp. 255-275.
35 Laban 1920 (vedi nota 31), p. 17.
36 Ibid., p. 71.

tornano in gioco – recano in sé tutte queste possibilità di scelta e tutti questi processi di conferimento di forma e abbracciano sia i ballerini sia il pubblico. Mary Wigman ad esempio scrive: «La danza è un unico vibrare o fluire ritmico, in cui anche il più piccolo gesto viene trascinato dal grande e infinito flusso del movimento.»[37]
La vibrazione in senso stretto compare nel pensiero di Laban esattamente laddove viene affrontato il tema dell'impressione suscitata dal movimento: le intenzioni di movimento possono «solo voler provocare le rispettive tensioni» oppure «avere lo scopo di impressionare altri individui o altro».[38] Non abbiamo quindi a che fare con corpi vibranti in senso stretto su un palco, ma con «flussi sempre in viaggio tra corpo e corpo»,[39] invisibili ma onnipresenti. I ballerini sono i vettori di questi flussi od ondeggiamenti: «Vediamo l'immagine del gesto, onde di luce lo portano al nostro occhio. Sentiamo l'immagine di un gesto che trema al nostro orecchio. Riusciamo anche […] a cogliere la forma di una tensione del pensiero, quando questa si trasmette né tramite un'onda d'aria, né tramite un'onda di luce, ma mediante flussi a noi sconosciuti senza suoni né segni.»[40]
Nel contesto della fede spiritistica nella sostanza misteriosa dell'etere che accumula energia cosmica, Laban sviluppa un modello fenomenologico dell'induzione reciproca alla vibrazione che può essere messo in relazione con gli slanci del movimento spesso praticati dall'educazione fisica moderna.[41] Si tratta dapprima dello scambio di vibrazioni minime, che poi si trasformano in figure di movimento più ampie: «Ogni impressione è una vibrazione di un gesto espressivo di un fatto vissuto che conduce al nostro intimo. I gesti ricordati vengono nuovamente proiettati verso l'esterno dove trovano un accompagnamento, un vibrare insieme.»[42] Il corpo viene così mantenuto in uno stato costante di «eccitamento», come lo definisce Laban, ciò che significa che «il pulsare costante del corpo si propaga in modo ondulatorio per il mondo». Il corpo emana «nello spazio le proprie pulsazioni o le onde delle pulsazioni altrui che si infrangono su di esso».[43]

Qui possiamo trovare il nesso con la collettività in Laban. Come sappiamo, sia la destra sia la sinistra cercavano di appropriarsi delle «pulsazioni» collettive: da un lato con il vibrare comune protonazista e poi nazista della comunità popolare, inscenato da Laban nello spettacolo di massa «Vom Tauwind und der neuen Freude» (Del vento del disgelo e della nuova gioia) realizzato per le Olimpiadi del 1936 (ma sorprendentemente scartato dal Ministro per la propaganda Joseph Goebbels);

---

37 Mary Wigman, Tanz, in: Rudolf Bach (a cura di), Das Mary Wigman-Werk, Dresden 1933, p. 19.
38 Laban 1920 (vedi nota 31), pp. 71-72.
39 Ibid., p. 16.
40 Ibid., p. 31.
41 Per gli slanci nel contesto di fenomeni di risonanza, si veda anche Gabriele Brandstetter, Körperwellen – Miszellen zu Körperkultur und Gedächtnis, in: Lichau, Tkaczyk, Wolf 2009 (vedi nota 8), pp. 205-210.
42 Laban 1920 (vedi nota 31), p. 52.
43 Ibid., pp. 35, 38, 47. Si vedano a questo proposito anche le considerazioni di Franz Anton Cramer sull'analisi dell'estetica labaniana di Jérôme Bouxviller, in: In Aller Freiheit. Tanzkultur in Frankreich zwischen 1930 und 1950, Berlin 2008, p. 79.

dall'altro con i cori di movimento socialisti del ballerino e attivista Martin Gleisner e con le riflessioni sull'innervazione delle masse, volte a una rivoluzione da sinistra, ad esempio in Walter Benjamin.[44] Se nell'appropriazione politica del vibrare comune o dell'innervazione comune ritroviamo la necessità di una sincronizzazione armonizzante del «noi», mobilitabile per i fini prescelti, le risonanze dadaiste ci pongono di fronte alle asincronie, alle disarmonie, alle cacofonie e alle aritmie della cagnara di un'arte anarchico-partecipativa.[45] Già a Zurigo quest'arte manifesta senz'altro un proprio potenziale psico-politico, benché estraneo a collettività organizzate: il tamburellare dadaista è interpretato da Hal Foster come regressione nel primitivismo, che rappresenta una fuga dalla cultura borghese associata alla prima guerra mondiale e nel contempo anche uno sfogo mimetico di una sorta di ululato o frastuono di guerra.[46] Secondo Foster, siamo qui in presenza di una crisi isterica trasposta nell'arte, che imita una situazione lacerante e così facendo la scongiura. I dadaisti diventano così «una traumatica pantomima che incarna le atroci condizioni della guerra, della rivolta e dell'esilio» per esorcizzare, alla stregua di un controincantesimo, i relativi spiriti maligni con la mimica sovversiva della loro «giullaresca parodia».[47]

Mentre Laban integra le vibrazioni nel suo pensiero coreico e, sul piano del movimento, le traspone in una scala, è in particolare Mary Wigman a includere la vibrazione nel suo vocabolario coreografico quale genuina forma di organizzazione del movimento. La chiama «vibrato», ne fa un uso drammatico, la presenta come elemento singolo durante rappresentazioni scolastiche e la rende insegnabile.[48] Possiamo quindi parlare di una sorta di canonizzazione del vibratorio.

In una serie di interviste commissionate nel 1972/73 dall'Accademia delle arti della Repubblica democratica tedesca (DDR), la Wigman racconta il momento di iniziazione del suo vibrato: «Voglio raccontare come sono giunta a una scoperta che credevo fosse mia. Molto presto sono però venuta a sapere che si tratta di una scoperta antichissima dell'essere umano danzante in movimento, che ho chiamato vibrato. Mi ero procurata uno strappo muscolare, non potevo andare avanti. Volevo riprendere il lavoro ma non potevo più saltare; la mia capacità di saltare se n'era andata. Non sarebbe più tornata […], non c'era niente da fare. Non che fossi disperata, ma ho sempre fatto tutto il possibile per controllare il

---

44 Cfr. a questo proposito le osservazioni sui cori di movimento nel contesto dei Giochi olimpici in Laure Guilbert, Danser avec le Troisième Reich: les danseurs modernes sous le Nazisme, Bruxelles 2000, e le nostre considerazioni sul concetto di innervazione in Benjamin, in: Ruprecht 2015 (vedi nota 34), pp. 30-31.
45 Cfr. Claire Bishop, Artificial Hells: Participatory Art and the Politics of Spectatorship, London 2012.
46 Cfr. Hal Foster, 1916a, in: Hal Foster, Rosalind Krauss, Yves-Alain Bois, Benjamin H. D. Buchloh, David Joselit, Art Since 1900, New York 2012, pp. 135-144.

47 Ibid., p. 137. Si veda anche Ball 2006 (vedi nota 1), p. 56: «Quel che celebriamo è una buffonata e insieme una messa funebre.»
48 Gerhard Schumann, Gespräche und Fragen: Mary Wigman, Arbeitshefte 36/1982, pp. 36-50, qui p. 48.

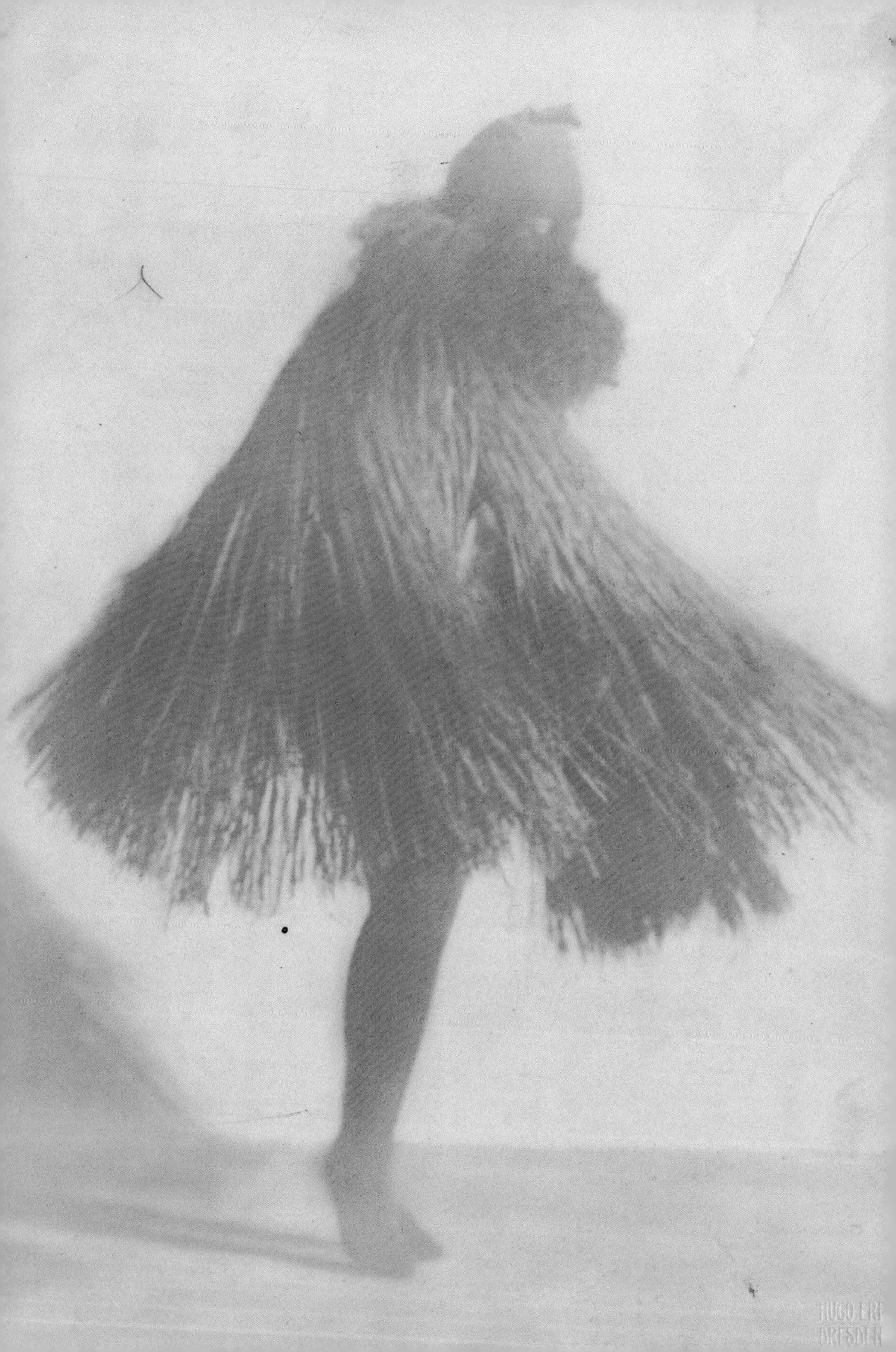
HUGO ERF
DRESDEN

mio corpo. Un giorno ho scoperto di sentire costantemente un blando su e giù di vibrazioni. Tutto il mio corpo, dai piedi fino alla testa, si trovava in questo stato. Pensavo: Che bello! Fantastico! Cos'è? Un'invenzione? È stato proprio ciò che è venuto al posto della capacità di saltare, ormai esauritasi, e che ho sviluppato. Al salto è così subentrato il vibrato, che vanta una straordinaria ricchezza perché consente le differenziazioni. Le più sottili finezze! È stato un notevole lavoro di differenziazione.»[49]
In maniera molto più analitica dei dadaisti, Mary Wigman descrive qui un'esperienza di propriocezione cinestetica, ossia la percezione del movimento.[50] L'oggetto della scena iniziale del vibrato è il rendere percettibile l'impercettibile, la chiaroveggenza della propriocezione, che poi, ampliata anche verso l'esterno, viene trasposta in una forma di movimento percepibile visivamente. Tracce di questa forma di movimento, o perlomeno sue varianti, si trovavano probabilmente anche nella seconda parte della «Hexentanz II» (Danza della strega) (1926) di Mary Wigman. La sua descrizione più dettagliata è contenuta in «Das Mary Wigman-Werk» di Rudolf Bach. Bach scrive tra l'altro che le «braccia si tendevano al massimo in un rapido e costante sbattere delle dita» (probabilmente una vibrazione delle dita e delle mani); inoltre parla del «tremolio mantenuto», dello «sballottamento selvaggio», di «braccia che si scagliano lontane».[51] La scelta delle parole suggerisce una fisicità primitivistica che tende ad annullarsi, che doveva trasparire con tutta evidenza anche dai costumi e dai movimenti di danze quali «Götzendienst», andata in scena per la prima volta nel 1917 alla scuola Laban di Zurigo (fig. 41).

A tale proposito, Fritz Böhme riferisce quanto segue su un'esibizione di Götzendienst nell'ottobre 1919: «Alla destra e alla sinistra del podio erano inginocchiate due figure, che producevano incessantemente rumori ritmici monotoni su degli strumenti (credo fossero tamburi). La danza si svolgeva nello spazio tra i due musicisti. Per l'epoca si trattava di una danza piuttosto intensa, impulsiva, dai movimenti sempre più vorticosi poi bruscamente interrotti. […] Qui una persona si era abbandonata al ritmo che affiorava dal proprio corpo alimentato dal rumore sonoro.»[52]

È molto probabile che questi esempi delle forme più estreme dell'estetica wigmaniana siano riconducibili a influenze dada, poi da lei rielaborate e diversificate.[53]

Traduzione: Martin Kuder

---

49 Ibid. Nel prosieguo del suo resoconto, anche Mary Wigman in relazione al suo vibrare evoca il primitivismo che assume un ruolo anche per i dadaisti.
50 Per la storia e la teoria della cinestesia e della propriocezione, si veda Susan Leigh Foster, Choreographing Empathy: Kinesthesia in Performance, London 2011.
51 Rudolf Bach (a cura di), Das Mary Wigman-Werk, Dresden 1933, pp. 30-31.
52 Fritz Böhme, «Tanzkunst», Dessau 1926, p. 145-146.
53 Per la prima e «selvaggia» estetica wigmaniana si veda ad esempio la descrizione di Berthe Trümpy della serie Ekstatische Tänze (1917) e in particolare di Götzendienst, citata in: Müller (vedi nota 21), p. 62; cfr. inoltre Eike Wittrock, Formlose Dokumentation. Revision von Hugo Erfurths Fotografie des Götzendiensts von Mary Wigman, in: Tanzfotografie. Historiografische Reflexionen der Moderne, Bielefeld 2015, pp. 82-95.

Fig. 41: Mary Wigman, «Götzendienst», probabilmente 1918/19.

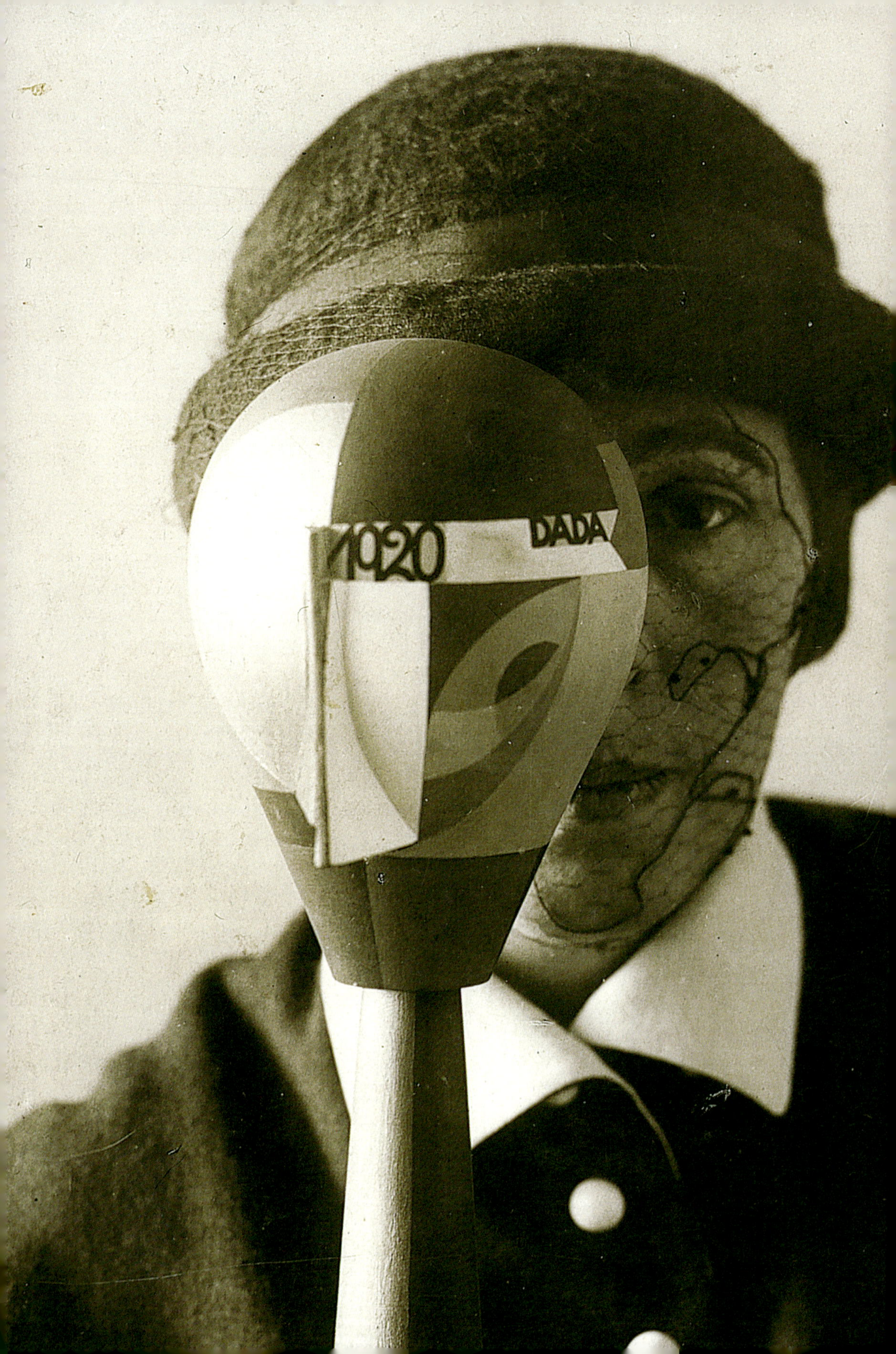
1920
DADA

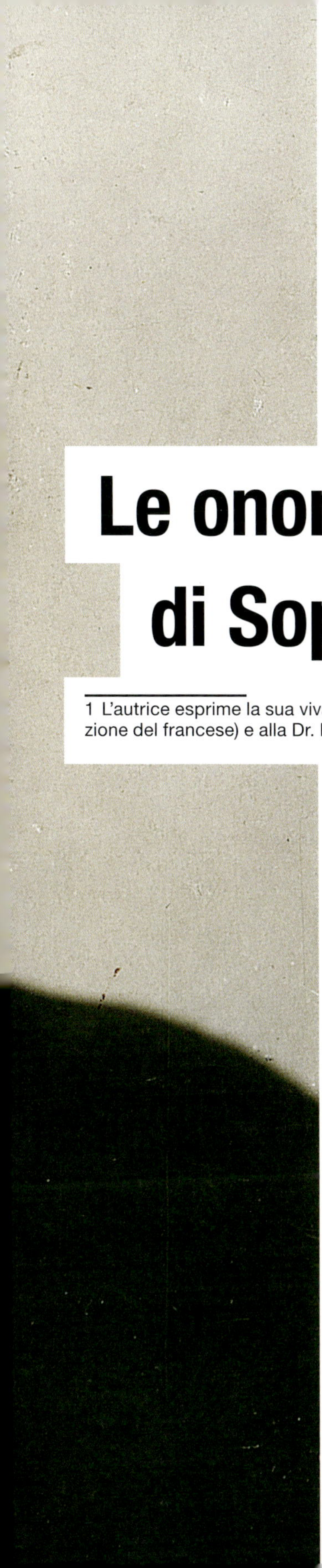

Sarah Burkhalter

# Le onomatopee delle linee di Sophie Taeuber-Arp[1]

[1] L'autrice esprime la sua viva riconoscenza al Dr. Barthélémy Grass, a Gudrun De Chirico (per la traduzione del francese) e alla Dr. Laurence Schmidlin.

L'onomatopea sta al linguaggio come la linea sta alla figurazione. Essendo simulazione di un'articolazione in corso – fonetica nel primo caso, visuale nel secondo – la concrezione onomatopeica comporta una dimensione esperienziale e gestuale.

Fig. 42: Sophie Taeuber con «Dada-Kopf», Zurigo 1920.

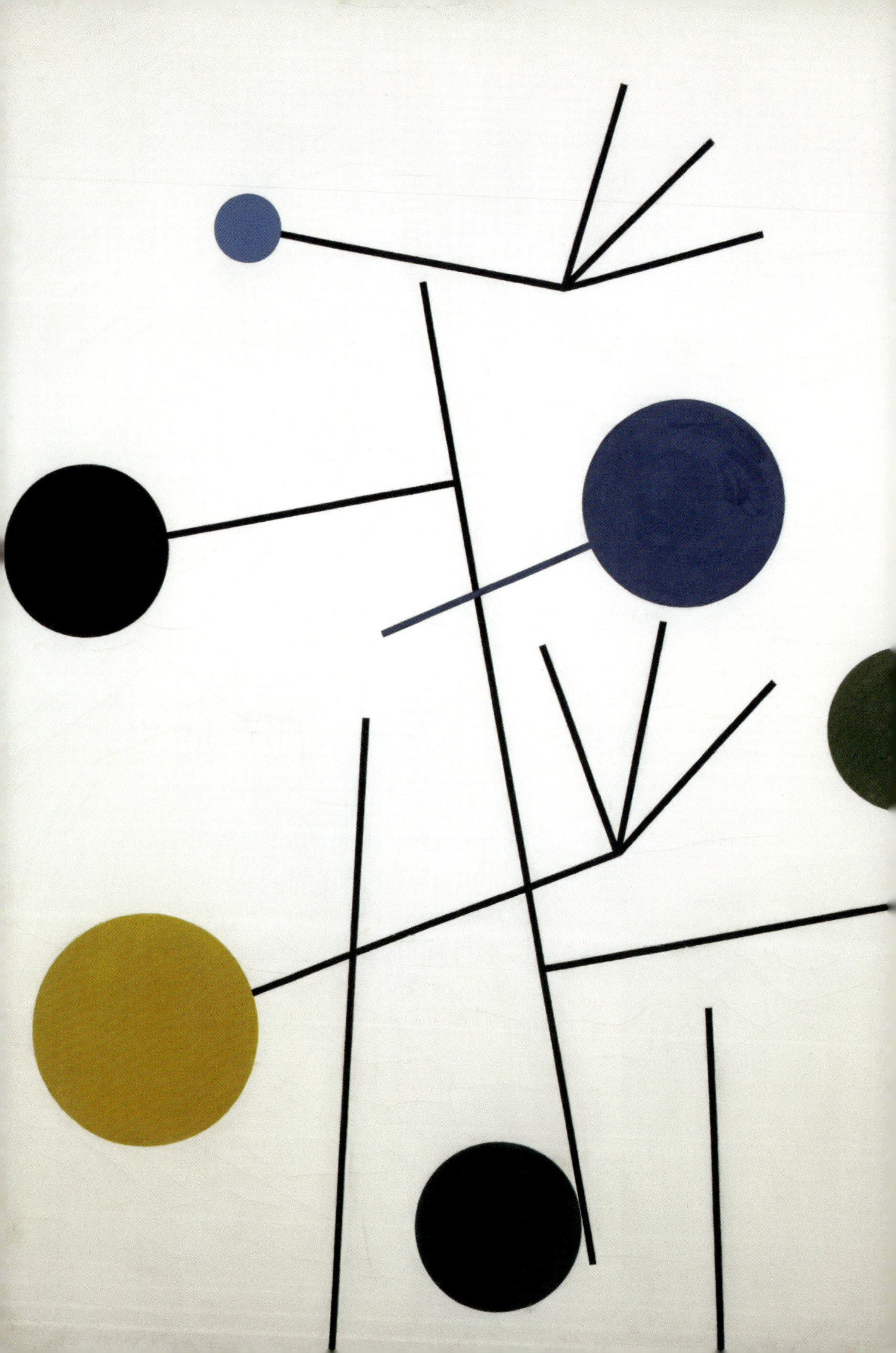

Se nel linguaggio parlato infatti incarna la creazione di parole per imitazione di suoni propri dell'essere o della cosa che vuole nominare, per estensione nel campo pittorico attesta la creazione di figure che riproducono le dinamiche inerenti all'idea o alla scena che intende rappresentare.

Procedere per onomatopee rivela una curiosità per lo stato primitivo del linguaggio dove il processo di iterazione esplora le sonorità primordiali dell'oggetto in questione – è il caso della poesia concreta – arrivando a estrarle dalla loro qualità strettamente orale per integrarle pienamente al risultato semantico – è il caso del «cui-cui», del «glu-glu» e del «tic-tac». L'attenzione viene portata così sulla natura incoativa del medium, qui linguistico; e per di più ne riconosce la componente caotica. Da questo interesse per il non-verbale deriva allora una predilezione per la creazione del codice, la precarietà formale e la transitorietà poetica.

A prima vista, può sembrare paradossale avvicinarsi all'opera di Sophie Taeuber-Arp (1889-1943) attraverso l'onomatopea. Di fatto, la sua produzione plastica testimonia un senso sottile dell'equilibrio, una tensione risolta, una mobilità liberata, visibili nella padronanza con cui lei struttura linee, piani, angoli e cerchi, per esempio, nell'olio su tela intitolato «Surgissant, tombant, adhérant, volant» (Sorgendo, cadendo, aderendo, volando) (fig. 43). I suoi vicini e contemporanei, in primo luogo Jean Arp (1886-1966), descrivono una personalità industriosa e toccata dalla grazia: «Nella folla colorata delle persone che ho incontrato nel corso della mia esistenza», scrive Arp nel saggio biografico che accompagna il catalogo ragionato di Taeuber-Arp apparso nel 1948, «Sophie Taeuber è la figura più graziosa e più serena. Lei viveva come un personaggio dei libri delle ore, studiosa nel suo lavoro e studiosa nel suo sogno. […] Lei è stata serena, luminosa, veritiera, precisa, chiara, incorruttibile.»[2] Questa disposizione all'equilibrio delle forze si traduce, sempre secondo le parole di Arp, in una capacità di «dare una forma diretta e sensibile alla sua realtà interiore».[3] Quello che lei visualizzava si concretizzava quindi armoniosamente, se crediamo al ricordo di suo marito, in uno slancio di creatività che fioriva e svaniva senza tregua «senza scontri e senza contrasto rumoroso».[4]

Ora il paradigma onomatopeico con cui noi proponiamo di leggere il lavoro di Taeuber-Arp acquista la sua pienezza di senso proprio a partire dall'istante in cui lo prendiamo nella sua accezione progettuale, quando il passaggio dalla visualizzazione immaginata alla forma d'arte concreta si realizza attraverso particelle formali adatte a sintetizzare la visione interna dell'artista o a evocare la realtà esterna che lei vuole richiamare. Inoltre, adottare il prisma linguistico offre la possibilità di uno studio incrociato sulle tre attività di Taeuber-Arp e le loro reciprocità: la danza, il disegno, la stampa. L'accento che noi mettiamo sull'oralità permette di

---

2 Jean Arp, Sophie Taeuber-Arp, in: Georg Schmidt (a cura di), Sophie Taeuber-Arp, Basel 1948, pp. 28-32. A meno di indicazioni divergenti, le citazioni che seguono provengono dalla stessa opera.
3 Ibid. p. 23.
4 Ibid. p. 24.

Fig. 43: Sophie Taeuber: «Surgissant, tombant, adhérant, volant», 1934.

caratterizzare precisamente l'ascolto di cui dà prova Taeuber-Arp su un arco di più di 20 anni – cinestetico nelle sue performance dadaiste, grafico nel tracciato delle sue linee, editoriale nei suoi disegni che accompagnano i testi di Arp.

## Concrezioni d'energia

Al crocevia delle cerchie dada e Laban si distingue nel giugno 1916 la poesia concreta presentata da Hugo Ball (1886-1927) al Cabaret Voltaire. Immortalato in una fotografia divenuta iconica,[5] Ball si eleva come un obelisco all'interno di un costume cilindrico di cartone, cinto alle spalle da un mantello rigido e ornato da una mitra striata (cfr. fig. 10). Nel suo diario riferisce del parterre di personalità presenti – «… Jelmoli, Laban, la signora Wiegman»[6] – e della difficoltà a muoversi man mano che la poesia andava avanti. Non solo deve essere portato sul palco, ma la scansione sempre più sostenuta di «Labadas Gesang an die Wolken» (Il Canto di Labada alle nuvole) – la prima delle tre recitazioni della serata e verosimilmente un'ibridazione della parola «Laban»[7] – rischia di fargli perdere l'equilibrio:

[5] La grande maggioranza degli studi in materia considera che la fotografia fu scattata dal vivo, al Cabaret Voltaire. Tenendo conto dell'attrezzatura voluminosa necessaria all'epoca per scattare fotografie così come dei lunghi tempi di esposizione, sembra più opportuno supporre che il cliché fu realizzato in studio, in una ricostruzione dell'evento. Ringrazio il Prof. Thomas Hunkeler (Università di Friburgo) per la sua osservazione oculata.
[6] Hugo Ball, La fuga dal tempo (tradotto e annotato da Piergiulio Taino), Pasian di Prato 2006, p. 67 (23.6.1916).
[7] Peter Mowris, Nerve Languages. The Critical Response to the Physiological Psychology of Wilhelm Wundt by Dada and Surrealism, PhD dissertazione, University of Texas at Austin 2010, p. 244.

«gadji beri bimba
glandridi lauli lonni cadori
gadjama bim beri glassala
glandridi glassala tuffm i zimbrabim
blassa galassasa tuffm i zimrabim…

Poi gli accenti si son fatti più pesanti; l'espressione era più intensa, quando sottolineavo le consonanti. Ben presto mi son reso conto che i miei mezzi espressivi, se volevo restare serio (e lo volevo a ogni costo) non erano all'altezza della solenne messa in scena […] Ho avuto paura del ridicolo e mi son dato un contegno.»[8]

I «versi senza parole» o «poesie fonetiche» («Verse ohne Worte» oder «Lautgedichte») che aveva appena inventato,[9] per riprendere le sue parole, sollecitavano l'insieme della sua energia fisica. Le sequenze onomatopeiche risuonavano quindi nelle membra imprimendovi, anche se infagottate nelle protesi tubolari, una danza che oscillava tra la forma astratta e corpo riconoscibile. All'espressione crudamente fonetica rispondeva un gesticolare di accenti isolati. La logica dell'ibrido e del «taglia-incolla» che caratterizza le messinscene del piccolo gruppo riemerge qualche mese più tardi nel riutilizzo di accessori come le chele di aragosta indossate da Ball e sicuramente create da Marcel Janco (1895-1984). Supponendo che l'individuo mascherato sia Taeuber e che sia la Galerie Dada, aperta a Zurigo il 29 marzo 1917, il luogo dove la danzatrice si contorce, allora il cliché diventato

[8] Ball 2006 (vedi nota 6), p. 67 (23.6.1916).
[9] Ibid., S. 98.

lui stesso iconico – di dada, ma anche, più in generale, della danza espressiva nascente – attesta la frammentazione del movimento in posture precarie (cfr. fig. 40). Giocando con i cilindri e le appendici che nascondono e ostacolano la sua anatomia in un corpo totem,[10] Taeuber sembra opporsi all'abituale figura danzante. Questa destrutturazione della sintassi coreografica classica si nota in particolare nella priorità data agli effetti plastici, che si rifanno alla marionetta, e, pertanto, nel dinamismo della forma che prevale sull'energia dello spiegamento gestuale. Ball, come testimone diretto, vive nella accentuazione del movimento per se stesso e nell'assenza di narrazione dei segni dell'astrazione coreografica: «Danze astratte: un colpo di gong basta perché il corpo della ballerina si rianimi e descriva fantastiche composizioni. Il ballo è diventato fine a se stesso. Il sistema nervoso esaurisce tutte le vibrazioni del suono, forse anche ogni emozione nascosta del suonatore di gong, e le trasforma in immagini. Qui in particolare è bastata una sequenza di risonanze poetiche per spronare ognuna delle singole particelle di parole a prender vita sul corpo della ballerina, sezionato cento volte, in una maniera leggibile e singolarissima. Il ‹Canto dei pesci volanti e degli ippocampi› è diventato un ballo tutto punte e spigoli, pieno di luce scintillante e di tagliente intensità.»[11]

La collaborazione tra Ball e Taeuber era caratterizzata da risonanza e capillarità: da un corpo emittente a un'anatomia ricettiva si tesseva un'onda effettiva, osservabile nelle figure cinetiche personificate dalla danzatrice. Il suo ascolto cinestetico sembra essersi manifestato in una gamma di movimenti tanto precisi quanto intensi, in residui nervosi declinanti le seguenti onomatopee:

«tressli bessli nebogen leila
flusch kata
ballubasch
zack hitti zopp
zack hitti zopp
hitti betzli betzli
prusch kata
ballubasch
fasch kitti bimm
zitti kitillabi billabi billabi
zikko di zakkobam
fisch kitti bisch
bumbalo bumbalo bumbalo bambo
zitti kitillabi
zack hitti zopp
tressli bessli nebogen grügrü
blaulala violabimini bisch
violabimini bimini bimini
fusch kata
ballubasch
zick hiti zopp»[12]

Ball ritorna sull'episodio nel suo saggio «Über Okkultismus, Hieratik und andere seltsam schöne Dinge», apparso sul

---

10 Cfr. Sarah Burkhalter, Kachina und Kinästhesie. Der Tanz in der Kunst von Sophie Taeuber-Arp, in: Thomas Schmutz (a cura di), Sophie Taeuber-Arp: Heute ist Morgen, catalogo mostra Aarau/Zürich 2014, pp. 226-232.
11 Ball 2006 (vedi nota 6), p. 91 (29.3.1917).

12 Hugo Ball, Gesang der Seepferdchen und Flugfische (Canto dei pesci volanti e degli ippocampi), Zürich 1917.

«Intelligenzblatt für die Stadt Bern» nel novembre 1917, e sottolinea la maniera con cui «le linee si infrangevano sul suo corpo. Ogni gesto si articola in centinaia di parti.»[13] Questa stratificazione gestuale, concepita qui in termini di rete di linee, scaturisce secondo Ball «dall'inventiva», ma anche dal «capriccio» e dalla «bizzarria». In altri termini, le tracce gestuali, inedite quanto i poemi erano inauditi, fanno anche pensare a bruschi sbalzi d'umore e a un carattere fuori dalla norma. L'espressione danzata si effettua così al di sotto del linguaggio riconoscibile della danza, in presa diretta con il sistema sensorio-motorio, all'interno di un registro onomatopeico di movimento.

Spettatore attento e ammirato di Taeuber-Arp, Tristan Tzara (nato Samuel Rosenstock, 1896-1963) stabilisce anch'egli un legame con il bizzarro e il capriccio. Prova che l'avanguardia labaniana e dadaista si incontrano in maniera fertile – al di là dei contrasti di stile e di obiettivi – è il resoconto che lui pubblica nel primo numero della rivista «Dada» e che si legge come uno dispaccio telegrafico: «La scuola di danza Laban: mostrò ultimamente la sua attività molteplice ed equilibrata. Mary Wiegmann elegante e soave creatrice d'astratte nozioni d'espressione senza musica – pura. Vaso per le vibrazioni del silenzio. La signora S. Perrottet fa cantare le pause con infinita e saggia sensibilità. Calma febbrile del bianco più interiore. K. Wulff, H. Langwara mostrano la comprensione per la linea larga e potente. La signorina S. Taeuber: bizzarria delirante in cui la sua mano vibra ritmicamente e rapidamente come una ragnatela fino al parossismo di una follia beffarda, capricciosa e bella. Costume di H. Arp. In un altro genere – infantile acuto e troppo armonioso, rotante – con più libertà graziosa la prima – si rivelarono Mlles C. Walther et Macciachini. I costumi che Mlle. Chrusecz fa per la scuola: forma e colore nella purezza del ritmo: severa necessità linea dritta chiarezza calda semplice.»[14]

Corrispondeva questo, in forma scritta, alla cadenza gestuale delle danzatrici? La prosa ellittica del capofila del dada letterario lascia intendere gli stili degli uni e delle altre – solennità vibratoria presso Mary Wigman (nata Marie Wiegmann, 1886-1973), volatilità aracnea per Sophie Taeuber-Arp. La serie di qualificativi giustapposti, infischiandosene della sintassi, denota un'accelerazione delle

---

13 Hugo Ball, Über Okkultismus, Hieratik und andere seltsam schöne Dinge, in: Intelligenzblatt für die Stadt Bern (novembre 1917). «[...] Del tutto diversa Sophie Taeuber. Al posto della tradizione, lei incarna la luce del sole, il prodigio. È piena di inventiva, capriccio, bizzaria. In una galleria privata di Zurigo ha ballato il Canto dei pesci volanti e degli ippocampi, una successione di suoni onomatopeici. Era un ballo tutto punte e spigoli, pieno di luce scintillante e splendore e di tagliente intensità. Le linee si infrangevano sul suo corpo. Ogni gesto si articola in centinaia di parti, è tagliente, lucente, appuntito. La prospettiva, l'illuminazione, l'atmosfera buffonesca in un sistema nervoso ipersensibile diventa qui lo spunto per amenità ricche di spirito, per chiose ironiche. Le sue creazioni coreiche sono piene di affabulazioni, grottesche ed estatiche. Il suo corpo è bambinesco e arricchisce il mondo con ogni nuova danza che lei – lascia accadere.» Citazione tratta da Georg Schmidt (a cura di), Sophie Taeuber-Arp, Basilea 1948, p. 20 (vedi nota 2).

14 Tristan Tzara, Ecole de danse Laban, in: Dada, n. 1 (luglio 1917), Zurigo, p. 16.

concatenazioni andando da una «bizzarria delirante» a una «follia [...] bella». Si può dedurre che l'esibizione di Sophie Taeuber-Arp sia andata oltre la capacità di comprensione di Tzara dal fatto che riteneva folli i movimenti, sia perché non li aveva mai visti in precedenza, sia perché non sapeva come fissarli nella sua memoria e sbrogliare la confusione della loro successione parossistica. Che il suo ricordo riporti a una nozione di bellezza sorprende, visto che questo rompe con la terminologia precedente e segna una meditazione d'ordine personale a proposito della danzatrice. Tzara risulta, negli anni a venire, un alleato prezioso della Taeuber, includendola fin dall'inizio nella cerchia dei dadaisti prevalentemente maschile e ritenendo la sua pratica d'arte applicata, plastica e performativa degna della stessa attenzione riservata ai suoi colleghi dediti alle belle arti.[15] A testimonianza della loro considerazione reciproca, Tzara invita Sophie Taeuber nel 1920 a contribuire a «Dadaglobe», l'antologia dada che stava preparando – e che infine non fu mai stampata – cosa che lei accetta con aplomb consegnando due documenti, un ritratto fotografico «Dada-Kopf» (Testa dada) realizzato nello studio zurighese di Nic Aluf (fig. 42) e una riproduzione della composizione montata sulla stessa testa in legno tornito, «Fresque de Panthéon Dada à Zurich» (Affresco di Pantheon Dada a Zurigo).[16] Il gioco, vedi il dramma dell'identità in seno al gruppo, è palpabile nel fatto che la Taeuber si consegna qui a metà, nascondendo una parte della sua fisionomia dietro un supporto che la maschera, ciò che ricorda i costumi che lei indossava sulla scena e che seminavano il dubbio della sua appartenenza al campo formale o corporale.

Emmy Hennings (1885-1948), agile pure lei all'intersezione tra gesto e parola, ci ha lasciato eloquenti descrizioni della danza di Sophie Taeuber. Benché postumi, più prossimi all'omaggio che alla critica artistica, i suoi ricordi hanno il vantaggio di offrire uno sguardo femminile sulla pratica – e, attraverso di essa, sulla morfologia – della sua collega e amica. Ne ricaviamo un quadro in cui la flessibilità del corpo e dello spirito la fanno da padrone:

«[Sophie Taeuber], nel periodo in cui che l'ho incontrata, era nel fiore della sua giovinezza, ma era già intimamente consapevole della vita e della propria vocazione di artista. Era mediamente alta, magra, il suo modo di camminare e le movenze erano molto belle e di una naturale eleganza e grazia. Non aveva niente di rigido o di irrisolto. Era una studentessa della scuola di danza di Laban. Si notava in lei una grande sicurezza nei movimenti del corpo ma ancora di più il modo in cui dominava il suo spirito scevro da ogni

---

15 Cfr. Walburga Krupp, Sophie Taeuber: «Warum bin ich auch kein Dadaist...», in: Ina Boesch (a cura di), Die Dada, Zürich 2015, pp. 109-115, spec. pp. 114-115.

16 Adrian Sudhalter, How To Make A Dada Anthology, in: Adrian Sudhalter (a cura di), Dadaglobe Reconstructed, cat. mostra., Zurigo 2016, pp. 22-68, spec. 43 e 46; nell'edizione ricostituita di Dadaglobe, p. 18 (Fresque de Panthéon Dada à Zurich) e p. 80 (Portrait de Sophie Taeuber à Tête Dada).

esagerazione. [...] Ho visto Sophie Taeuber come un uccello fluttuante, forse una giovane allodola che erge con sé il cielo quando si solleva. L'indicibile morbidezza dei suoi movimenti faceva dimenticare il fatto che i suoi piedi toccavano ancora terra, era tutto uno sprigionare di oscillazioni di vibrazioni. [...] Molti concordavano con me che Sophie Taeuber era una grande danzatrice.»[17]

L'equilibrio del gioco e della padronanza sembra essere ben incarnato nelle coreografie della Taeuber. L'eccesso, lo sconfinamento, l'esagerazione non trovavano apparentemente spazio nel suo lavoro artistico – che però non escludeva l'audacia, il palpabile nella diversità stessa dei mezzi espressivi che lei impiegava, spesso in maniera simultanea.

Infine notiamo che nei confronti dell'avanguardia, un ambito per lei non facile non solo per i motivi esposti in precedenza, ma anche per ragioni estetiche e politiche, nutriva sentimenti intrisi di una certa collera. Le richieste di Taeuber verso i suoi colleghi artisti, e il suo partner in particolare, emergono da una lettera scritta nel maggio del 1919 da Arosa:

«Sono i n f u r i a t a. Che nuova assurdità è questa, ‹artisti radicali›. Se io fossi un artista e il mio nome venisse ripetutamente ridicolizzato da urla, squittii, ululati, lubrificare e stampare, allora ficcherei dell'argilla in bocca al responsabile e gli morderei le dita cosicché non lo può più fare. Conta solo il lavoro, questo modo di manifestarsi è più che stupido. La pubblicità è giustificata se si vuole fare i soldi, ma allora va fatta in altro modo. Non interessa a nessuno, se ci si incaponisce così sulla propria vanità. [...] Dada è un'altra cosa, qui si vede quello che viene fatto e ognuno può pensare ciò che vuole. [...] Radicale, quanto stupido, lo si potrebbe tradurre con irragionevolezza [...]»[18] La Taeuber esprime qui la sua disapprovazione totale nei confronti dell'ultima operazione artistica di Janco: la fondazione degli «Artistes radicaux» con Arp e Alberto Giacometti – e la produzione di un ennesimo manifesto. È sorprendente notare la violenza della sua critica, riconoscibile nell'accentuazione della prima sillaba della parola «wütend» (infuriata), una parodia malcelata della sua esasperazione del grido come stratagemma artistico, «schreien, quitschen, heulen» (gridare, squittire, ululare). Se Sophie Taeuber interpreta la poesia concreta di Ball e contribuisce alle letture di Arp attraverso degli intermezzi danzati, è perché lei ci trova della sostanza intellettuale ed estetica, nel senso che la sperimentazione aurale e cinestetica che conduce sfocia in un dialogo di forme e d'energia – all'opposto del monologo rivendicativo e del tam-tam della pubblicità, ai suoi occhi indegni.

---

17 Emmy Hennings, Zur Erinnerung an Sophie Taeuber-Arp, in: Schmidt 1948 (vedi nota 2) (a cura di), Sophie Taeuber-Arp, op. cit., 1948, pp. 15-17.

18 Taeuber-Arp ad Arp, Arosa, 4 maggio 1919 (ZB ZH, Ms. Z II, 3067.37). Cfr. Sigrid Schade, Walburga Krupp, Medea Hoch, Zum künstlerischen Werdegang und Selbstverständnis Sophie Taeuber-Arps. Eine erste Lektüre ihrer Briefe aus den 1910er-Jahren, in: Schmutz 2014 (vedi nota 10), p. 264; Krupp 2015 (vedi nota 15), p. 114.

Fig. 44: Quaderno di schizzi di Sophie Taeuber-Arp, 1936-1938.

Fig. 45: Sophie Taeuber-Arp: disegno, 1937 (WV 1937/33).

## Linee auricolari e doppia cadenza

Nella seconda metà degli anni 1930, Taeuber-Arp si dedica a intense ricerche grafiche attorno al cerchio. Il suo quaderno di schizzi (vol. II, 1936-1940) include non soltanto i disegni preparatori dei tondi in legno che lei scolpirà tra il 1936 e 1938, ma anche le tracce a motivo auricolare che comporranno «Coquillages et parasols» (Muscheln und Schirme) (1939), la prima raccolta di poemi elaborata con Arp che affronteremo più avanti. Questi schizzi in matita si distinguono per un'investigazione del vuoto e del pieno, del capovolgimento ottico che interviene dentro un volume convesso e del suo correlativo concavo; all'interno di una padronanza evidente dei mezzi grafici, Taeuber-Arp giunge a suggerire delle silhouettes bombate nello stesso modo con cui lei taglia una voluta, una sorta di virgola che segna la respirazione della forma in seno alla composizione (fig. 44).

Altre simulazioni di un'articolazione in corso, quattro disegni su carta da lucido hanno appena fissato la polvere del tratto della mina. Nodo, torsione (fig. 45), nastro

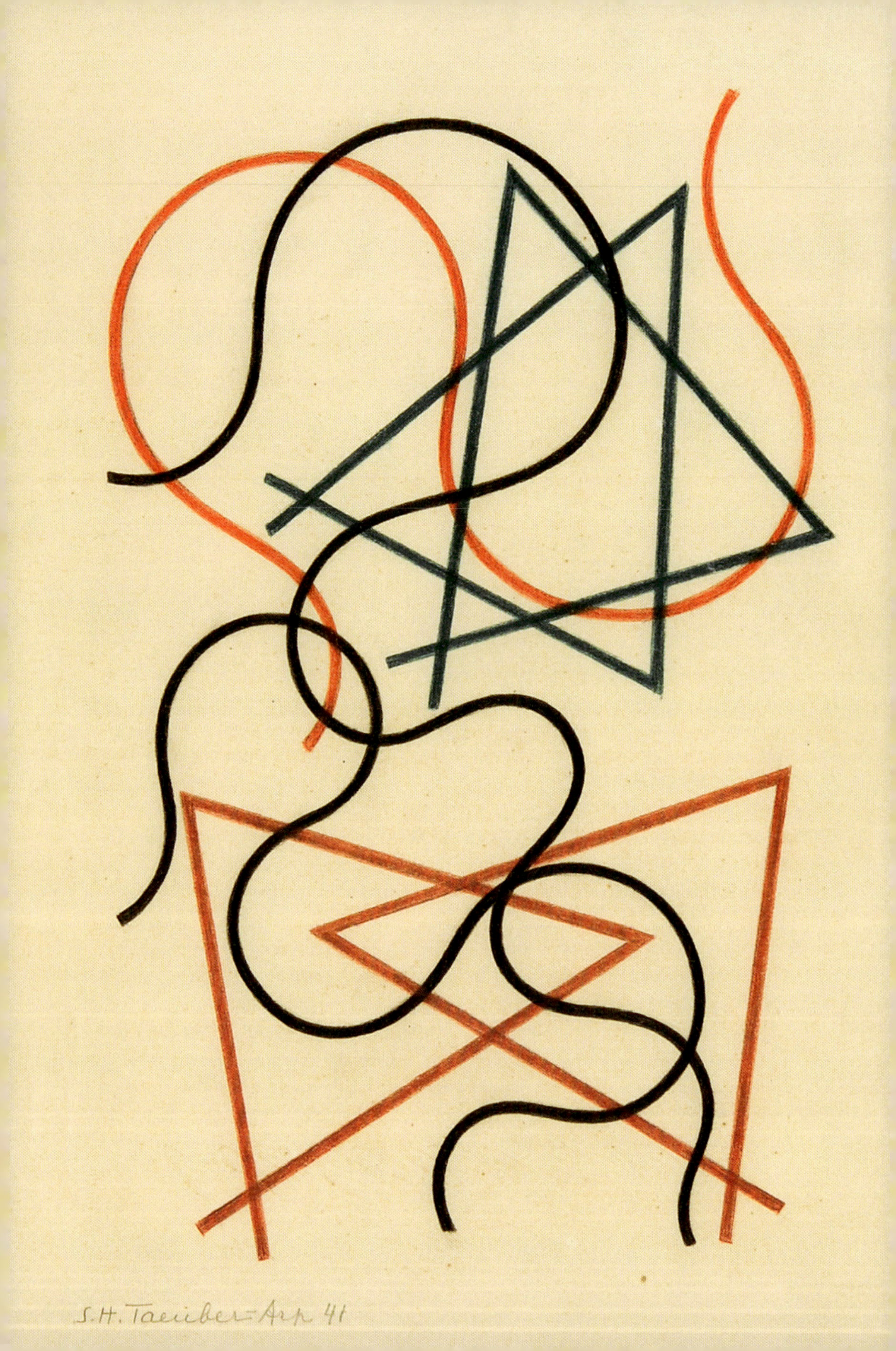
S.H. Taeuber-Arp 41

chiuso e stringhe di «8» aperti invitano lo sguardo a provare né più né meno il percorso della mano e l'emergere della figura. La componente temporale così iniettata nel campo pittorico ricorda la mobilitazione corporale che presiede a ogni disegno, che a sua volta evoca il dinamismo della forma e la sua ricezione motrice. Il carattere lineare che lo sintetizza sembra aver interessato Taeuber-Arp in «Courants de lignes et lignes ouvertes» (Correnti di linee e linee aperte) (fig. 46), poiché qui fa correre due linee serpentine sotto delle colonne ondulanti, come se fosse necessario ricordare che il tratto che si cerca nella forma – alla maniera dell'onomatopea nei confronti della parola – è la colonna dorsale di tutta la figura.

Essendo i collage a due di Arp e di Taeuber-Arp degli anni 1910 caratterizzati dall'aleatorietà, allora sembra verosimile che essi per certi versi vi si riallaccino nell'associazione libera che segna la loro collaborazione editoriale alla fine degli anni 1930. I disegni associati alle raccolte di poemi con i quali si conclude il nostro studio sono infatti più suggestivi che illustrativi; sono autonomi nella loro originaria forma di schizzi e sono legati alla poesia per il loro modo operativo analogo – ellisse, giustapposizione e automatismo sono i motori del tratto come anche della strofa.

I disegni di «Coquillages et parasols» (1939) si congiungono con il registro sonoro lungo ampie superfici vuote a priori, in segno di pareti di risonanza sdraiate sulla carta. Taeuber-Arp offre così spazio

Fig. 47: Sophie Taeuber: «Courants de lignes et lignes ouvertes», 1940.

Fig. 46: Sophie Taeuber-Arp: «Lignes géométriques et ondoyantes», 1941

all'interpretazione: le forme concoidali certo rinviano all'oggetto della raccolta, le conchiglie, ma queste sono sufficientemente stilizzate da suscitare altre corrispondenze, a immagine del guscio che mormora l'onda marina. Per Arp, i disegni sono allo stesso tempo «dei vasi, foglie, conchiglie metamorfizzate».[19] Hennings ricorre alla sua esperienza di scrittore e di poeta per lodare il lavoro di coppia: «Sì, e con questo i disegni di Sophie Taeuber sono davvero in sintonia. Le loro forme e linee diventano qui dei geroglifici, dei segni segreti per ciò che è misterioso, per ciò che è profondamente immerso nelle poesie. Parole e immagini diventano una cosa sola, suoni che appartengono gli uni agli altri.»[20] Anch'essa adepta della scrittura e della danza, sa riconoscere che la simbiosi della parola e dell'immagine si effettua nei lineamenti geroglifici, nel tempo della versificazione.

Due anni più tardi, nel 1941, appare una seconda raccolta a due mani, «poèmes sans prénoms» (poesie senza nomi). L'estetica rompe con la precedente, allontanandosi da ogni forma figurativa per abbracciare un'astrazione ancora più matura. Nell'allegato dell'edizione limitata di «poèmes sans prénoms», la linea ondulatoria s'associa al segmento geometrico. L'uno e l'altro rimangono spesso aperti, conferendo un carattere non risolto alle immagini (fig. 47). Si tratta di un'esplorazione più spinta della scrittura automatica di Arp, dove i tratti non bloccati restituiscono la giustapposizione semantica dei poemi? L'intreccio dei tipi di tratto – dritto, curvo, angolare, serrato – denota una grammatica grafica contrastata, attraversata da iati e inversioni. Nel suo «Carnet d'esquisses» (vol. VI, 1940-1942), Taeuber-Arp investiga allora la catena elicoidale rispetto alla superficie in schegge; l'unione dei contrari sembra essersi realizzata allora nei «poèmes sans prénoms» attraverso l'espediente di linee senza ormeggi, sganciate come onomatopee dentro una frase già movimentata.

Alcuni disegni effettuati durante la stessa epoca saranno ripresi in «Rire de coquille» (Risata di conchiglia) (1944), pubblicato dall'editore olandese Vordemberge-Gildewart a mo' di omaggio a Taeuber-Arp. Riprodotti in una viva policromia e a pagina intera, i sei motivi prescelti sono collocati in prossimità dell'inizio delle rispettive poesie. In un caso, un disegno apparso nei «poèmes sans prénoms» è associato a una «poesia collage»[21] di cui riportiamo qui le prime strofe (fig. 48):

---

19 Jean Arp, in: Schmidt 1948 (vedi nota 2), p. 25.
20 Hennings, in: Schmidt 1948 (vedi nota 2), p. 16.

21 Jean Arp, Sophie Taeuber-Arp, Rire de coquille, Amsterdam, 1944.

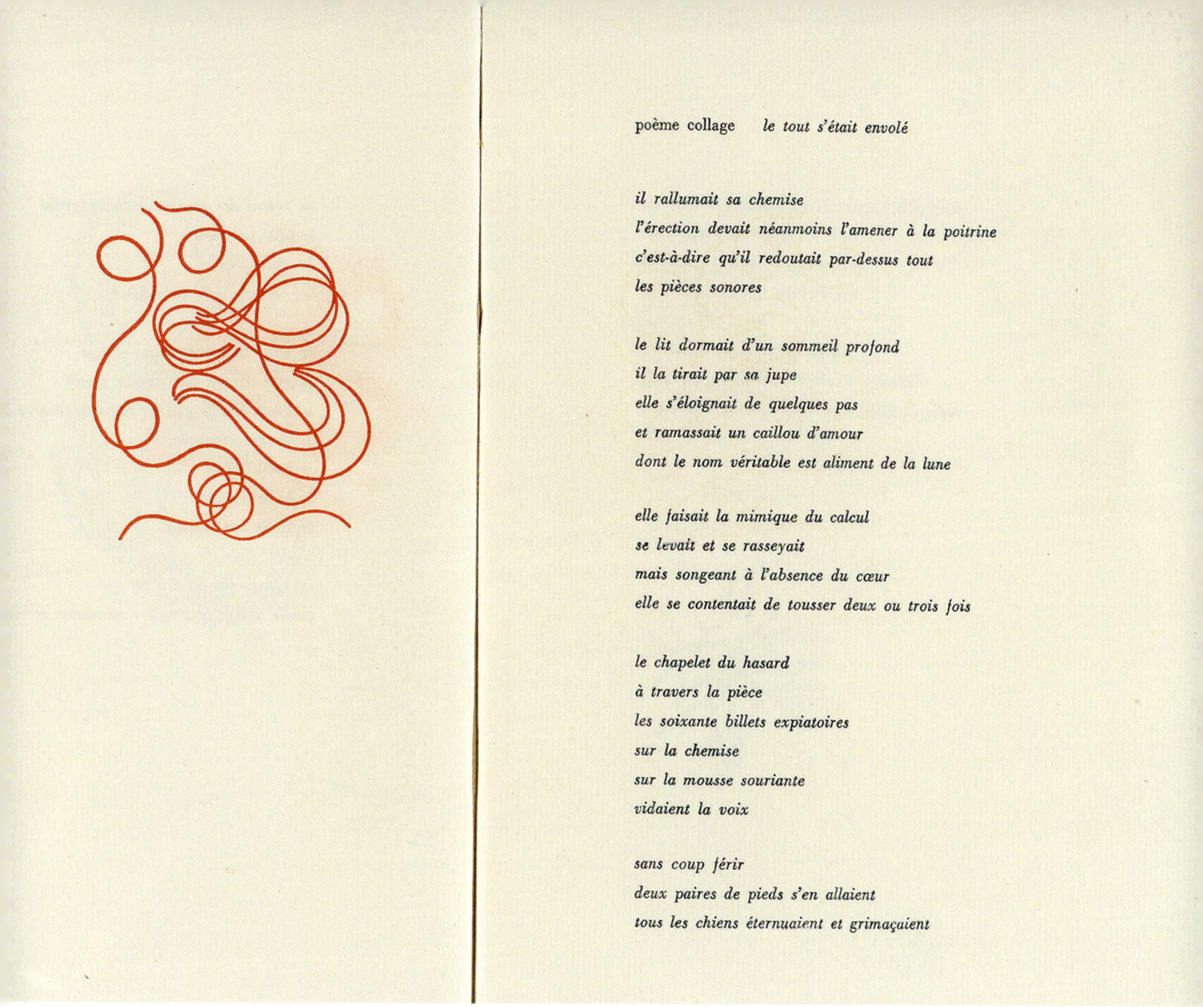

poème collage    le tout s'était envolé

il rallumait sa chemise
l'érection devait néanmoins l'amener à la poitrine
c'est-à-dire qu'il redoutait par-dessus tout
les pièces sonores

le lit dormait d'un sommeil profond
il la tirait par sa jupe
elle s'éloignait de quelques pas
et ramassait un caillou d'amour
dont le nom véritable est aliment de la lune

elle faisait la mimique du calcul
se levait et se rasseyait
mais songeant à l'absence du cœur
elle se contentait de tousser deux ou trois fois

le chapelet du hasard
à travers la pièce
les soixante billets expiatoires
sur la chemise
sur la mousse souriante
vidaient la voix

sans coup férir
deux paires de pieds s'en allaient
tous les chiens éternuaient et grimaçaient

g. 48: Estratto da Jean Arp e Sophie Taeuber-Arp, «rire de coquille», Amsterdam 1944.

*il tutto si era involato*

*lui riaccendeva la sua camicia*
*l'erezione doveva tuttavia condurlo al petto*
*vale a dire che temeva soprattutto*
*i pezzi sonori*

*il letto dormiva d'un sonno profondo*
*lui la tirava per la sua gonna*
*lei si allontanava di qualche passo*
*e dal pavimento raccoglieva un sasso d'amore*
*il cui nome vero è alimento della luna*
*[…]*

Fig. 49, 50: Collage a due di Jean Arp tratto da «Le Siège de l'air» (1946), con un disegno di Sophie Taeuber-Arp (1939).

Procedimento simile al collage a due, il disegno a due caratterizza l'ultima raccolta poetica contenente delle illustrazioni di Sophie Taeuber-Arp, «Le siège de l'air» (La sedia dell'aria) (1946). Arp vi raccoglie una selezione di sue poesie dal 1915 à 1945, e dedicando l'opera a «sophie», lui sceglie otto disegni creati a due nel 1939. Distinguere la mano dell'uno o dell'altra è una tentazione – a Sophie Taeuber-Arp le forme costruttiviste, ad Arp le forme organiche – ma l'esercizio resta tutto sommato vano, tanto le composizioni respirano il gioco delle forme che rimbalzano tra di loro o si prolungano reciprocamente. In un'ode alla resistenza del senso tattile, Arp apre la sua poesia «la chair» (la carne) con questi versi: «la chair a l'oeil sec / elle porte dans chaque ride un ventre / mot par mot / ligne par ligne» (la carne ha l'occhio secco / lei porta in ogni ruga un ventre / nome per nome / linea per linea). Se si ammette che tutto il potenziale si rannicchi nel vuoto, qui dentro il solco di una ruga, allora il processo del fare senso – nel linguaggio o nell'immagine – è un volume che si pronuncia e si disegna.

A proprio agio con i rilievi così come i piani, adatta a tenere una trama tessile e a tessere una rima visiva, attenta allo spazio danzato senza trascurarne l'architettura, Sophie Taeuber-Arp ha così cesellato la polisemia dei mezzi plastici da lei usati. Le sue linee tracciano dei serbatoi di gesti, dei vivai di forme coltivate per il loro carattere onomatopeico – vale a dire in divenire, ma già tangibili. Abbinati ai poemi di Arp, i suoi disegni distillano infine una risonanza complementare, generando una vibratilità di sguardo e di udito che concretizza tutta la possente oscillazione del senso poetico.

**Traduzione: Gudrun De Chirico**

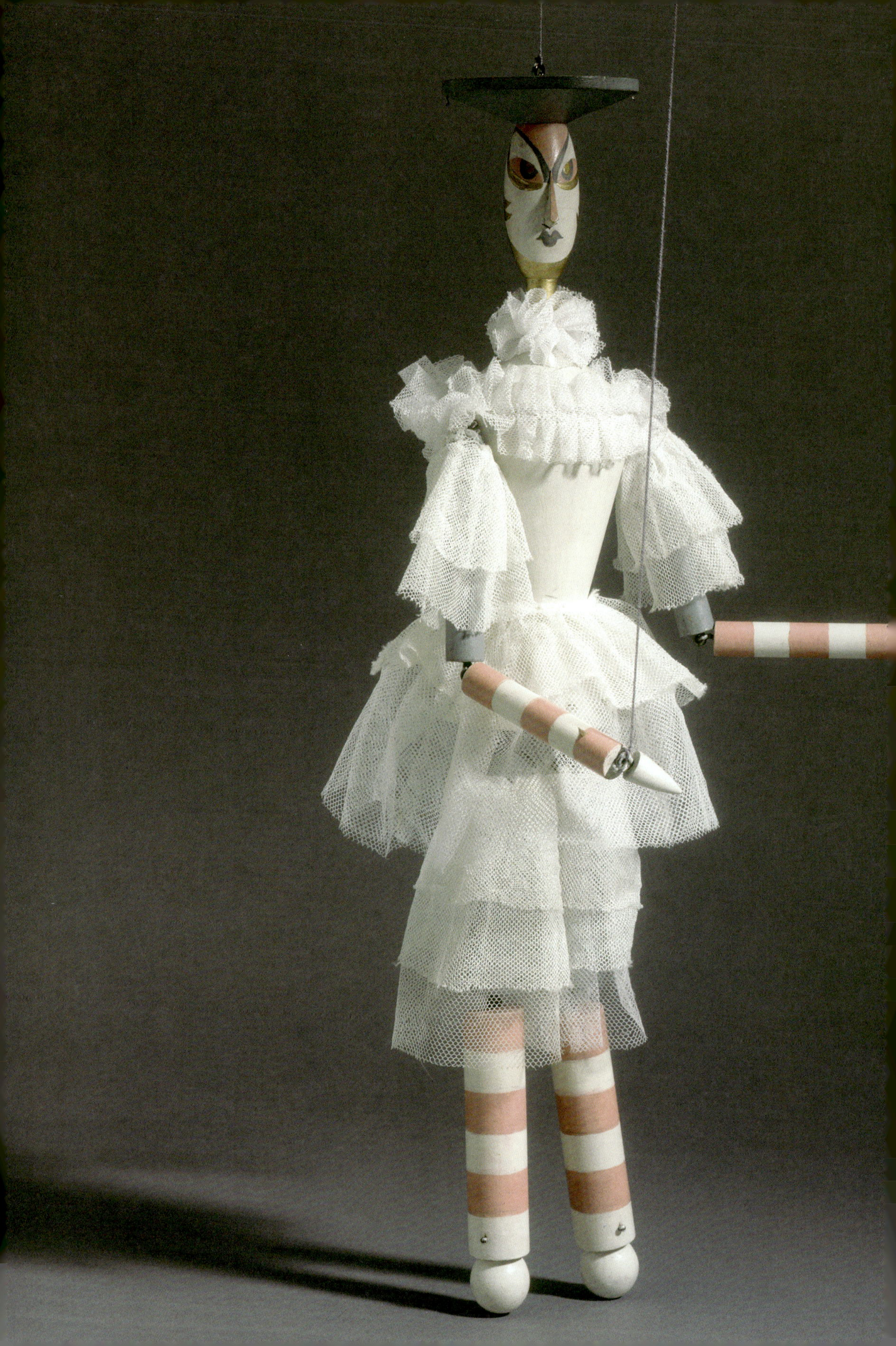

Walburga Krupp

# Sophie Taeuber-Arp: danzatrice e dadaista
## Una congettura postuma?

Sophie Taeuber-Arp è riuscita *post mortem* con un piccolo numero dei suoi lavori a diventare un'icona del dadaismo.

Fig. 51: Sophie Taeuber, marionetta Angela nella messinscena di «König Hirsch», Zurigo 1918.

La sua fama di dadaista la si deve alle marionette realizzate per il «König Hirsch»[1] (Il re cervo) e alle sue «Dada-Köpfe»[2] (teste dada), e in particolare alla fotografia per la pubblicazione di Tristan Tzara «Dadaglobe»[3], rimasta inedita, che ritraeva lei e la sua testa dada, datata e intitolata «Dada 1920». Questa vicinanza, sottolineata con particolare insistenza alla vigilia del giubileo dada del 2016,[4] appare però sorprendente alla luce della cronologia delle attività dadaiste a Zurigo. Il Cabaret Voltaire è attivo da febbraio a luglio 1916, e la Galerie Dada da metà marzo a fine maggio 1917. In seguito i dadaisti non hanno più una «propria casa» per le loro esibizioni, fondamentali per l'opera d'arte totale dada, e si concentrano su mostre e pubblicazioni. Nel 1918 ha luogo una sola soirée dada, di cui Tzara è l'unico protagonista. Il 9 aprile 1919 si tiene l'ultima soirée dei dadaisti a Zurigo: Sophie Taeuber non è presente, dato che in quel momento si trova ad Arosa per un soggiorno di cura di diversi mesi.

L'idea di una partecipazione attiva di Sophie Taeuber già alla fase iniziale del dadaismo al Cabaret Voltaire si basa su una foto, che apparentemente la ritrae come danzatrice (cfr. fig. 40). Il costume e la maschera nascondono però completamente il corpo e il viso, per cui non è chiaro chi sia la persona raffigurata; teoricamente potrebbe essere anche un danzatore. Ciononostante si presume che si tratti proprio di Sophie Taeuber in posa da danzatrice. Le tre fondazioni che ne curano il lascito artistico, vale a dire la Fondation Arp di Clamart, la Fondazione Marguerite Arp di Locarno e la Stiftung Arp e.V. di Berlino, dispongono solo di copie più recenti di questa fotografia che non consentono di chiarire la questione. In una collezione privata è stato ora possibile identificare una copia d'epoca che forse consentirà un'attribuzione certa.[5] In base alle ricerche finora eseguite, la foto in questione compare per la prima volta nel 1983 nel catalogo della mostra dedicata a

---

[1] Nel 1918 Alfred Altherr, direttore della scuola di arti applicate, incarica Sophie Taeuber di realizzare le marionette e le scenografie per un adattamento contemporaneo del König Hirsch (Il re cervo) di Carlo Gozzi.
[2] Probabilmente in correlazione con le marionette, tra il 1918 e il 1920 Sophie Taeuber crea diverse sculture in legno dipinte a colori, da lei stessa denominate Tête dada (Testa dada). Oggi se ne conoscono ancora quattro.
[3] Nel 1920 Tristan Tzara progetta un'antologia del dadaismo che avrebbe dovuto includere artiste e artisti di tutto il mondo ed esempi dei loro lavori. In una lettera a tutti i potenziali partecipanti chiede quindi delle fotografie delle rispettive opere e un ritratto fotografico, che avrebbe dovuto rispettare particolari criteri stabiliti dallo stesso Tzara. Per ragioni finanziarie e organizzative, il progetto non viene però mai realizzato. Nel 2016 Adrian Sudhalter ha raccolto e presentato le opere realizzate per l'antologia in una mostra (Dadaglobe Reconstructed) al Kunsthaus di Zurigo e al Museum of Modern Art (MoMA) di New York.
[4] Nell'opuscolo Dada on Tour 2015 in Rheinland-Pfalz, a proposito della tappa all'Arp Museum Bahnhof Rolandseck si legge: «Le glorie locali Hans Arp e Sophie Taeuber-Arp furono protagonisti del dadaismo sin dagli esordi.» Cfr. Dada on Tour 2015 in Rheinland-Pfalz, a cura di Arp Museum Bahnhof Rolandseck, Remagen, Künstlerhaus Schloss Balmoral, Bad Ems, Forum Alte Post, Pirmasens e Cabaret Voltaire, Zürich, 2015.

[5] Gli accertamenti relativi a questa copia originale sono ancora in corso. Anche la questione del fotografo non è ancora stata risolta.

Sophie Taeuber a Bottrop.[6] La relativa didascalia recita: «sophie taeuber balla per la festa inaugurale della ‹galerie dada› a zurigo, con costumi di hans arp». Tale descrizione si rifà al programma di quella festa riportato nel 1917 dai quotidiani zurighesi, che però non menzionano il nome della ballerina.[7]

Due anni dopo, la fotografia appare nel volume «Dada in Zürich» sulla collezione del Kunsthaus di Zurigo, con la seguente didascalia: «Sophie Taeuber mentre danza in un costume cubista, Zurigo 1916».[8] Negli anni successivi, le date indicate in prevalenza sono il 1916 e il 1917. Tra le 41 riproduzioni attualmente attestate, solo due sono datate 1918 e 1918-1920.[9]

La contestualizzazione temporale nel 1916 associa Sophie Taeuber agli esordi dei dadaisti al Cabaret Voltaire e suggerisce una partecipazione precoce alle loro attività. Secondo Erika Kessler, l'esibizione nel «costume cubista» alla prima soirée dada al Zunfthaus zur Waag si svolge il 14 luglio 1916;[10] a prodursi nei balli menzionati in programma sono però Hugo Ball, Emmy Hennings, Richard Huelsenbeck e Tristan Tzara. Jill Fell è stata la prima a collocare l'esibizione al Cabaret Voltaire.[11] Un'ulteriore divergenza nelle didascalie si deve a Bruno Mikol, che attribuisce la realizzazione delle maschere a Marcel Janko e non a Hans Arp.[12]

Se si torna ai documenti coevi degli anni 1916 e 1917, la prima attestazione di un'esibizione danzata di Sophie Taeuber a una manifestazione dadaista è costituita dall'annotazione nel diario di Hugo Ball dopo la festa inaugurale della Galerie Dada, poi inserita qualche mese più tardi in forma ampliata nel suo saggio «Über Okkultismus, Hieratik und andere seltsam schöne Dinge»[13] (Sull'occultismo, la

---

6 Sophie Taeuber-Arp (cat. mostra Moderne Galerie Quadrat Bottrop), 1983, p. 10. La foto per il catalogo del 1983 proveniva dal lascito di Erika Schlegel-Taeuber, sorella di Sophie Taeuber. Oggi tuttavia risulta irreperibile.
7 Sulla stampa si leggeva: «Alla festa per l'inaugurazione della galleria, in programma giovedì 29 marzo alle 8.30 di sera nei locali della Galerie Dada (Bahnhofstraße 19, entrata Tiefenhöfe 12), Frédéric Glauser, Emmy Hennings, Olly Jacques e L. H. Neitzel leggeranno liriche e testi di prosa. Tristan Tzara leggerà versi negri. Mme. S. Perrottet e Hans Heusser suoneranno proprie composizioni. La signorina Clara Walter ballerà danze espressionistiche. Hans Arp ha realizzato delle maschere per danze astratte ispirate ai versi di Hugo Ball». Neue Zürcher Zeitung, 28. III.1917, Erstes Abendblatt, citato in Brigitte Pichon, Karl Riha (a cura di), Dada Zurich. A Clown's game from Nothing, New York 1996, p. 209.
8 Hans Bolliger, Guido Magnaguagno, Raimund Meyer (a cura di), Dada in Zürich, Zürich 1985, p. 43.
9 Il catalogo della mostra Dada and Constructivism, Tokyo, Amagasaki, Kamakura e Madrid 1988-1989, p. 167, recita: «Modella-dada, Zurigo 1918-1920»; l'opuscolo Die Frau auf der 50-Franken-Note. Aspekte zu Leben und Werk von Sophie Taeuber-Arp, Aarau, Forum Schlossplatz 1995, p. 14: «In veste di ballerina in occasione dell'inaugurazione della Galerie Dada a Zurigo nel 1918 (in un costume di Hans Arp)».
10 Erika Kessler, Sophie tanzt, in: Sophie Taeuber-Arp nel centenario della nascita (cat. mostra Aargauer Kunsthaus), Aarau, Lugano, Ulm, Bochum 1989, pp. 76-84, qui p. 78.
11 Jill Fell, Sophie Taeuber: The Masked Dada Dancer, in: Nichola Anne Haxel (a cura di), Forum for Modern Language Studies. Women and the Performing Arts, vol. XXXV (1999), pp. 270-285, qui p. 275.
12 Bruno Mikol, Les marionettes de Sophie Taeuber-Arp. Contribution à l'étude de l'avant-garde artistique et théâtrale des années vingt, Maîtrise Université de Paris I, 1987 p. 86.
13 Hugo Ball, Über Okkultismus, Hieratik und andere seltsam schöne Dinge, in: Intelligenzblatt für die Stadt Bern. Tagesanzeiger für Stadt und Kanton Bern, annata 84, n. 314 del 15 novembre 1917, p. 2.

ieratica e altre strane cose belle). In data 29 marzo 1917, Ball menziona innanzitutto il programma della festa indicando Sophie Taeuber come danzatrice: «Danze astratte (eseguite da Sophie Taeuber; poesie di Ball, maschere di Arp)».[14] Dopo aver elencato gli spettatori ritenuti più importanti – in primis l'artista olandese Jacoba van Heemskerk, seguita da Mary Wigman e Rudolf von Laban – descrive la trasposizione coreica delle sue poesie da parte di Sophie Taeuber: «Danze astratte: un colpo di gong basta perché il corpo della ballerina si rianimi e descriva fantastiche composizioni. Il ballo è diventato fine a se stesso. Il sistema nervoso esaurisce tutte le vibrazioni del suono, forse anche ogni emozione nascosta del suonatore di gong, e le trasforma in immagini. Qui in particolare è bastata una sequenza di risonanze poetiche per spronare ognuna delle singole particelle di parole a prender vita sul corpo della ballerina, sezionato cento volte, in una maniera leggibile e singolarissima. Il ‹Canto dei pesci volanti e degli ippocampi› è diventato un ballo tutto punte e spigoli, pieno di luce scintillante e di tagliente intensità.»[15]

Tra le altre poesie fonetiche interpretate quella sera da Sophie Taeuber figurano molto probabilmente «Totenklage» (Lamento funebre), «Katzen und Pfauen» (Gatti e pavoni), «Wolken» (Nuvole), «Zug der Elefanten» (Carovana degli elefanti), «Gadji Beri Biba». Copie di queste poesie e del «Canto dei pesci volanti e degli ippocampi» si trovano nel lascito di Sophie Taeuber, che le aveva ricevute probabilmente da Hugo Ball per consentire l'elaborazione delle rispettive coreografie.[16] Sophie Taeuber le porta con sé al sanatorio Altein di Arosa, dove soggiorna da febbraio ad agosto 1919 per una malattia ai polmoni. Pochi giorni dopo essere giunta ad Arosa, scrive a Hans Arp: «Più avanti, qui studierò il francese, magari allora ci vedrò chiaro sulla vostra

---

14 Hugo Ball, La fuga dal tempo (tradotto e annotato da Piergiulio Taino), Pasian di Prato 2006, p. 91 (29.3.1917). Occorre tener conto del fatto che Hugo Ball si occupa della pubblicazione del suo diario nel 1927, e che a posteriori non è possibile determinare l'accuratezza del lavoro di cura editoriale da lui svolto. Le indicazioni relative al programma possono comunque essere verificate grazie agli annunci sui giornali dell'epoca.
15 Ibid., p. 91. Ammesso che Ball abbia rielaborato questa annotazione relativa al ballo di Sophie Taeuber, tali modifiche riguardano molto probabilmente la descrizione della sua esibizione, per la quale avrebbe potuto basarsi sul suo articolo apparso sul Berner Intelligenzblatt nel novembre 1917 (vedi nota 13).
16 All'inizio degli anni 1990 la Fondation Arp di Clamart custodiva ancora copie manoscritte e tiposcritte di Gadji beri bi[m]ba, Carovana degli elefanti, Nuvole, Gatti e pavoni, Lamento funebre e Canto dei pesci volanti e degli ippocampi, che nel 2005 risultavano disperse. Ringrazio il Dr. Eckhard Faul della Hugo-Ball-Gesellschaft di Pirmasens per questa informazione. Allo stato attuale non è possibile associare con certezza queste poesie ai balli di Sophie Taeuber, dato che in allegato a una lettera del 22 novembre 1926 Hugo Ball invia ad Arp materiali per una prevista pubblicazione sul dadaismo. Ball si dichiara disponibile a inviare ulteriori testi, tra cui anche poesie, per cui teoricamente Arp potrebbe essere entrato in possesso di queste poesie anche in tal modo. Per la lettera di Hugo Ball, cfr. Gerhard Schaub, Ernst Teubner (a cura di), Hugo Ball. Briefe 1904–1927, volume 2, Göttingen 2003, p. 376.

letteratura, al momento sono ancora ferma a Ball, al zacki di zopp, a Hulsenbeck e alle tue poesie.»[17]

Forse cambia volutamente il verso «Zack hitti zopp», che si ripete in tutte e cinque le strofe del «Canto dei pesci volanti e degli ippocampi», poesia fonetica che apparentemente rimane impressa nella memoria sia di Sophie Taeuber, sia di Ball. Ball annota il titolo di questa sola poesia, a cui la danza di Sophie Taeuber conferisce una nuova forma espressiva. Con la descrizione poetica delle parole danzate da parte di Ball, poesia e danza subiscono un'ulteriore trasformazione, diventando un esempio di una riuscita simbiosi tra parola, danza e parola.

Sophie Taeuber ballava in un costume che, stando al programma nell'annuncio citato in precedenza sulla «Neue Zürcher Zeitung», era stato disegnato da Hans Arp. Tristan Tzara lo conferma nella sua «Chronique Zurichoise», pubblicata nel 1920 sul «Dada Almanach», in cui fa cadere erroneamente la data della festa inaugurale al 23 marzo 1917: «Lampade rosse materasso sensazione mondana Pianoforte: Heusser, Perrottet, Recitazione: Hennings, A. Ehrenstein. Tzara, Ball, Balli: signorina Taeuber / costumi di Arp / C. Walter ecc. ecc.»[18] Il costume, composto da una maschera per il volto, tubi di cartone per le braccia con una protesi della mano allungata e un pezzo superiore probabilmente colorato, veniva indossato sopra una lunga veste nera. La testa, i capelli e il corpo erano completamente coperti, cosicché la foto non permette di identificare la persona sotto il costume e la maschera. I cilindri di cartone per coprire le braccia e la protesi della mano a forma di ventaglio erano molto simili a parti del costume indossato da Hugo Ball il 23 giugno 1916 al Cabaret Voltaire durante la recita delle sue prime poesie fonetiche (cfr. fig. 10).

A tale proposito, Hugo Ball aveva annotato nel suo diario: «Per l'occasione mi sono preparato un costume speciale».[19] È probabile che nella realizzazione del costume, Arp si sia in parte ispirato a Ball. Sopra un'ampia veste nera, la ballerina portava un pezzo superiore formato da diverse carte colorate e, forse, da feltro.[20] In quel periodo Arp si dedica sempre di più alla tecnica del collage; persino la struttura dei suoi rilievi in legno si basa su questa procedura di composizione. Nella zona del petto e dell'addome si distingue

---

17 Lettera inedita di Sophie Taeuber a Hans Arp, 17 febbraio 1919, Zentralbibliothek Zürich (ZB ZH) Ms. Z II 3067.6.
18 Tristan Tzara, Chronique Zurichoise 1915-1919, in: Richard Huelsenbeck (a cura di), Dada Almanach, Berlin, 1920; citazione dalla ristampa, Hamburg 1987, p. 16. Secondo il programma, le maschere sono di Arp; Tzara parla invece di costumi. Il travestimento che copre l'intero corpo della ballerina (costume e maschera) in questo caso consente di interpretare i due termini in modo sinonimico. Ciò corrisponde alle formulazioni di Ball, che nel contesto della sua esibizione del 23 giugno 1916 quale «vescovo magico» parla dapprima di «costume», e poi di «maschera cubista». Cfr. Ball 2006 (vedi nota 14), pp. 67-68.
19 Cfr. Ball 2006 (vedi nota 14), p. 67.
20 La foto in bianco e nero non offre indicazioni certe sui colori utilizzati; le parti riflettenti suggeriscono l'impiego di carta lucida, quelle opache e in rilievo l'utilizzo di stoffa di feltro. Nel 1914 Hans Arp aveva utilizzato carta lucida colorata anche nei collage per l'illustrazione di un tempio teosofico del suo amico René Schwaller a Parigi.

chiaramente un volto dagli occhi enormi. La zona della bocca riprende le forme affilate delle mani a forbice. Il viso era celato da una maschera sormontata da una corona, che con la sua sagoma rettangolare e il naso posticcio sembra avere poco in comune con le maschere deformi di Marcel Janco. La smorfia con gli occhi asimmetrici e diversi tra loro invece rimandano a Janko. La forma di base rettangolare somiglia alla maschera di Rudolf von Laban nel ruolo del «Mathematikus» (cfr. fig. 27). Evelyn Dörr colloca questa esibizione tra il 1915 e il 1918, per cui rimane aperta la questione di chi ha influenzato chi.[21] Come il costume, anche la maschera era stata realizzata con la tecnica del collage.

La seconda esibizione attestata di Sophie Taeuber ha luogo il 27 giugno 1917 in occasione della conferenza serale finale della scuola Laban presso la Sala zur Kaufleuten. Il relativo programma menziona come numero 6 una danza da lei eseguita e la annovera nella sezione di danza.[22] Tristan Tzara pubblica infine, nel luglio 1917, una sorta di breve recensione della scuola Laban, in cui elogia singolarmente le diverse danzatrici. In merito a Sophie Taeuber scrive: «bizarrerie délirante dans l'araigné de la main vibre rythme rapidement ascendant vers le paroxysme d'une démence goguenarde capricieuse belles»[23] (bizzarria delirante in cui la sua mano vibra ritmicamente e rapidamente come una ragnatela fino al parossismo di una follia beffarda, capricciosa e bella). L'aggiunta «Costume de H. Arp» può essere interpretata come un indizio della sua esibizione in occasione della festa inaugurale della Galerie Dada, ma non si tratta di una certezza. In senso molto lato, Hans Arp può essere visto come un collaboratore della scuola Laban, visto che ne realizzava la carta intestata. Pertanto è senz'altro possibile che abbia disegnato i costumi per le esibizioni di Sophie Taeuber con la scuola Laban. Nell'estate 1917 Sophie Taeuber si reca in Ticino, dove partecipa non solo al corso estivo della scuola Laban sul Monte Verità, ma molto probabilmente anche alle esibizioni della scuola durante il congresso dell'Ordo Templi Orientis (OTO) tra il 15 e il 24 agosto 1917. Alla sua amica Elisabeth von Rückteschell, rimasta a Zurigo, riferisce quanto segue: «Da due giorni piove come solo qui può piovere, l'acqua scende a catinelle ininterrottamente, con del linoleum e del cartone abbiamo acceso una piccola stufa di ferro. Oggi finalmente abbiamo ricevuto il petrolio e siamo riusciti ad accendere una lampada. Per il resto siamo seduti come le scimmie sulle cime degli alberi, con rane sulla testa e lucertole tra le dita dei piedi, inoltre ci dedichiamo alla pedicure portando sandali aperti e guardando ogni giorno se le dita dei piedi si allungano. Ci nutriamo di

---

21 Evelyn Dörr (a cura di), Also, die Damen voran. Rudolf Laban in Briefen an Tänzer, Choreographen und Tanzpädagogen, volume 1, 1912-1918, Norderstedt 2013, p. 352.
22 Foglietto del programma della scuola Laban sulla conferenza serale finale del 27 giugno 1917. Nel commento finale sul semestre della scuola Laban, pubblicato contemporaneamente, Sophie Taeuber è citata quale collaboratrice della «sezione di arte formale» (Formabteilung).
23 Tristan Tzara, Notes. L'École de danse Laban, in: Dada 1, Zürich 1917.

pomodori, burro e uova. Da qui un piccolo sentiero ricoperto di vegetazione porta nel giardino del Monte Verità, attraverso il quale striscio ogni mattina con il camice da danza per andare a lezione. La Wulff cerca di tenere testa alla banda di ribelli e dare lezioni di danza, ciò che in realtà è veramente troppo per lei. Laban deve curare e portare a passeggio diverse signore, per cui non ha tempo di aiutarla. La povera Wiegmann [sic] è arrivata qui malata e sta ancora a letto con il mal di gola senza riuscire a prendere sonno, la febbre sembra essere passata, piano piano si sta riprendendo, forse il riposo forzato le fa bene, certo se fosse riuscita a rilassarsi sin dall'inizio sarebbe stato meglio.»[24]

Hugo Ball, anch'egli in Ticino nello stesso periodo, coglie l'occasione di queste esibizioni per scrivere il già citato saggio «Über Okkultismus, Hieratik und andere seltsam schöne Dinge». Dopo un resoconto del congresso dell'OTO e del contributo di Rudolf Laban e della sua scuola, si sofferma sulle attività di quest'ultima e in particolare su tre ballerine: Mary Wigman, Raya Belensson e Sophie Taeuber. Di quest'ultima scrive: «Del tutto diversa Sophie Taeuber. Al posto della tradizione, lei incarna la luce del sole, il prodigio. È piena di inventiva, capriccio, bizzaria. In una galleria privata di Zurigo ha ballato il ‹Canto dei pesci volanti e degli ippocampi›, una successione di suoni onomatopeici. Era un ballo tutto punte e spigoli, pieno di luce scintillante e splendore e di tagliente intensità. Le linee si infrangevano sul suo corpo. Ogni gesto si articola in centinaia di parti, è tagliente, lucente, appuntito. La prospettiva, l'illuminazione, l'atmosfera buffonesca in un sistema nervoso ipersensibile diventa qui lo spunto per amenità ricche di spirito, per chiose ironiche. Le sue creazioni coreiche sono piene di affabulazioni, grottesche ed estatiche. Il suo corpo è bambinesco e arricchisce il mondo con ogni nuova danza che lei – lascia accadere.»[25]

Ball non descrive quindi la partecipazione di Sophie Taeuber allo spettacolo della scuola Laban sul Monte Verità, ma menziona esplicitamente la sua esibizione in una galleria privata di Zurigo (concretamente si tratta della festa inaugurale del 29 marzo 1917). La dichiarazione *a posteriori* di Hans Arp che Sophie Taeuber era stata costretta a portare maschere e a usare uno pseudonimo per non mettere a repentaglio il suo posto di lavoro alla scuola di arti applicate, dato che la direzione dell'istituto era piuttosto scettica nei confronti delle azioni dadaiste, non può essere comprovata.[26] A distanza di quasi 40 anni, si tratta di un primo passo teso a stabilire un legame più stretto tra Sophie Taeuber e il dadaismo. Tuttavia non solo

---

24 Lettera di Sophie Taeuber a Elisabeth von Ruckteschell, 1° agosto 1917, ZB ZH Ms. Z II 3071.2.1.

25 Ball 1917 (vedi nota 13).
26 Hans Arp, Unsern täglichen Traum. Erinnerungen, Dichtungen und Betrachtungen aus den Jahren 1914–1954, Zürich 1955, pp. 17-18. Il presunto divieto di esibirsi appare inverosimile anche nella misura in cui la direzione della scuola nel 1918 aveva incaricato Sophie Taeuber di occuparsi di uno spettacolo di burattini basato su Il re cervo di Carlo Gozzi, una favola del periodo della Commedia dell'Arte. Per la messinscena a Zurigo nel

Arp, ma anche Emmy Hennings e Hans Richter si ricordavano di lei come ballerina, senza però menzionare una danza in particolare o addirittura distinguere tra esibizioni nel contesto dadaista oppure labaniano.

La motivazione che spinge Sophie Taeuber a frequentare i corsi della scuola Laban a Zurigo può essere ricondotta alla formazione da lei seguita a Monaco di Baviera, dove dal 1910 al 1914 partecipa con interruzioni ai laboratori d'arte applicata e libera (scuola Debschitz). All'inizio prevale lo scetticismo nei confronti della ginnastica ritmica e della danza espressiva moderna, tanto che reagisce negativamente alla proposta di Wilhelm von Debschitz di avviare una cooperazione con Émile Jaques-Dalcroze: «Domenica mattina ho assistito a uno spettacolo di una scuola Dalcroze, l'allestimento era però sciocco. A qualcuno di noi, il signor v. D. ha regalato dei biglietti perché vuole tenere un corso del genere nella nostra scuola. Credo che musicalmente sarei abbastanza preparata per seguirlo, ma non ne ho voglia. In futuro preferisco dedicarmi all'anatomia.»[27] Durante il primo anno alla scuola Debschitz, le cose cambiano però rapidamente. È interessante notare come il carnevale e le lezioni di anatomia e di disegno di nudo suscitino in lei un interesse del tutto nuovo per la danza e i costumi, anche se tale combinazione può sembrare strana. Da subito il carnevale di Monaco e i balli in maschera la entusiasmano: «I balli erano formidabili, sempre due walzer seguiti da una française. La française di Monaco è del tutto diversa, molto più semplice dato che consiste soprattutto in giravolte. Una grande sala piena di persone in costume che ballano la française regala l'effetto dello Champagne, soprattutto nel punto in cui la musica diventa silenziosa e gli uomini ronzano come coleotteri nelle loro giravolte.»[28]

La scuola Debschitz incoraggiava la creatività dei propri studenti organizzando feste in cui questi ultimi si occupavano delle decorazioni e dei costumi. La passione di Sophie Taeuber per la danza e i costumi stravaganti nasce negli anni a Monaco. Dopo aver visitato dei parenti a Davos, scrive piena di orgoglio alla sorella: «La signora Spengler raccontava di aver sentito di una Svizzera che aveva tantissimi costumi di carnevale, e quella Svizzera ero io.»[29]

I suoi interessi, durante il primo anno di studi limitati ai classici balli di società, mutano dopo aver assistito alle esibizioni di ballerini di danza espressiva noti all'epoca: «Domenica mattina allo Schauspielhaus abbiamo visto una ballerina molto interessante. È russa, ha studiato, da quanto ho sentito, archeologia e danza soprattutto balli egiziani. I costumi e i movimenti apparentemente sono molto

quadro dell'esposizione dello Schweizerischer Werkbund del 1918, quest'opera viene attualizzata attingendo ironicamente a correnti dell'epoca quali il dadaismo e la psicanalisi.
27 Lettera inedita di Sophie Taeuber a Erika Schlegel, 1° novembre 1910, ZB ZH Ms. Z II 3068.15.
28 Lettera inedita di Sophie Taeuber a Erika Schlegel, 22 gennaio 1911, ZB ZH Ms. Z II 3068.18.
29 Lettera inedita di Sophie Taeuber a Erika Schlegel, 24 gennaio 1914, ZB ZH Ms. Z II 3068.65.

studiati, non oso giudicare, ad ogni modo i suoi movimenti erano tali da percepire la sua esatta comprensione del corpo. In realtà si trattava più di studi decorativi che di balli. È significativo che noi (le arti applicate) eravamo tutti entusiasti, e le studentesse molto deluse e addirittura scioccate, ciò che in realtà mi fa arrabbiare; per me era infatti ovvio che la ballerina fosse poco vestita, così da poter intuire molto chiaramente il suo corpo»[30] (fig. 52).

In seguito nell'autunno 1913 frequenta corsi di ginnastica Mensendieck per migliorare la postura e la respirazione. In questo contesto conosce il teorico della danza Hans Brandenburg, grazie al quale viene a conoscenza delle lezioni di Laban di movimento espressivo e danza moderna. Nell'autunno 1914 si trasferisce a Zurigo, dove si mette alla ricerca di corsi paragonabili. Nell'estate 1915 si iscrive infine alla scuola di Laban di arte del movimento. Grazie alla sua formazione e al suo interesse per i costumi, era predestinata a diventare una collaboratrice della sezione di arte formale della scuola, che si occupava della messinscena degli spettacoli. In occasione di rappresentazioni della scuola Laban si esibisce per la prima volta anche come ballerina. Grazie al suo incontro con Hans Arp nel novembre 1915 diventa l'anello di congiunzione tra la scuola Laban e i dadaisti, i quali erano attratti in particolare dalle ballerine della scuola e seguivano le loro esibizioni con grande interesse. Ecco il ricordo *a posteriori* di Hans Richter, sposato in seconde nozze con la ballerina Maria Vanselow: «Se l'Odeon era il nostro quartier generale terreno, la scuola di Laban era quello celestiale. Lì incontravamo le giovani ballerine di quella generazione: Mary Wigman, Maria Vanselow, Sophie Taeuber, Suzanne Perrottet, Maja Kruscek e Käthe Wulff tra le altre […] Grazie a questi contatti molto personali […] tutta la scuola di Laban venne infine coinvolta nel movimento dada. I suoi membri ballavano al Kaufleuten. Davanti alle decorazioni astratte mie e di Arp, le piantagioni di cetrioli, le ballerine volteggiavano come farfalle di Ensor indossando le maschere astratte di Janco, disciplinate e dirette in base alla coreografia scritta da Käthe Wulff e Sophie Taeuber secondo il sistema di Laban.»[31]

I ricordi di Hans Richter, come quelli di molti altri protagonisti dell'epoca, sono generici e in parte poco concreti, alcuni eventi appaiono come compressi nel tempo. Hans Richter giunge a Zurigo solo nel settembre 1916, vale a dire dopo la chiusura del Cabaret Voltaire. Sophie Taeuber non partecipa alla coreografia del ballo dell'ultima soirée dada a Zurigo del 9 aprile 1919, dato che in quel momento si trova ad Arosa. Rudolf von Laban e Mary Wigman, corteggiati dai dadaisti, rimangono sempre semplici spettatori di tutte le attività di questi ultimi. Un motivo di questa

---

30 Lettera inedita di Sophie Taeuber a Erika Schlegel, 27 novembre 1911, ZB ZH Ms. Z II 3068.32.

31 Hans Richter, Dada – Kunst und Antikunst. Der Beitrag Dadas zur Kunst des 20. Jahrhunderts, Köln 1964, pp. 71-72.

distanza sono probabilmente le azioni in apparenza aggressive e distruttive dei dadaisti e i loro attacchi indiscriminati alla borghesia. La profondità di questa frattura emerge da una lettera ai propri genitori di Katja Wulff, che aveva raggiunto Laban a Zurigo nell'ottobre 1916, in cui riassume la festa inaugurale della Galerie Dada: «Giovedì si è svolta la festa di inaugurazione della Galerie Dada. Non è stato molto piacevole; nessuna unità, nessuna festa; per metà tè letterario e per metà cabaret. Le mie parole sono sicuramente un po' taglienti, ma colgono abbastanza nel segno. Hanno partecipato tutta una serie di ‹personalità›, ma se si pensa che questi sono attualmente gli elementi più vivaci in ambito artistico si rimane leggermente storditi; c'era anche molta decadenza.»[32] La Wulff non dedica poi nemmeno una parola all'esibizione di Sophie Taeuber, di particolare importanza nel programma della serata e agli occhi dei dadaisti poiché si trattava della trasposizione coreica delle poesie fonetiche di Hugo Ball, fondatore del Cabaret Voltaire e promotore del dadaismo. Nei loro ricordi su questo periodo, Katja Wulff e Suzanne Perrottet, accanto a Mary Wigman le due più importanti seguaci di Laban, sono sorprendentemente vaghe riguardo a Sophie Taeuber. Katja Wulff si definisce la sua insegnante, che preparava le coreografie insieme a lei.[33] Suzanne Perrottet la descrive come pittrice e insegnante che «crea danze molto originali e fantasiose»,[34] mentre dell'esibizione di Hugo Ball nel costume cilindrico di cartone conservava un nitido ricordo.[35] Probabilmente dietro a questo «non ricordare» si celava una sorta di concorrenza tra ballerine. Le due foto di Hugo Ball e Sophie Taeuber in posa con i rispettivi costumi di scena sono infatti gli unici documenti tramandati di azioni dada, anche se molto verosimilmente non sono state scattate durante le esibizioni ma ricreate in un secondo momento in uno studio fotografico. La fine della Galerie Dada nel maggio 1917 per i dadaisti significa non disporre più di un proprio palcoscenico. Essi in seguito si dedicano alla pubblicazione di riviste e di raccolte di poesie.

Nel 1918 Alfred Altherr, direttore della scuola di arti applicate, affida a Sophie Taeuber l'allestimento dello spettacolo di marionette «König Hirsch» (Il re cervo), che avrebbe dovuto andare in scena nel quadro dell'esposizione dello Schweizerischer Werkbund. Quest'opera di Carlo Gozzi del XVIII secolo era stata attualizzata e arricchita da René Morax e Werner Wolff con spunti tratti dal dadaismo e dalla psicanalisi, temi all'epoca scottanti a Zurigo. Sophie Taeuber costituiva una scelta ideale dato che poteva

---

32 Käthe Wulff ai suoi genitori, 1° aprile 1917, Deutsches Tanzarchiv Köln, Collezione Käthe Wulff.

33 Intervista di Raimund Meyer a Katja Wulff del 20 gennaio 1982, in: Dada in Zürich 1985 (vedi nota 8), p. 43.
34 Guido Wolfensberger, Margarete Berg (a cura di), Suzanne Perrottet. Die Befreiung des Körpers. Erinnerungen, Wädenswil 2014, pp. 101-102.
35 Ibid., p. 102.

SENT M'AHESA
Wanda v. Debschitz-Kunowski München phot.

attingere all'esperienza di scena quale ballerina e alla sua attività presso la sezione di arte formale (Formabteilung) della scuola Laban. Le sue marionette erano qualcosa di completamente nuovo, poiché le aveva spogliate di qualsiasi rivestimento scoprendo il meccanismo dei loro movimenti. Questa visibilità ricordava la sua descrizione della ballerina Sent M'Ahesa, di cui aveva ammirato i movimenti senza veli. Le singole parti delle marionette erano collegate con semplici viti ad anello per consentire movimenti in tutte le direzioni. I «costumi» erano in realtà semplici decorazioni dipinte e alcuni pochi accessori di metallo, stoffa e piuma che simboleggiavano i personaggi dello spettacolo. Al contrario dei costumi dei dadaisti, che tendevano a nascondere gli artisti, per le marionette vigeva un'assoluta trasparenza (fig. 51).

Nelle sue scenografie si ritrovano gli stessi elementi delle sue opere artistiche di quel periodo – forme figurative e astratte che potevano essere combinate o utilizzate singolarmente. I boschi erano raffigurati come fauna rigogliosa di verde intenso, mentre i palazzi erano costituiti da pareti a struttura ortogonale, decorati in parte con fogli argentati o dorati per sottolineare l'importanza del luogo. Secondo Hans Arp, sotto il profilo della qualità artistica la scenografia del palazzo era paragonabile a un quadro astratto (fig. 53).[36]

---

[36] Hans Arp in una lettera a Hans Richter, 31 agosto 1949, in: Medea Hoch, Unstete Staffelungen. Sophie Taeuber-Arps Werk im Spannungsfeld der Gattungen, in: Jennifer John,

Fig. 52: Sent M'Ahesa, s.d.

Fig. 59. Sophie Taeuber, scenografia e figure per «König Hirsch», Zurigo 1918.

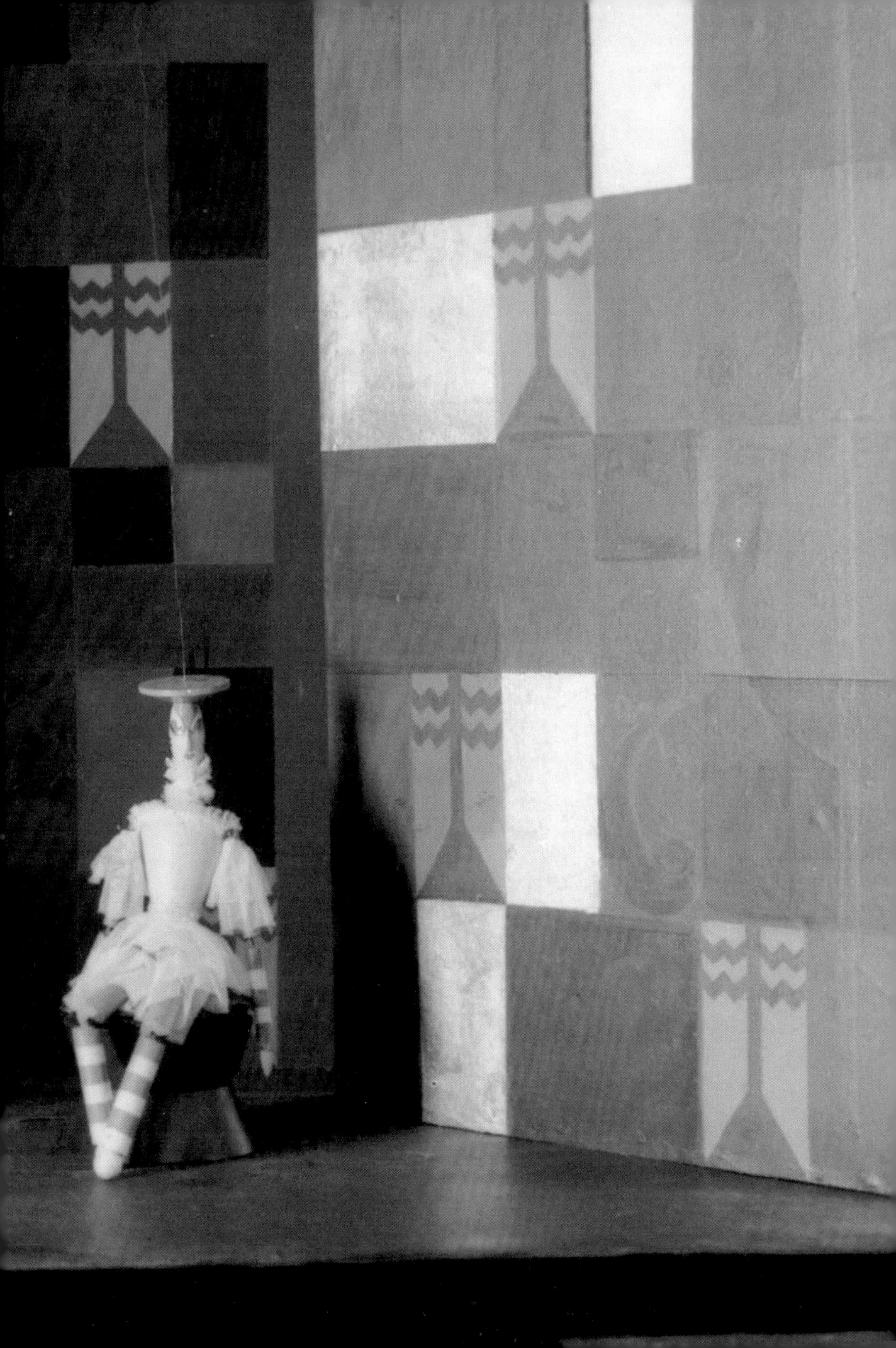

Anche se lo spettacolo va in scena solo tre volte nel settembre 1918, i dadaisti ne sono entusiasti poiché si considerano i propugnatori dell'astrazione. Essi vedono le marionette come sculture, a cui attribuiscono una valenza artistica autonoma. È con queste bambole, che Sophie Taeuber fa ballare per così dire al suo posto, che arriva la consacrazione artistica. Ormai i dadaisti non la considerano più in primis un'insegnante di scuola di arti applicate, ma una di loro. Ne è una chiara testimonianza anche l'inserimento nella lista di Tristan Tzara dei presidenti e delle presidentesse dada.[37]

Nel contesto delle marionette nascono anche le cosiddette teste dada. Oggi ne sono ancora conservate quattro, tre delle quali assumono le sembianze di volti, ciò che sottolinea la loro affinità con le marionette. Una testa del 1918 ritrae il futuro marito Hans Arp. Quando nel 1920 Tristan Tzara inizia i preparativi in vista della pubblicazione «Dadaglobe», in una lettera collettiva chiede fotografie delle opere degli artisti contattati e un loro ritratto, che non doveva essere a figura intera ma al massimo arrivare fino al busto. Sophie Taeuber si reca allora immediatamente nell'atelier di Nic Aluf sulla Bahnhofstrasse di Zurigo e si fa ritrarre con la «Dada-Kopf» (Testa dada) del 1920 (cfr. fig. 42). Nasce così una serie di foto che oggi fanno parte delle icone del dadaismo.

Riassumendo si può affermare che la «carriera» di Sophie Taeuber quale ballerina e dadaista è una costruzione *ex post*. Nella memorialistica dada, i suoi ex sodali la associano al dadaismo senza menzionare esempi concreti. Parallelamente i confini con la scuola Laban tendono a confondersi; legami personali di singoli vengono retrospettivamente interpretati come una simbiosi dei due movimenti di avanguardia. Hans Richter la definisce una ballerina, ma poi la associa alla coreografia del «Noir Cacadou» con Käthe Wulff durante l'ultima soirée dada del 9 aprile 1919 a cui in realtà non partecipa. Marcel Janco la descrive come «eccellente ballerina»[38] e poi aggiunge «[…] la sua partecipazione positiva al dadaismo non è ancora abbastanza conosciuta per poterle attribuire una collocazione precisa»[39]. Nella sua poesia «in onore delle donne del movimento dadaista», scritta dopo la morte di Emmy Hennings, Richard Huelsenbeck caratterizza Sophie Taeuber con i termini «disegno, colore e danza»,[40] rimanendo altrettanto vago come gli altri compagni dadaisti. In un testo relativo a Zurigo, Hans Arp già nel 1938 scrive che Sophie Taeuber praticava anche la danza, citando

---

Sigrid Schade (a cura di), Grenzgänge zwischen den Künsten. Interventionen in Gattungshierarchien und Geschlechterkonstruktionen, Bielefeld 2008, pp. 81-96, qui p. 89.
37 Tristan Tzara, Quelques Présidents et Présidentes, in: Bulletin Dada, Mouvement Dada, 5 febbraio 1920.
38 Marcel Janco, Schöpferischer Dada, in: Willy Verkauf, Dada. Monographie einer Bewegung, Teufen 1951, seconda edizione, pp. 26-49, qui p. 27.
39 Ibid., p. 39.
40 Richard Huelsenbeck, In memoriam Sophie Taeuber und Emmy Hennings, in: Walburga Krupp, Emmy Hennings und Sophie Taeuber-Arp. Zwei Frauen und der Dadaismus, in: Hugo-Ball-Almanach. Studien und Texte zu Dada. Neue Folge 7, 2016, a cura della città di Pirmasens in collaborazione con la Hugo-Ball-Gesellschaft, München 2016, pp. 110-111.

il contributo di Ball apparso sul «Intelligenzblatt für die Stadt Bern».[41] Nel 1950 pubblica un testo sui primi anni con sua moglie, in cui per la prima volta menziona l'utilizzo di una maschera e di uno pseudonimo durante le sue esibizioni coreiche a Zurigo.[42] Ciò ha dato adito a speculazioni inaspettate in contrasto con i programmi concreti dell'epoca. La diversità delle numerose didascalie della foto che apparentemente la ritrae come ballerina in un certo qual modo si pone in linea di continuità con questi ricordi eterogenei.

Solo con le marionette, Sophie Taeuber viene riconosciuta come artista «dadaista». Alla prima assoluta del «König Hirsch» (Il re cervo) nel settembre 1918, i dadaisti avevano però già iniziato a lasciare Zurigo. In fondo il suo successo e la sua fama si collocano in una fase post-dadaista.[43] Ciò però non ha impedito la sua inclusione postuma tra i dadaisti, nascondendo i fatti come nella migliore ipotetica tradizione dada.

Traduzione: Gudrun De Chirico

---

41 Hans Arp, Tibiis canere (Zurich 1915-1920), in: XXe siècle, annata 1 (marzo 1938), pp. 41-44, qui p. 42.

42 Hans Arp, Wegweiser, Meudon 1951, p. 10. Probabilmente l'intenzione di Hans Arp non è tanto di attestare un maggior numero di esibizioni di Sophie Taeuber, quanto quella di associarla in modo inconfutabile a un movimento che al momento della pubblicazione del suo testo era ormai riconosciuto come una corrente artistica di primo piano del XX secolo.

43 Nel suo articolo What we are doing in Europe uscito su Vanity Fair (9 settembre 1922, pp. 68 e 100), nel 1922 Tristan Tzara oltre al Ballett russe menziona esplicitamente la messinscena del Re cervo e le marionette di Sophie Taeuber.

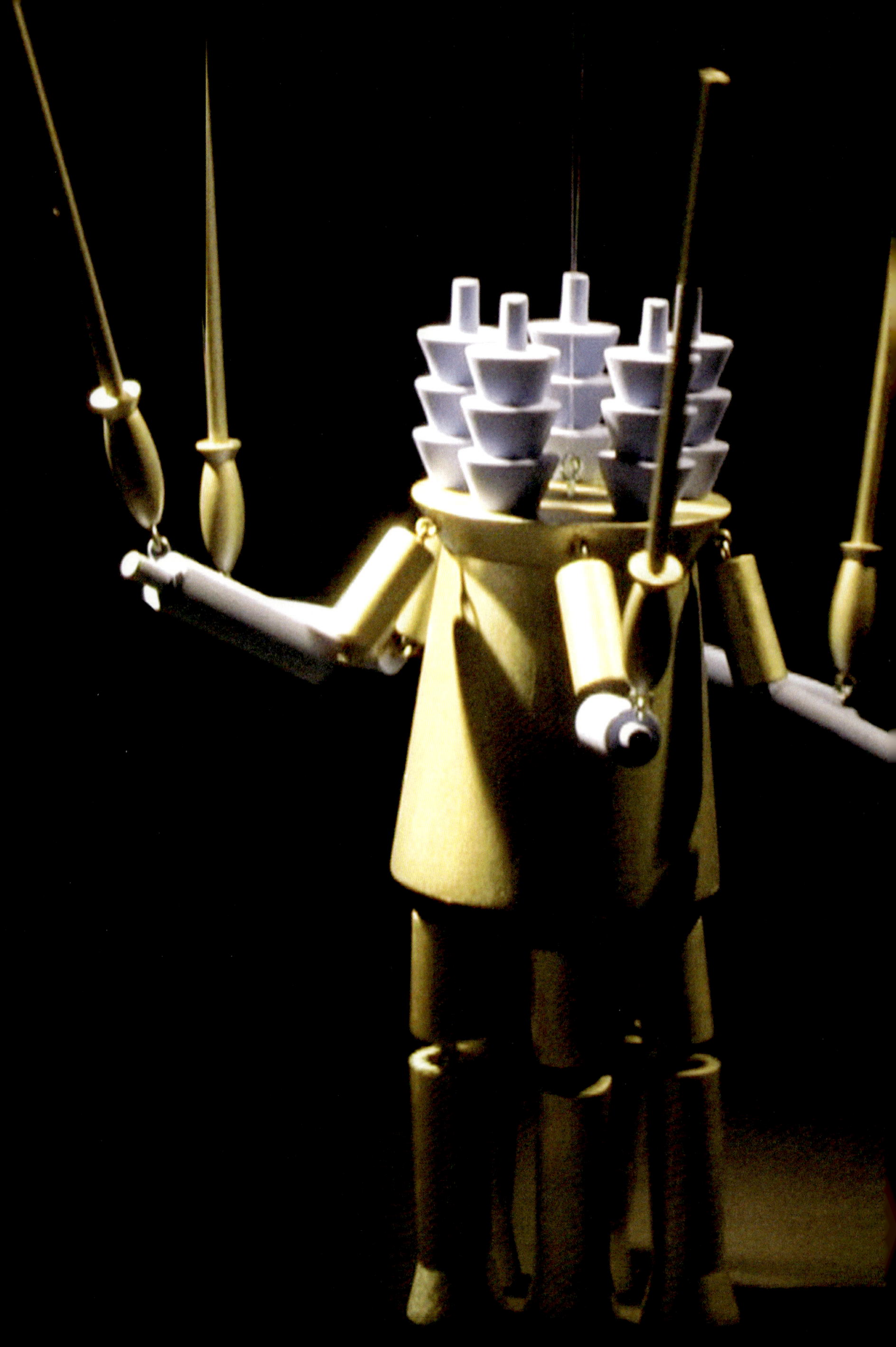

Andreas Schwab

# Sola con me stessa. Insieme ad altri. Un'oscillazione continua

## La videoinstallazione «Sophie tanzt trotzdem» e il film sperimentale «La Dada – König Hirsch» di Anka Schmid

Una donna autodeterminata, una che non si è mai lasciata incasellare, che si è dedicata a sempre nuovi progetti e che non faceva alcuna distinzione tra le cosiddette forme artistiche «alte» e «basse»: questa era Sophie Taeuber-Arp.

Fig. 54: Die Wache, film sperimentale «La Dada – König Hirsch», 2016 © Anka Schmid.

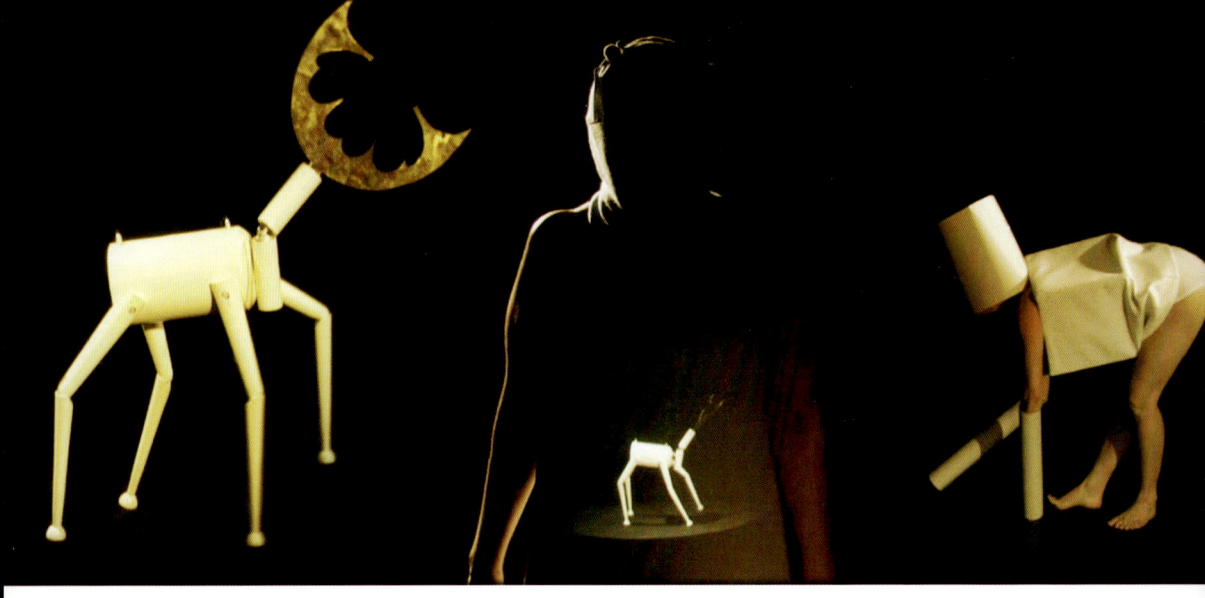

Fig. 55: Hirsch, 2016 © Anka Schmid.

E questo è stato anche il motivo per cui la videoartista svizzera Anka Schmid si è interessata a lei e ha voluto rapportarsi alla sua molteplice produzione artistica. Alla vigilia del giubileo Dada 2016 bisognava dedicare una mostra e omaggiare le opere delle artiste dadaiste che nella storiografia spesso sono state penalizzate, molte volte costrette a rimanere ingiustamente nell'ombra rispetto alle produzioni dei colleghi, in parte intenzionalmente escluse dai libri di storia dominati dagli uomini. Cinque artiste nazionali e internazionali sono state invitate dalla studiosa e curatrice Ina Boesch a realizzare un'opera in rapporto ad artiste dada di Zurigo, Berlino, Colonia, Parigi o New York.[1]

Ad Anka Schmid è stata attribuita l'artista Sophie Taeuber. Inizialmente la Schmid conosceva l'opera sfaccettata della Taeuber solo a grandi linee, ma sapeva dei suoi spettacoli di danza realizzati nel contesto della breve fase dada zurighese (1916-1919). Anka Schmid voleva lavorare a livello filmico e performativo e ha optato per un confronto artistico con le danze mascherate della Taeuber. Il suo obiettivo non era di fornire una ricostruzione storicamente fedele, ma piuttosto di realizzare un inno cinematografico contemporaneo dedicato all'artista Sophie Taeuber e alla sua opera dadaista.

Durante la sua ricerca Anka Schmid ha approfondito i libri e le fonti esistenti sulla Taeuber e dada, ha contattato specialiste e specialisti ed è rimasta sempre più affascinata dalla varietà delle opere di Sophie Taeuber, in particolare, dalla sua capacità

---

[1] Cfr. Ina Boesch (a cura di), Die Dada. Wie Frauen Dada prägten, Zürich 2015.

Fig. 56: Dr. Komplexus, 2016 © Anka Schmid.

di lavorare con i materiali e le forme artistiche più diverse. Perché l'opera della Taeuber incarna in modo del tutto esemplare il principio dello sconfinamento. Faceva lavori sartoriali, dipingeva, danzava, realizzava sculture e marionette (tra l'altro le teste dada, cfr. fig. 42); non era quindi solo un'artista visiva ma lavorava sia come insegnante alla scuola di arti applicate sia come architetto, disegnava e cuciva da sé i suoi costumi di scena ed era attiva nei primi anni al Monte Verità e come danzatrice nel contesto delle soirée dada e negli spettacoli scolastici della scuola di Laban. Dalle ricerche approfondite di Anka Schmid è emerso che esiste solo una foto delle sue esibizioni di danza, vale a dire quella in occasione dell'inaugurazione della Galerie Dada nel marzo 1917 (cfr. fig. 40). Esistono anche poche descrizioni, spesso più poetiche e metaforiche che descrittive, da parte di testimoni del tempo, tra cui Hugo Ball, il quale descrive nel suo diario una di queste «danze astratte» come «ballo tutto punte e spigoli, pieno di luce scintillante e di tagliente intensità».[2] Non esistono testi autobiografici di Sophie Taeuber che ruotano attorno alle sue attività durante le soirée dada.

Di conseguenza, la Schmid ha iniziato a immaginarsi le performance di danza della Taeuber. «Più che la conoscenza delle coreografie esatte mi sembrava più stimolante il tentativo di immaginare le circostanze in cui la Taeuber danzava per catturarne lo spirito»,[3] spiega Anka Schmid.

[2] Ball ha in seguito rielaborato in termini letterari l'impressione che ha avuto da questa danza astratta. Cfr. Hugo Ball, Über Okkultismus, Hieratik und andere seltsam schöne Dinge [1917], in: Hugo Ball, Der Künstler und die Zeitkrankheit. Ausgewählte Schriften (a cura di Hans Burkhard Schlichting), Frankfurt am Main 1984, pp. 54-57, qui p. 56.
[3] Die Dada – La Dada – She Dada. Pubblicazione d'accompagnamento alla mostra, a cura del Forum Schlossplatz, Aarau 2014, p. 10.

Fig. 57: Dr. Freud, 2016 © Anka Schmid.

Non le interessava tanto il tentativo di una ricostruzione fedele di queste danze, intese come conservazione di un patrimonio culturale immateriale, quanto invece affrontare il contesto storico e sociale del tempo in cui queste danze nascevano. Questo tipo di approccio da parte di Anka Schmid si è consolidato durante il lavoro di ricerca. Il dialogo con l'opera artistica della Taeuber era stato progettato sia a livello produttivo che a un livello di ricezione estetica, e tutto questo in un triplice senso: anche il lavoro di Anka Schmid doveva nascere da un dialogo interdisciplinare così come accadeva per la Taeuber che danzava durante le sue esibizioni di danza con i costumi di altri artisti dada (Hans Arp, maschere di Marcel Janco) e le poesie sonore di altri poeti dada quali Hugo Ball. Per raggiungere questo massimo grado di interdisciplinarietà Anka Schmid ha lavorato con la danzatrice contemporanea Nina Vallon e la cantante Saadet Türköz e, quindi, con artiste di altre discipline. In secondo luogo, stando alla Schmid, è stato intessuto un dialogo con la defunta Sophie Taeuber che vegliava sulle artiste durante il processo di lavoro come uno spirito buono attraverso le sue marionette. In questo modo era assente fisicamente nelle loro discussioni, ma comunque presente in una qualche forma materiale nel momento in cui veniva rappresentata dalle sue marionette. E come terza cosa, nella concezione della video installazione prevista con due cicli sincronizzati per tutti gli spettatori doveva scaturire un dialogo tra loro e i due schermi.

Per la sua video installazione Anka Schmid ha scelto una danza con marionette della Taeuber tratte dallo spettacolo di burattini «König Hirsch» (Il re cervo), rielaborato insieme alla danzatrice contemporanea

fig. 58: Die Wache, 2016 © Anka Schmid.

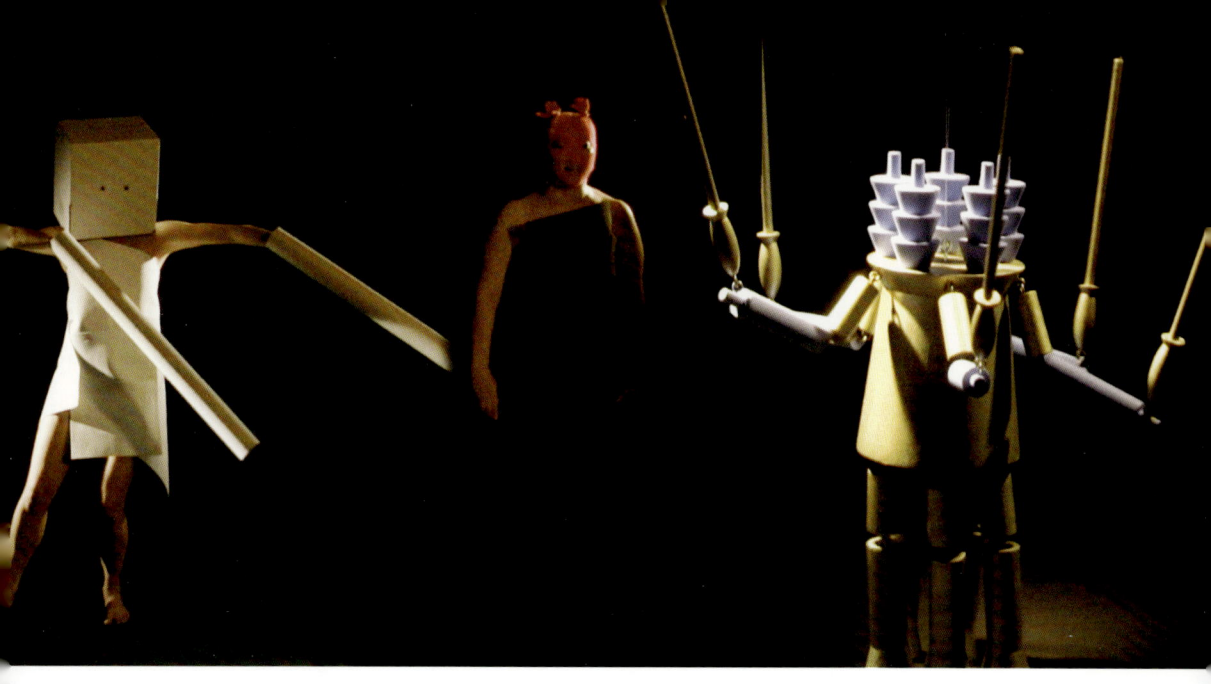

Nina Vallon e la cantante Saadet Türköz. Così ha estratto le marionette dal contesto della storia, lasciando che ognuna di loro «danzasse» nella loro propria meccanica da burattino. Consapevolmente Anka Schmid non si è cimentata con la rappresentazione storica di «König Hirsch»,[4] ma ha voluto piuttosto sondare le possibilità di movimento delle marionette «meccaniche» create dalla Taeuber. Quindi, importante non erano né la trama né la ricostruzione contemporanea di «König Hirsch», ma il potenziale di movimento genuino di queste marionette. In base al loro aspetto esteriore la Schmid ha scelto quattro figure: König Hirsch (fig. 55), Dr. Komplexus (fig. 56), Dr. Freud (fig. 57) e Die Wache (la Guardia) (fig. 54, fig 58, fig 65), un robot futuristico con cinque braccia. Dal momento che la Guardia simboleggia la guerra mondiale che allora era in corso, Anka Schmid ha colto l'occasione per inserire all'intero del suo lavoro questo aspetto distruttivo. Questo emerge nel canto della cantante attraverso toni bellicosi, forti grida di guerra e urla di lamento (per il male). In aggiunta, la danzatrice pesta i piedi per terra e si fa minacciosa con le sue braccia allungate fino a quando non barcolla come una persona mutilata.

Al Museo Rietberg di Zurigo Anka Schmid ha dapprima realizzato le riprese cinematografiche con questi quattro burattini in collaborazione con la marionettista professionista Frauke Jacobi. Anche in questo caso si è occupata personalmente delle inquadrature. Contemporaneamente è stata la regista e colei che ha messo in scena le improvvisazioni della cantante e della danzatrice. Lei stessa spiega il processo di

[4] Per un riassunto e una breve descrizione dello spettacolo storico di «König Hirsch» (Il re cervo) cfr. il contributo di Walburga Krupp in questo volume. p. 149-163.

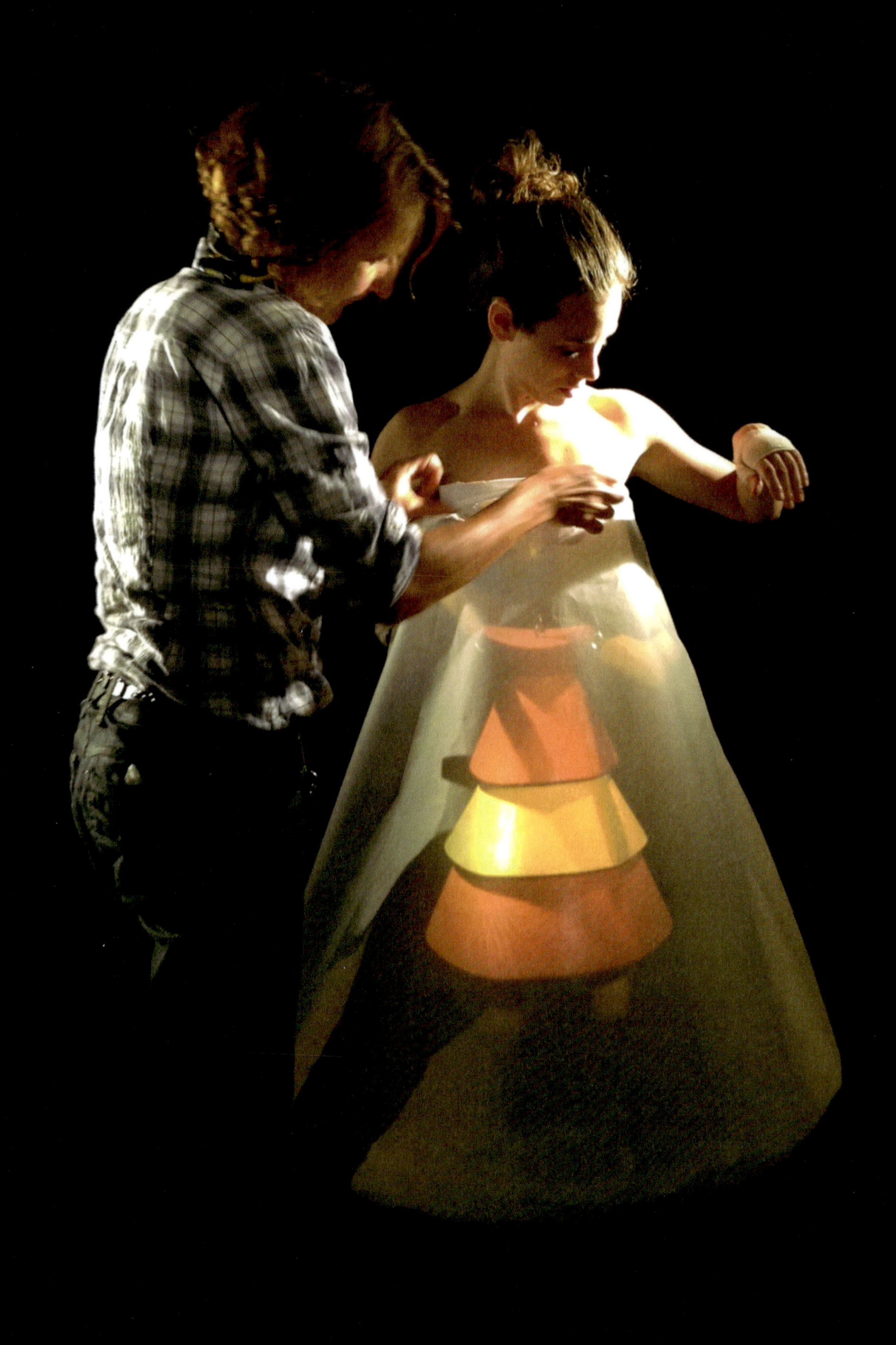

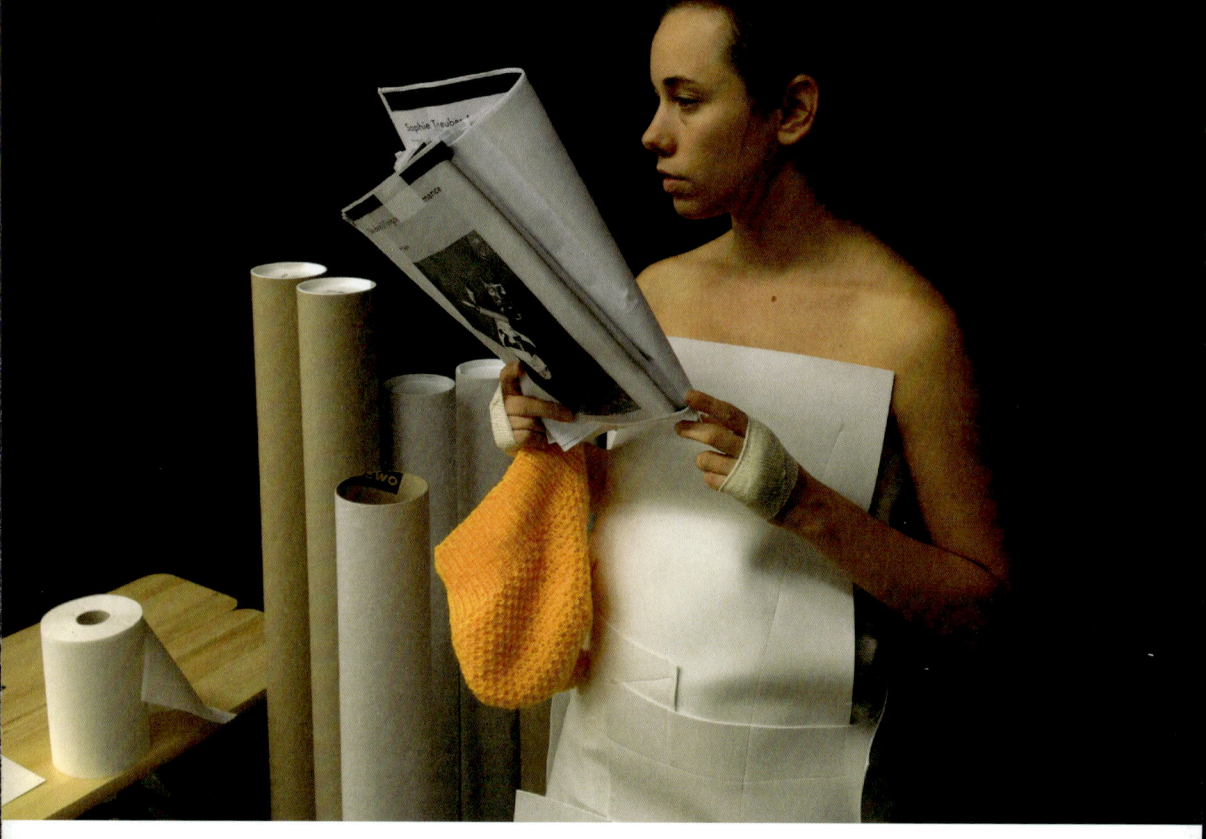

Fig. 60: Nina Vallon con il costume dadaista.

lavorazione nel seguente modo: «All'inizio ho mostrato a tutti le riprese delle marionette. In seguito la costumista di scena Dorothee Schmid ha realizzato direttamente sul corpo della danzatrice l'apposito ‹vestito› a forma di sfera, fatto di carta, stoffa e altri materiali, che doveva venire distrutto dalla danzatrice dopo la performance nel momento della ‹spogliazione› (fig. 59-60). La danzatrice ha elaborato un duetto rispetto ai movimenti della marionetta, mentre la cantante cercava i suoni corrispondenti. Per quanto riguarda Dr. Komplexus sono rumori molto profondi, suoni scricchiolanti e ringhianti, a differenza di quelli del cervo che sono bisbigli e magici mormorii.» Specialmente la lacerazione del costume descritta dalla Schmid corrisponde a una storica pratica dada. Perché le maschere indossate dalle dadaiste e dai dadaisti durante le esibizioni delle soirées – spesso realizzate con materiali provvisori – venivano in parte distrutte ancora mentre erano in scena, cosa che corrisponde al credo dadaista: quello dell'idea di fugacità.[5]

5 Per approfondire la pratica dadaista delle maschere cfr. Sylvie Kyeck, Hinter der Dada-Maske. Warum Masken bei Dada Zürich zum zentralen Element der Bühnenauftritte wurden, in: Astrid von Asten, Sylvie Kyeck, Adrian Notz (a cura di),

Fig. 59: La costumista Dorothee Schmid durante la prova costume con la danzatrice Nina Vallon.

Fig. 61: Immagini della videoinstallazione «Sophie tanzt trotzdem», 2014 © Anka Schmid.

La montatrice Marina Wernli ha poi tagliato le riprese e le ha disposte su due schermi per una presentazione simultanea, da cui è nata la complessa installazione «Sophie tanzt trotzdem» (Sophie danza comunque). Questa videoinstallazione mostra, su due schermi sincronizzati, la performance di una danzatrice e di una cantante su un immaginario palcoscenico scuro, assieme alle marionette realizzate dalla Taeuber per «König Hirsch» (fig. 61, fig. 63-65).

Formalmente contiene delle proiezioni live, con le marionette filmate in movimento, proiettate sui corpi in azione della danzatrice e della cantante e un montaggio stratificato da diverse colonne sonore e filmiche. Il mascheramento della danzatrice e il camuffamento della cantante devono ricordarci il coraggio della Taeuber. A questo proposito, la Schmid scrive: «La disponibilità a rischiare di Sophie Taeuber mi è rimasta impressa, visto che con le sue rappresentazioni avanguardistiche di danza lei rischiava di perdere il suo impiego alla scuola di arti applicate. Le era stato intimato il licenziamento qualora avesse continuato a collaborare attivamente con i dadaisti. Ma Sophie Taeuber continuò

Genese Dada. 100 Jahre Dada Zürich, Zürich 2016, pp. 189-196; Michaela Oberhofer, «Unser Glaube an eine direkte, magische, organische und schöpferische Kunst». Marcel Jancos Masken und Entwürfe, in: Ralf Burmeister, Michaela Oberhofer, Esther Tisa-Francini (a cura di): Dada Afrika. Dialog mit dem Fremden, Zürich 2016, pp. 29-35.

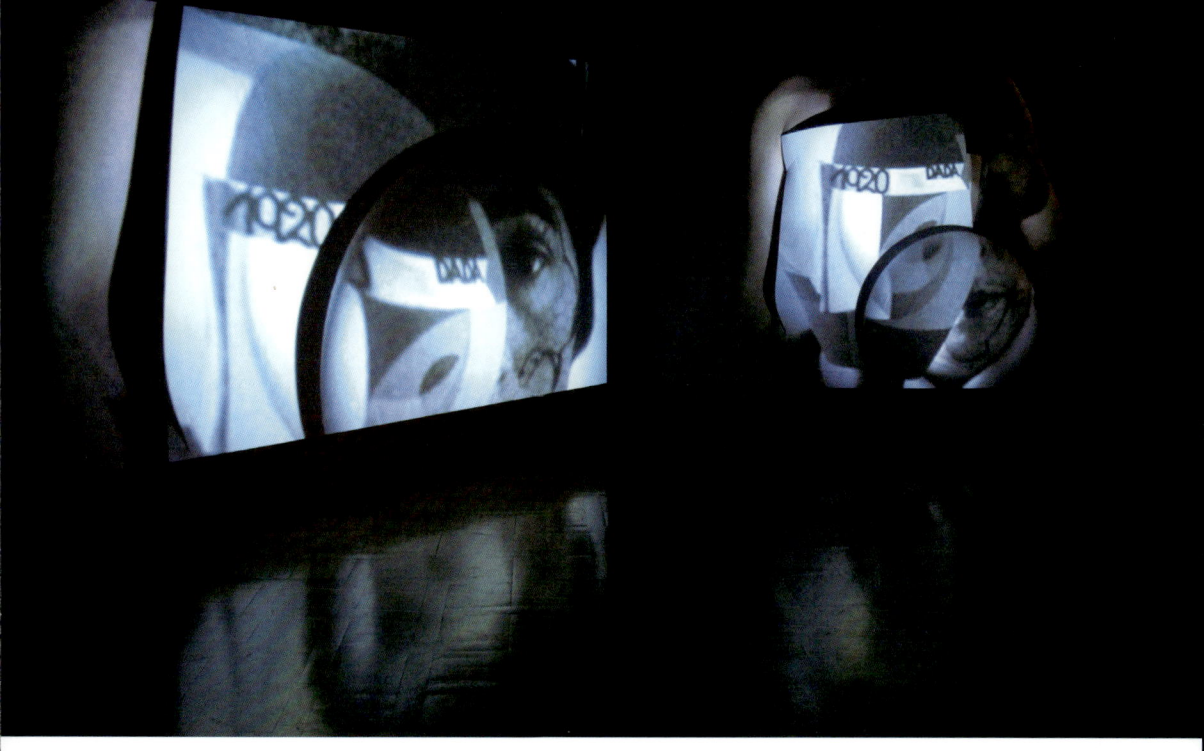

Fig. 62: Sophie Taeuber con Testa dada, installazione «Sophie tanzt trotzdem», 2014 © Anka Schmid.

a danzare, da lì in poi dietro a una maschera. L'arte come rischio, la maschera come mezzo di resistenza».[6] Questa vena ribelle e femminista riecheggia anche nella maschera del film di Anka Schmid. La maschera è da intendersi come un chiaro riferimento alle proteste mascherate del collettivo punk russo delle Pussy Riot.
L'installazione che ne è derivata è stata poi mostrata nel Forum Schlossplatz di Aarau, al Museum Liner di Appenzello e al Manoir di Martigny. Visto che l'installazione era relativamente dispendiosa, Anka Schmid ha realizzato anche il film sperimentale «La Dada – König Hirsch», che poteva essere proiettato in modo del tutto regolare su uno schermo e che era già stato mostrato in luoghi diversi.

«È stata una creazione fortunata; molti mi hanno detto che con questa opera abbiamo raccolto lo spirito dada senza copiare semplicemente il metodo di lavoro dada», ricorda Anke Schmid dal suo ufficio situato nell'animato quartiere Kreis 4 di Zurigo. Soprattutto le piacciono il processo che sta alla base del suo metodo di lavoro e il rapportarsi ogni volta a un nuovo tema. Considera uno dei più grandi pregi della professione di videoartista quello di prendersi il tempo necessario per poter sperimentare nuove cose e

---
6 Die Dada - La Dada - She Dada. Pubblicazione d'accompagnamento alla mostra, a cura del Forum Schlossplatz, Aarau 2014, (vedi nota 3), p. 10.

Fig. 63: Immagini della videoinstallazione «Sophie tanzt trotzdem», 2014 © Anka Schmid.

svilupparle. Nel concreto, lei ha impiegato cinque mesi di lavoro per realizzare questo progetto dada; un tempo che non viene pagato e che non si calcola in termini economici. Ma Anka Schmid si prende il lusso di non subordinare i suoi interessi solo alle condizioni economiche; lei è, secondo una sua autodefinizione, «una maestra dell'autosfruttamento».

Interrogata sul suo metodo artistico di lavoro, Anka Schmid risponde così: «Nessuna ripetizione, questa è per me la cosa più importante. Vorrei poter tentare di fare sempre qualcosa di nuovo.» Il suo lavoro è un'oscillazione continua da un polo all'altro: «Sola con me stessa – insieme ad altri.»

La sua creazione artistica rappresenta pienamente un'istanza sociale e femminista. Per questo si chiede in modo indignato: «Perché per esempio non si può mostrare a Zurigo, la città dove è nato il dada, una mostra sulle artiste dadaiste e bisogna invece ripiegare ad Aarau?» Anche questa è una questione che le sta a cuore: la tematizzazione della condizione marginale delle donne, i rapporti di potere e le gerarchie nel campo dell'arte che ancora oggi è in gran parte sempre dominato dagli uomini.

Sin dai suoi esordi artistici, Anka Schmid è sempre andata per la sua strada. Si è sempre voluta impegnare nelle cose che

Fig. 64: Immagini della videoinstallazione «Sophie tanzt trotzdem», 2014 © Anka Schmid.

lei riteneva significative e giuste. Questo l'ha imparato dal movimento zurighese del 1980. Il rimando non è casuale. Per Anka Schmid, nata nel 1961, il movimento del 1980 è stato di fondamentale importanza.[7] Nei suoi ricordi, il movimento giovanile di ribellione era vicino al movimento artistico rivoluzionario di dada: cercare spazi vuoti e occuparli, improvvisare, fare musica e teatro di strada, sperimentare, osare, provare a fare cose senza paura di fallire. «Immagina di comperare un sassofono e quattro settimane dopo dai già il tuo primo concerto! Questo era il movimento. Per tutto quello che si faceva, c'era un pubblico. Questo era il fascino dei dilettanti», dice la Schmid ripensando al movimento di quel periodo. Qualcosa che ricorda molto il movimento storico dada, visto che anche lì le artiste e gli artisti si cimentavano con discipline che in realtà non padroneggiavano. C'erano spazi liberi a quel tempo e contemporaneamente, agli occhi della Schmid, appariva quasi incredibile quanto in quegli anni Zurigo fosse ancora piccoloborghese e fossilizzata. Ristretta e grigia. Il movimento giovanile era al contrario una società parallela variopinta e minoritaria.

[7] Nel 1980 a Zurigo ebbe luogo il cosiddetto «Opernhauskrawall», una manifestazione di protesta contro il credito concesso per la ristrutturazione dell'Opernhaus, ritenuto elitario.

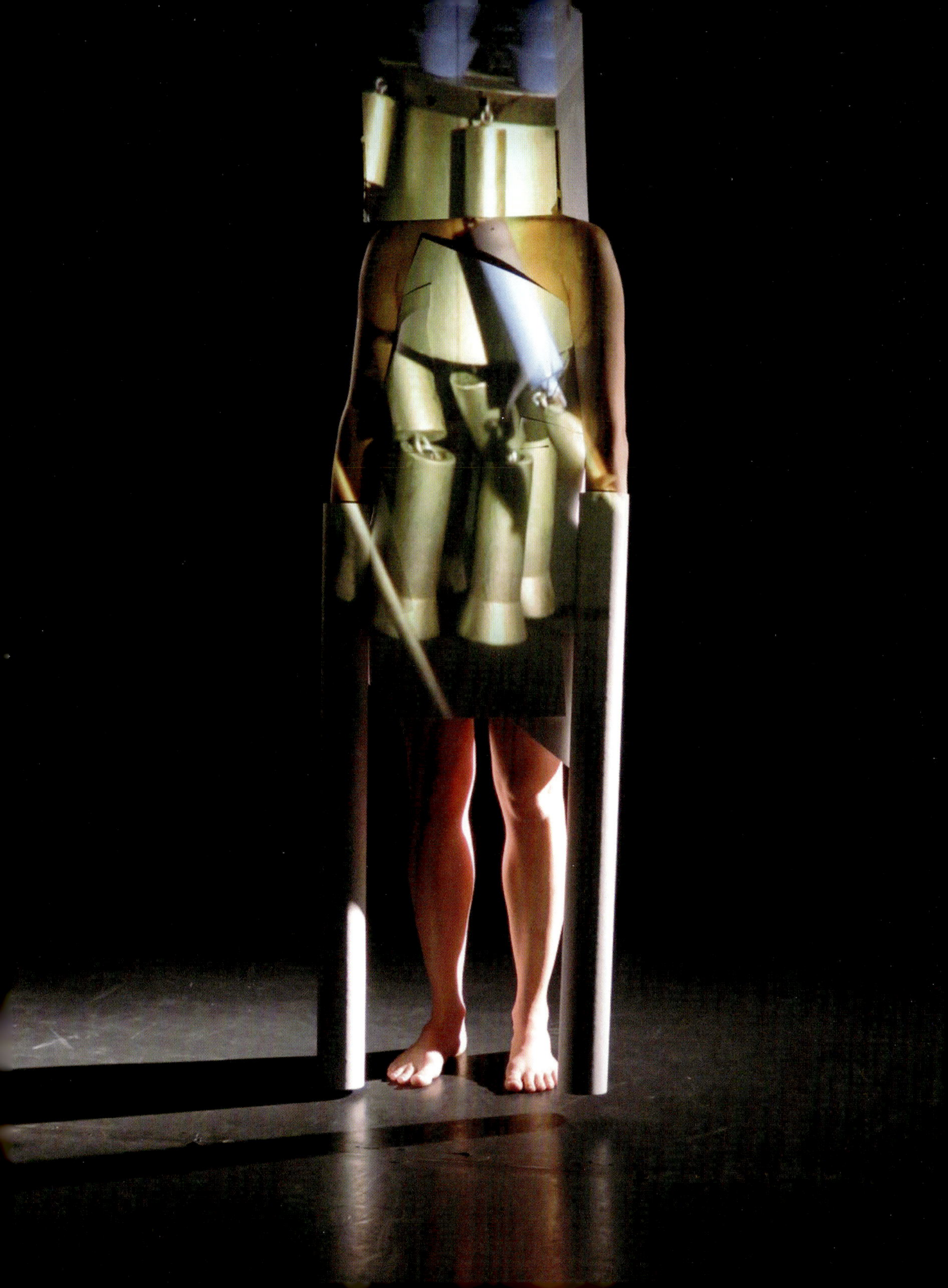

Nel 1982 Anka Schmid lascia Zurigo per andare a studiare l'arte cinematografica in una scuola a Berlino.

La Berlino degli anni 1980 era un'isola utopistica in mezzo a una grigia DDR, sovvenzionata dalla Repubblica federale tedesca, piena di obiettori di coscienza, donne musiciste e gente che produceva arte. Diversamente da Zurigo, non c'erano orari fissi di chiusura dei locali pubblici, ma pittori selvaggi come Martin Kippenberger, Elvira Bach, musicisti quali gli Einstürzende Neubauten e Nick Cave – persone provenienti da tutto il mondo che alla stregua delle dadaiste e dei dadaisti della Zurigo del 1916 erano alla ricerca di un contesto stimolante e di chi la pensava come loro. Gente che si muoveva contemporaneamente e parallelamente sulle diverse scene culturali esistenti, che hanno ispirato e al contempo rappresentato uno stimolo per Anka Schmid.

Anka Schmid non parla in modo prorompente, ma in modo riflessivo; vuole cercare di rispondere in maniera esatta alle domande. «Non è una vita facile quella dell'artista indipendente senza sicurezze materiali, nient'affatto», dichiara dopo averci pensato molto. Anche questo fa storicamente pensare alle condizioni di vita prevalentemente precarie delle artiste e degli artisti dada. Spesso può contare solo su se stessa, deve superare periodi di magra sia a livello artistico che a livello esistenziale, per poter poi tornare a una nuova creatività. Eppure non sembra essere rassegnata. In tutti questi anni ce l'ha fatta, come artista indipendente, ad autosostenersi. E come lei stessa dice, finora ha sempre funzionato! Perché mai dovrebbe cambiare nei prossimi anni? La molla che la spinge in avanti: scoprire sempre nuove cose. E il desiderio di dialogo.

**Traduzione: Gudrun De Chirico**

Fig. 65: «Sophie tanzt trotzdem», 2014 © Anka Schmid.

**Confronto artistico contemporaneo con il patrimonio coreico**

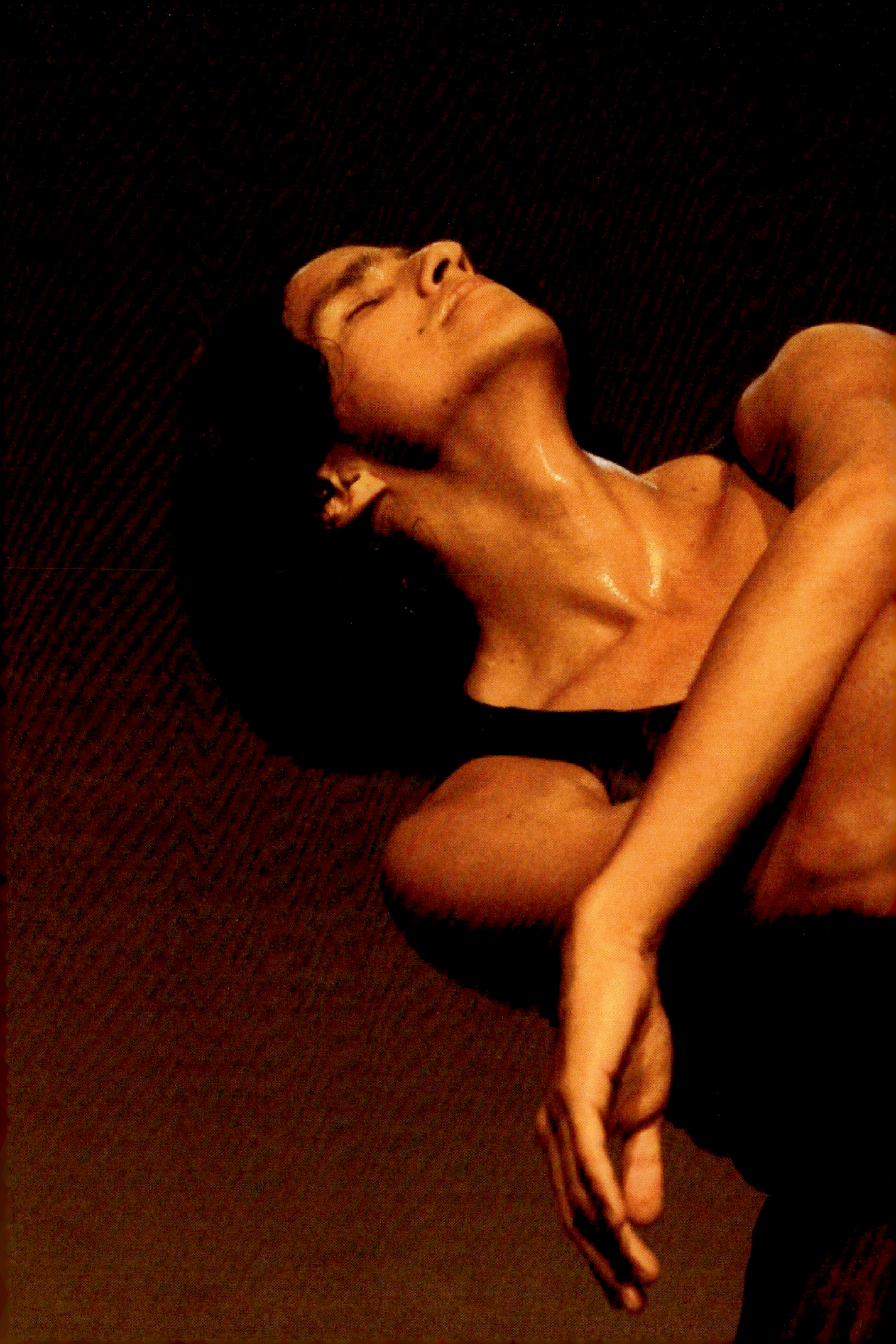

Julia Wehren

# «What if…?»
## Fabián Barba danza con Mary Wigman
### Un recital in viaggio 1930-2009

**Tracce di memoria**
«Ha senso questo ritorno al passato?», si chiede Mary Wigman in una lettera del 1970 al suo amico Walter Sorell.

Fig. 66: Fabián Barba, «A Mary Wigman Dance Evening», 2009 © Helmut Hergarten.

E se lo si fa nonostante tutte le riserve, «cos'è allora l'essenziale? Non riesco, per Dio, a decidere. Dalla culla alla tomba, per ognuno tutto il proprio vissuto è importante.»[1] La lettera è stata pubblicata in «Präludium», all'interno delle memorie «Mary Wigman. Ein Vermächtnis» (Mary Wigman. Un'eredità) a cura di Walter Sorell in cui la danzatrice e coreografa tedesca si cimenta in una serie di brevi capitoli «sulle tracce del passato».[2] Dopo uno sguardo retrospettivo sul suo incontro con Rudolf von Laban, nel secondo capitolo inizia a riferire delle «felici vacanze» sul Monte Verità di Ascona dove aveva trascorso l'estate una prima volta nel 1913 e una seconda nel 1914: «Quanto amo questo paesaggio e quanto mi è familiare! In basso si espande il lago che brilla di luce, attorniato dal tenero abbraccio delle catene montuose che si inclinano delicatamente verso di lui.» Per quanto le memorie siano scritte in modo soggettivo e sono dunque da interpretare con le dovute cautele, riescono comunque a dare una visione sull'importanza che ha avuto il soggiorno di Mary Wigman nella casa di cura per tutta la sua carriera successiva.

Ricordando e rivisitando i luoghi dei suoi esordi artistici, Mary Wigman si bea ma anche ride con tono ironico a proposito di «teosofi, antroposofi e altri vegetariani fanatici» sul Monte Verità quando per esempio descrive come a causa del rumore degli schiaccianoci nella sala da pranzo si poteva iniziare a parlare solamente durante la seconda portata che era quella della frutta secca. Ripensandoci lei stessa si definisce come un'esclusa dalla «cerchia illustre» che vedeva in lei una «strega di Endor» assieme a Else Lasker-Schüler e Marianne Werefkin. Sulla danza, infine, scrive nel capitolo sul Monte Verità che gli esercizi condotti da Rudolf von Laban erano duri e facevano sudare e che in quelli del salto «si faceva a gara». Più avanti sostiene che loro, come «persone in movimento», «non avevano alcuna predisposizione» per gli esercizi attoriali, anche se lei stessa si attribuiva un'«espressività drammatica». Così, nello sguardo a ritroso della Wigman, la montagna diventa tutto sommato il «luogo del mio inizio». Si potrebbe anche dire che la risposta alla domanda posta all'inizio risieda in questa intuizione: «Tutti questi intrecci del passato ti hanno a suo tempo completamente plasmata e ti hanno preparata per la grande avventura della tua vita che è la ‹danza›.»

Nelle riflessioni seguenti io contrapporrò ai racconti aneddotici di Mary Wigman del 1970 un'altra forma di ricordo che si è messa in moto – per così dire – solo attraverso la danza di Wigman. Nel 2009, il giovane coreografo e danzatore Fabián Barba riscopre nel confronto con Mary Wigman le radici della propria danza in Ecuador e sulla base delle scoperte fatte inizia a pensare a una scrittura della storia della danza orientata in modo globale. Si tratta sì di un approccio autobiografico, ma sotto un segno diverso.

---

[1] Citato da Walter Sorell (a cura di), Mary Wigman. Ein Vermächtnis, Wilhelmshaven, 1986, p. 18.
[2] Ibid., p. 34. Per le citazioni seguenti, cfr. ibid. pp. 34-39.

## Danzare come Mary Wigman

Negli anni della sua formazione alla scuola di danza P.A.R.T.S. di Bruxelles (2004-2008), Fabián Barba si imbatte per la prima volta nelle danze di Mary Wigman.[3] Durante uno dei corsi osserva delle riprese video storiche tratte dal programma «Schwingende Landschaft» (Panorama vibrante) (1929), tra cui «Seraphisches Lied» (Canzone serafica), «Pastorale» e «Sommerlicher Tanz» (Danza estiva). Di fronte alla gestualità drammatica della danzatrice e ai tempi dilatati rispetto alle abitudini di oggi, le reazioni dei suoi compagni di studio spaziano dallo straniamento all'ilarità. In Fabián Barba, tuttavia, questi balli suscitano interesse innescando un processo di reminiscenza ricco di conseguenze artistiche. Decide di assecondare lo straniamento dei suoi compagni di studi e allo stesso tempo di voler ricreare l'intimità che aveva provato durante l'osservazione. In questo modo inizia la sua doppia ricerca di indizi nella storia della danza e nella propria provenienza geopolitica.

In quanto danzatore Fabián Barba è interessato soprattutto a una «Research into Corporeality», come titola un suo saggio[4]: vuole scoprire come la corporalità specifica si stava formando, quale tecnica e contesto culturale ci stavano dietro. Fabián Barba prende atto che il suo corpo da danzatore contemporaneo non possiede così facilmente i requisiti tecnici richiesti.[5] All'inizio non gli sembrano familiari né la tensione muscolare né l'impulso per il movimento. Inoltre, la sua concezione del movimento non è congruente con quella di Mary Wigman. Mentre lui aveva imparato dalla «Release Technique» a Bruxelles a pensare il movimento come pura fisicità, la danzatrice espressiva degli inizi del XX secolo concepisce il corpo del danzatore come «uno strumento così intelligente e versatile [...] da essere in grado di esprimere tutte le sfumature delle emozioni. Per rendere il corpo uno strumento pienamente funzionante, prima è necessario scoprire il corpo. Inoltre è necessario rafforzare il corpo, liberarlo dalle sue inibizioni in modo che possa muoversi liberamente e aderire così in ogni momento a uno stimolo emotivo.»[6]

In una conversazione Fabián Barba spiega ulteriormente questa differenza: mentre nella danza espressiva il «dolore» viene danzato, le danzatrici e i danzatori di scuole come la P.A.R.T.S. vanno alla ricerca dei codici rappresentativi di questo dolore. Non vogliono comunicare al pubblico il sentimento in sé, bensì mostrare la costruzione del sentimento.[7]

---

3 La scuola The Performing Arts Research and Training Studios (P.A.R.T.S.) è stata fondata nel 1995 da Anne Teresa De Keersmaeker ed è uno dei principali centri di formazione europei per la danza contemporanea.
4 Fabián Barba, Research into Corporeality, in: Dance Research Journal, vol. 43, n. 1, estate 2011, pp. 82-89.

---

5 Ibid., p. 83.
6 Citato da Sorell (vedi nota 1), p. 46.
7 La conversazione ha avuto luogo il 3.11.2011 a Berna.

Fig. 67: Fabián Barba, «A Mary Wigman Dance Evening», 2009 © Franziska Aigner.

Nelle sue ricerche Fabián Barba stabilisce dunque una grande differenza tra un danzatore a cavallo tra il nuovo e il vecchio millennio come lui stesso e la danzatrice Wigman di quasi cent'anni prima, sia per quanto riguarda la corporalità, la sua percezione e il suo controllo, sia per la concezione dell'arte in sé. Allo stesso tempo s'infastidisce di fronte a una categorizzazione e una classificazione così preconcette, anche perché scopre nella sua ricerca degli aspetti che non sono poi così tanto estranei alla sua realtà di giovane danzatore (fig. 67).

Le ricerche storiche attorno alla danza di Fabián Barba sfociano nel 2009 nel programma «A Mary Wigman Dance Evening». Presentato in anteprima ad Anversa, nel 2013 va anche al Museum of Modern Art di New York come «Live Artwork Examining the Past» (nella serie «Performing Histories») e nel 2016 è ancora un pezzo di repertorio richiesto.[8] Il programma è un recital composto da nove assoli tratti da tre diversi cicli di danza di Mary Wigman: da «Schwingende Landschaft» (1929), «Visionen» (Visioni) (1925/1928) e «Feier» (Festa), da cui «Drehmonotonie» (Monotonia rotante) del 1926.

Tutte le nove danze provengono dal programma del primo tour americano di grande successo di Wigman tra il dicembre del 1930 e il marzo del 1931. Ognuna dura dai tre ai sette minuti. Il danzatore si inchina tutte le volte tra un assolo e l'altro, scompare nel buio per cambiarsi, mentre il pubblico sente in sottofondo la musica per pianoforte di Erik Satie registrata su un nastro. Dopo la sesta danza c'è una pausa di otto minuti in cui al pubblico viene chiesto

---

8 Cfr. www.caravanproduction.be/?page=projects&projectid=20 (ultimo accesso: 13.11.2016).

di non lasciare la sala. Il pubblico apprende lo svolgimento della serata già all'ingresso dal programma di sala, dove c'è scritto che su richiesta possono essere fatti due «encores», due bis (fig. 68). La luce della sala proviene da due lampadari che pendono sopra le file di sedie. La scenografia è ridotta a una semplice illuminazione e rafforza così ancor di più l'effetto dei costumi di tessuti fluenti, stoffe di seta che prendono forma e vita dai movimenti del danzatore. Oltre a fornire informazioni sul processo drammaturgico e sulla scenografia teatrale, il programma di sala ci dà l'impressione che una serata di danza di Mary Wigman degli anni 1930 poteva svolgersi effettivamente così o in modo del tutto simile. Questa supposizione ipotetica su cui il coreografo basa il suo lavoro – «it might have been this way» come dice lui, si fonda su un vasto materiale d'archivio.[9] Questo include riprese video frammentarie ancora esistenti di alcune danze storiche, fotografie, recensioni e testi della Wigman stessa. I documenti sono integrati dallo scambio con testimoni dell'epoca: Susanne Linke, Irene Sieben und Katharine Sehnert gli raccontano le loro esperienze come ex-studentesse di Wigman.

Attraverso loro Fabián Barba apprende anche quella che può essere descritta come la «tecnica» di Wigman: la logica interna dei movimenti, quindi non solo il linguaggio formale e il vocabolario della danza, ma anche il processo di formazione dei movimenti e il loro funzionamento. In questo contesto Fabián Barba parla anche del «sottotesto» fisico, che lui cerca di catturare per poter poi ricostruire le danze e potersene appropriare senza creare solo un'immagine visiva superficiale o addirittura una parodia.[10]

La ricostruzione di queste danze sono in fin dei conti delle approssimazioni in cui Fabián Barba cerca di distillare, al di là della composizione coreografica e dell'arrangiamento teatrale, i temi, gli umori, le qualità e i modelli di movimento correlati agli assoli. Per certi versi quindi coreografa «nuove» vecchie danze immaginando di aver danzato lui stesso agli inizi del XX secolo come studente di Mary Wigman. «What if I would have lived in the 1930? – E se fossi vissuto nel 1930?», si chiede. E ancora: cosa succederebbe se oggi partecipassimo a una serata di danza del 1930 (fig. 70)?[11]

## Slittamenti sottili

Il flashback fittizio termina a prima vista in una forma di assimilazione del materiale storico.

Durante gli spettacoli, basati sui filmati storici, avviene qualcosa di simile di quello che succedeva alla scuola P.A.R.T.S.: il pubblico ridacchia. Non solo per il linguaggio espressivo della danza, ma anche a causa delle regole di comportamento in cui il pubblico viene bruscamente catapultato tramite la drammaturgia della

---

9 Barba 2011 (vedi nota 4), p. 83.

10 Ibid., p. 84.
11 Cfr. Soda Lecture del 2012 come parte della BA Lecture Series presso il Centro interuniversitario per la Danza di Berlino www.hzt-berlin.de/?z=7&sz=2&lan=de&g=1914151&PHPSESSID=0081c6ce49274006512c81d0c8ac8381 (ultimo accesso: 13.11.2016).

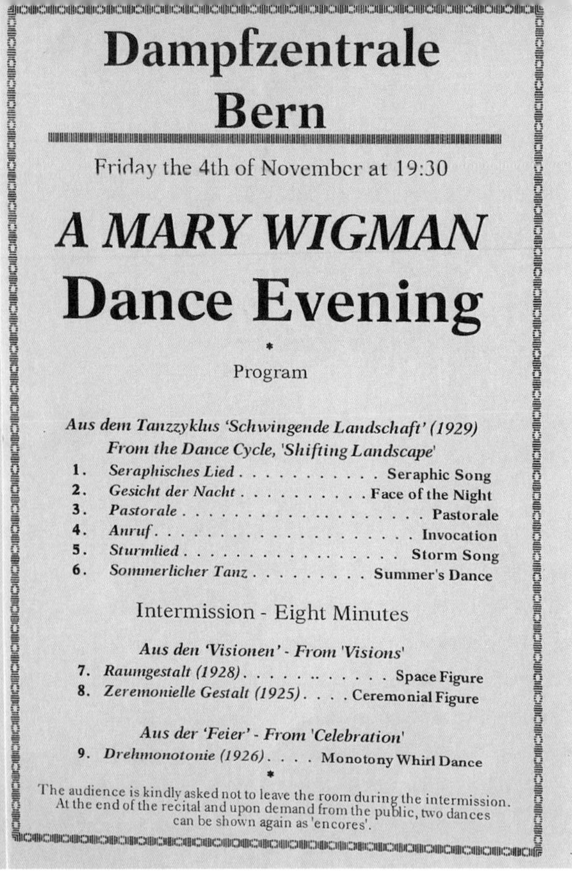

> **Dampfzentrale Bern**
>
> Friday the 4th of November at 19:30
>
> # A MARY WIGMAN Dance Evening
>
> Program
>
> *Aus dem Tanzzyklus 'Schwingende Landschaft' (1929)*
> *From the Dance Cycle, 'Shifting Landscape'*
> 1. *Seraphisches Lied* . . . . . . . . . . Seraphic Song
> 2. *Gesicht der Nacht* . . . . . . . . . Face of the Night
> 3. *Pastorale* . . . . . . . . . . . . . . . . . . Pastorale
> 4. *Anruf* . . . . . . . . . . . . . . . . . . . . Invocation
> 5. *Sturmlied* . . . . . . . . . . . . . . . . Storm Song
> 6. *Sommerlicher Tanz* . . . . . . . . Summer's Dance
>
> Intermission - Eight Minutes
>
> *Aus den 'Visionen' - From 'Visions'*
> 7. *Raumgestalt (1928)* . . . . . . . . . . Space Figure
> 8. *Zeremonielle Gestalt (1925)* . . . Ceremonial Figure
>
> *Aus der 'Feier' - From 'Celebration'*
> 9. *Drehmonotonie (1926)* . . . . Monotony Whirl Dance
>
> The audience is kindly asked not to leave the room during the intermission. At the end of the recital and upon demand from the public, two dances can be shown again as 'encores'.

Fig. 68: Programma di «A Mary Wigman Dance Evening», 2011 a Berna.

serata, così come per la forma di rappresentazione codificata inusuale della serata di danza. Eppure il salto temporale è evidente: i lampadari sopra le file di sedie che illuminano la sala sono di plastica e il teatro è un open space dotato di infrastrutture moderne, per cui lo spettacolo è palesemente ancorato ai nostri giorni.

Fabián Barba gioca in modo sottile con queste differenze percettive e comportamentali. «A Mary Wigman Dance Evening» è solo superficialmente una ricostruzione classica che rielabora e tramanda una conoscenza storica. Si tratta piuttosto di una serata di danza immaginaria, in cui il coreografo introduce in modo più o meno evidente numerosi slittamenti.

Il concetto utilizzato per questo scopo consiste nella creazione di un'illusione teatrale nel senso di un'illusione di autenticità: il danzatore diventa apparentemente Mary Wigman del 1930. Si può cedere – per così dire – a quest'illusione e intendere la serata di danza una ri-spettacolarizzazione delle danze di Wigman. Oppure ci si può interrogare anche sul momento di irritazione che questa esperienza di spettacolo porta con sé. In questo modo si segue la direzione che Fabián Barba stesso ha imboccato nella propria ricerca. Che cosa ci fa ridere? Cosa ci crea straniamento? Questa volta, non il guardare i video storici di Wigman, bensì l'apparizione maschile del danzatore sudamericano che danza oggi Mary Wigman, come se fosse in realtà un suo contemporaneo (fig. 69).

Gli slittamenti adottati all'interno del saggio di danza includono quindi anche aspetti sociali e culturali. Così sorprende prima di tutto che un danzatore e coreografo contemporaneo esordiente voglia affrontare nel 2009 la danza espressiva tedesca e questo all'interno di un contesto culturale proiettato più sulle innovazioni future che non sul riportare cose già note alla contemporaneità.

Tradizionalmente le ricostruzioni appartengono al campo d'interesse e di competenza di istituzioni statali più grandi che dispongono di un mandato diverso e di condizioni produttive migliori della cosiddetta scena indipendente a cui appartiene Fabián Barba. Allo stesso tempo, «A Mary Wigman Dance Evening» si inserisce in una forma della danza contemporanea che dalla metà degli anni 1990 ha trovato grande diffusione: la storia della danza si riflette sul palco diventando così la base per un confronto coreografico con questioni di identità e di memoria collettiva.

## Ricerca interculturale della propria espressione

Nel processo di ricerca Fabián Barba scopre che qualcosa del linguaggio dei movimenti, della fisicità e delle dinamiche di Mary Wigman gli ricordano le sue origini, la scena della danza a Quito. Gli è familiare anche l'idea che ogni danzatore debba trovare la «propria espressione del sé interiore», così come la focalizzazione sul controllo del corpo e l'esigenza di una precisione tecnica e al tempo stesso l'esigenza di comunicare attraverso ogni movimento l'esperienza che si sviluppa.[12] E così arriva alla conclusione: «The dialectical interplay between rigid technical control and transcendent expression is a structuring principle of both dance traditions»[13] (l'interazione dialettica tra rigido controllo tecnico ed espressione trascendente è un principio strutturale di entrambe le tradizioni di danza). I danzatori sono considerati come individui la cui espressione viene sempre soddisfatta, diretta a un punto preciso, ma senza osservare e raccontare qualcosa in particolare. Non si forma nessun vocabolario formale del movimento secondo una tecnica, ma piuttosto una maggiore attenzione globale, un «ecstatic, hightened state of a dancer» (una condizione estatica amplificata del danzatore) come scrive.[14] Il respiro guida i movimenti e alla fine il controllo determina la forza muscolare. Per giunta, il corpo di Fabián Barba non è dissimile da quello di Mary Wigman. Statura e aspetto, la struttura corporea allo stesso tempo forte e morbida, i tratti del viso marcati creano una sorprendente vicinanza fisica e ottica.

Per gli spettatori il cambiamento di genere rimane assolutamente percepibile e il corpo maschile nelle gonne lunghe può essere considerato un travestimento. Tuttavia, nella danza, questo non viene tematizzato in nessun punto, il corpo

---

12 Barba 2011 (vedi nota 4), p. 87.
13 Ibid., p. 88.
14 Ibid., p. 88.

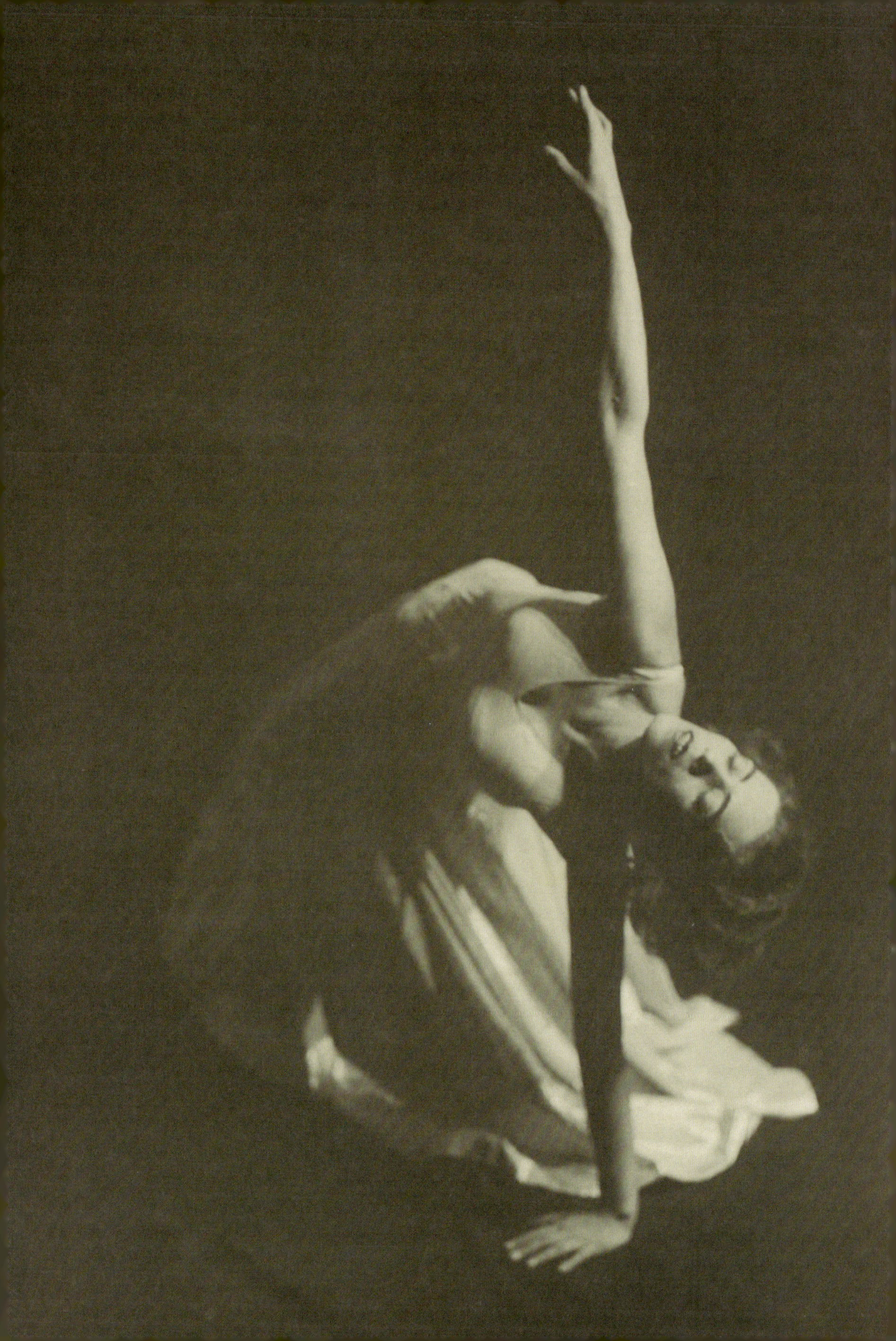

Fig. 70: Fabián Barba, «A Mary Wigman Dance Evening», 2009 © Dieter Hartwig.

maschile rimanda soltanto a un ulteriore slittamento nel processo di appropriazione del materiale storico. Inoltre, Mary Wigman stessa non rappresenta una figura specificatamente femminile nelle sue danze. Si parla addirittura di «un'estetica ermafrodita dell'arte» e di «un'accentuazione del non erotico».[15] Anche la studiosa di danza americana Susan Manning scrive: «Dancing, Wigman seemed more like a dynamic force than like a persona with recognizable traits»[16] (mentre danzava, Wigman assomigliava più a una forza dinamica che a una persona con tratti riconoscibili). Preferisce dunque al concetto di «danza assoluta», che viene spesso

---

15 Citato da Sorell 1986 (vedi nota 1), pp. 66-67.

16 Susan Manning, Ecstasy and the Demon. The Dances of Mary Wigman, Minneapolis 2006, p. 44.

Fig. 69: Mary Wigman in «Pastorale», 1929.

associato alla Wigman, la formula di «forma nello spazio». A sua volta Fabián Barba fa sì che si continui a non dare attenzione all'aspetto di genere nel suo lavoro (fig. 71).[17]

A questa trasposizione complessa da un corpo storico a uno contemporaneo, da un corpo di donna a un corpo di uomo e fondamentalmente da qualcosa del passato al presente, si aggiunge un altro transfer: quello dalla danza espressiva tedesca alla danza continentale, contemporanea di Bruxelles e alla danza moderna del Sud America.

Grazie ai propri ricordi e alle sue ricerche a Quito, Fabián Barba elabora la tesi che la danza espressiva tedesca abbia avuto una notevole influenza sullo sviluppo della danza moderna a Quito. Ad esempio, negli anni 1990 esisteva un festival chiamato «Jornadas de la Danza Mary Wigman» e l'ex insegnante di Fabián Barba a Quito considerava se stesso come «erede non ufficiale» di Mary Wigman.[18] Non è comunque dimostrabile alcun collegamento diretto con la danza espressiva tedesca, ad esempio attraverso una particolare scuola o compagnia di danza. Tuttavia importanti esponenti della scena di danza a Quito conoscevano Mary Wigman tramite video e scritti che avevano ricevuto tanto che Fabián Barba giunge infine alla conclusione: «Precisely because having studied modern dance in Quito, I think I have been able to assimilate a corporeality that is not radically different than the one enacted by expressionist dancers in the first half of the twentieth century»[19] (proprio perché ho studiato danza moderna a Quito, penso che sono stato in grado di assimilare una corporeità che non è del tutto diversa da quella messa in atto dai danzatori espressionisti della prima metà del XX secolo). Il suo corpo possiede quindi una conoscenza del linguaggio danzato di Mary Wigman che non solo spiega la sua familiarità con il materiale, ma è anche di grande aiuto nel processo di appropriazione. La storia del proprio corpo è dunque un'ulteriore fonte per la ricostruzione e l'indagine storica di un movimento di ricerca geografico e insieme culturale degli ultimi 100 anni (fig. 66).

In senso lato e forzando un po' le cose, il lavoro di Fabián Barba può essere letto come uno studio delle tendenze di globalizzazione nella danza. È da tempo ormai che le storie della danza non sono più da intendersi in modo nazionale o continentale e anche una lettura cronologica del passato difficilmente fornisce un quadro realistico della realtà. Se in «A Mary Wigman Dance Evening» si intersecano differenti tracce di memoria – quelle del 1930 e quelle degli anni 2000 in Sud America – per fondersi nel 2009 in un pezzo di danza contemporanea in stile europeo, questo può anche essere letto come un approccio interculturale, come auspicato ad esempio dalla specialista di Mary Wigman Susan Manning. Secondo lei la storia deve essere

---

17 Cfr. anche Barba 2011 (vedi nota 4), p. 87.
18 Ibid., p. 87.

19 Ibid., pp. 87 sg.

letta come «cross-cultural circulation», come una storia dunque che, a causa della diaspora di danzatrici e danzatori formati nella danza espressiva tedesca, non è più da tempo solo una storia tedesca o meglio non lo è mai stata.[20] Manning si pronuncia con veemenza contro un modo di guardare la danza secondo confini e parametri di misura nazionali e si batte per una «intercultural historiography of twentieth century theatrical dance»[21] (una storiografia interculturale del teatro-danza del XX secolo). Fabián Barba la esegue per così dire in modo danzato, come un viaggio di ricerca verso la corporalità di Mary Wigman e verso la propria fisicità come ecuadoriano laureato alla scuola P.A.R.T.S. di Bruxelles.

Questa prospettiva mi porta in conclusione di nuovo al Monte Verità e alla ricerca di tracce di Mary Wigman presso il «luogo del suo inizio»: «Tutto diventa presente quando ci si apre al passato. A ogni passo penetra in me, esce dai suoi scaffali e diventa vivo con i suoi stessi occhi. Non più immagine mentale bensì vita, calda e vissuta con fervore.»[22] Il viaggio di Fabián Barba quindi si rivela come un insieme di esperienze pregnanti. Esperienze non riconducibili a un singolo luogo d'origine, ma formate da un conglomerato di molte influenze disparate che hanno avuto i loro effetti già ben prima che lui nascesse. La sua identità come danzatore e coreografo si basa quindi su un miscuglio plurale di esperienze che hanno ancora una volta trovato uno spazio di memoria nel suo corpo.

Traduzione: Gudrun De Chirico

---

20 Susan Manning, Ausdruckstanz Across the Atlantic, in: Susanne Franco, Marina Nordera (a cura di), Dance Discourses: Keywords for Methodologies in Dance Research, New York, 2007, pp. 46-60, qui p. 47.
21 Ibid., p. 58.
22 Citato da Sorell 1986 (vedi nota 1), p. 34.

Fig. 71: Fabián Barba, «A Mary Wigman Dance Evening», 2009 © Helmut Hergarten.

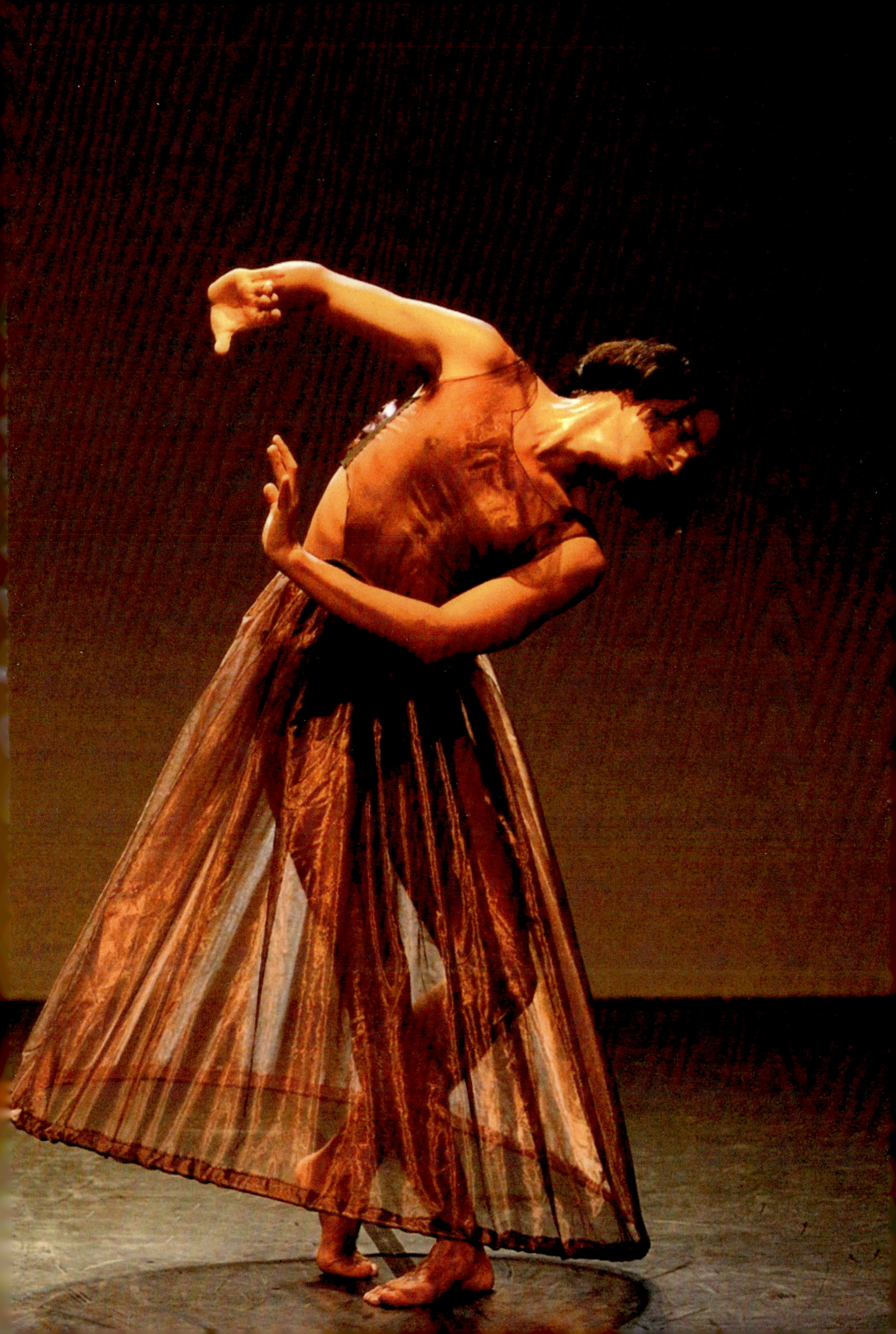

# Crediti iconografici

**Fig. 1:**
Mary Wigman danza sulle rive del Lago Maggiore, fotografo sconosciuto, 1913. Monacensia, Literaturarchiv und Bibliothek der Stadt München.

**Fig. 2:**
Simposio «Danza sui palcoscenici dada» al Cabaret Voltaire, 2016 © Luca Hostettler.

**Fig. 3:**
Esercizi di danza sul Lago Maggiore, fotografo sconosciuto, 1913. Monacensia, Literaturarchiv und Bibliothek der Stadt München.

**Fig. 4:**
Esercizi fisici sul Lago Maggiore, senza data Fondazione Monte Verità, Archivio di Stato del Canton Ticino, Bellinzona.

**Fig. 5-9:**
«Peut-on être révolutionnaire et aimer les fleurs?», 2014 © Dorothée Thébert Filliger.

**Fig. 10:**
Hugo Ball in costume cubista, Zurigo 1916. Galerie Berinson, Berlino.

**Fig. 11:**
Rudolf von Laban con le sue allieve e i suoi allievi sul Lago Maggiore nei pressi di Ascona, 1914. Da sinistra a destra: Totimo, Suzanne Perrottet, Katja Wulff, Maja Lederer, Betty Baaron Samoa, Rudolf von Laban. Fotografia di Adam von Meisenbach © 2016 Kunsthaus Zürich, lascito Suzanne Perrottet.

**Fig. 12:**
Rudolf von Laban con le sue allieve sul Lago Maggiore nei pressi di Ascona, 1914. Fotografia di Adam von Meisenbach © 2016 Kunsthaus Zürich, lascito Suzanne Perrottet.

**Fig. 13-16:**
Mary Wigman danza sulle rive del Lago Maggiore, fotografo sconosciuto, 1913. Monacensia, Literaturarchiv und Bibliothek der Stadt München.

**Fig. 17:**
Franz Stassen, «Das Sonnenpaar», 1920. Lindenau-Museum, Altenburg.

**Fig. 18:**
Fidus, «Das Lichtgebet», 1922. Archiv der deutschen Jugendbewegung, Burg Ludwigstein, Witzenhausen.

**Fig. 19:**
Ritratto fotografico di Emmy Hennings, 1917. Lascito Emmy Hennings (segnatura HEN-C-04-b-OP-13-04), Archivio svizzero di letteratura ASL, Berna.

**Fig. 20, 22-26:**
Mary Wigman durante le riprese di «Der Tanz um die Tänzerin», 1919 © Hedwig Müller.

**Fig. 21:**
Dépliant della «scuola d'arte», Ascona 1913. Fondazione Monte Verità, Casa Anatta.

**Fig. 27:**
Rudolf von Laban come «Mathematikus», ca. 1917. Fotografo sconosciuto, tratto da: Rudolf Laban, «Die Welt des Tänzers», Stuttgart 1920.

**Fig. 28:**
Cartolina pubblicitaria per il «giardino Laban» a Hombrechtikon, 1915. Tanzarchiv Leipzig e.V.

**Fig. 29**
Coro di movimento durante un corso estivo di Rudolf von Laban a Gleschendorf nel 1923. Fotografo sconosciuto. Tanzarchiv Leipzig e.V.

**Fig. 30-33, 35:**
Fotografie di Jean Kirsten © Jean Kirsten.

**Fig. 34:**
Jean Kirsten durante il suo intervento al Cabaret Voltaire, Zurigo 2016 © Luca Hostettler.

**Fig. 36:**
Emmy Hennings in una posa di danza, senza data, fotografo sconosciuto. Lascito Hennings/Ball, Archivio svizzero di letteratura (Berna). Copia di un negativo su lastra di vetro: Biblioteca nazionale svizzera (Berna).

**Fig. 37:**
Programma del «I. Dada-Abend (Autoren-Abend)», Zurigo (14 luglio 1916). Lascito Hennings/Ball, Archivio svizzero di letteratura (Berna). Riproduzione Biblioteca nazionale svizzera (Berna).

**Fig. 38:**
Programma delle «Moderne Literarische Cabaret-Abende», Svizzera centrale (luglio 1916). Lascito Hennings/Ball, Archivio svizzero di letteratura (Berna). Riproduzione Biblioteca nazionale svizzera (Berna).

**Fig. 39:**
Cartolina di Hugo Ball, Danza macabra, 1916. Lascito Hennings/Ball, Archivio svizzero di letteratura (Berna). Riproduzione Biblioteca nazionale svizzera (Berna).

**Fig. 40:**
Sophie Taeuber in una posa di danza con costume e maschera, 1917, fotografo sconosciuto. Fondazione Marguerite Arp, Locarno.

**Fig. 41:**
Mary Wigman «Götzendienst». Akademie der Künste Berlin, Mary-Wigman-Archiv, Wigman 264, Ekstatische Tänze: Götzendienst, fotografia di Hugo Erfurth (senza data, probabilmente 1918/19) © DACS 2017.

**Fig. 42:**
Sophie Taeuber con «Dada-Kopf», Zurigo 1920. Fotografia di Nic Aluf, Fondazione Marguerite Arp, Locarno.

**Fig. 43:**
Sophie Taeuber: «Surgissant, tombant, adhérant, volant», 1934. Olio su tela © Kunstmuseum Basel, donazione Hans Arp, 1966. Fotografia: Martin P. Bühler.

**Fig. 44:**
Quaderno di schizzi di Sophie Taeuber-Arp, 1936-1938. Fondation Arp, F-Clamart.

**Fig. 45:**
Sophie Taeuber: disegno, 1937 (WV 1937/33), Kunstmuseum Basel, donazione Marguerite Arp-Hagenbach (1968.437). Fotografia: Martin P. Bühler.

**Fig. 46:**
Sophie Taeuber-Arp: «Lignes géométriques et ondoyantes», 1941. © Galerie Kornfeld, Berna.

**Fig. 47:**
Sophie Taeuber: «Courants de lignes et lignes ouvertes», 1940. Arp-Museum Bahnhof Rolandseck.

**Fig. 48:**
Jean Arp e Sophie Taeuber-Arp: «rire de coquille», Amsterdam 1944. © 2017, ProLitteris, Zürich.

**Fig. 49, 50:**
Collage a due di Jean Arp tratto da «Le Siège de l'air» (1946), con un disegno di Sophie Taeuber-Arp (1939). Fondation Arp, F-Clamart.

**Fig. 51:**
Sophie Taeuber: marionetta Angela in «König Hirsch». Favola di Carlo Gozzi, adattamento: René Morax / W. Wolf Schweizerisches Marionettentheater, Zurigo: messinscena 1918, figure intagliate di Carl Fischer. Museum für Gestaltung, Zurigo, collezione di arti applicate © ZHdK.

**Fig. 52:**
Sent M'Ahesa. Fotografia senza data di Wanda von Debschitz-Kunowski, fonte: Hans Brandenburg, «Der Moderne Tanz», Georg Müller Verlag, München 1921.

**Fig. 53:**
Sophie Taeuber: scenografia e figure per «König Hirsch». Favola di Carlo Gozzi, adattamento: René Morax /W. Wolf, Schweizerisches Marionettentheater, Zurigo: messinscena 1918, figure intagliate di Carl Fischer. Fotografia di Ernst Linck, fonte: Zürcher Hochschule der Künste/Archiv.

**Fig. 54-65:**
«La Dada – König Hirsch» e «Sophie tanzt trotzdem», fotografie di Anka Schmid © Anka Schmid 2014/2016.

**Fig. 66, 71:**
Fabián Barba, «A Mary Wigman Dance Evening», 2009 © Helmut Hergarten.

**Fig. 67:**
Fabián Barba, «A Mary Wigman Dance Evening», 2009 © Franziska Aigner.

**Fig. 68:**
Programma di «A Mary Wigman Dance Evening», 2011 a Berna.

**Fig. 69:**
Mary Wigman, «Pastorale», 1929. Fotografia: Charlotte Rudolph, Mary-Wigman-Archiv/Wigman 288, Akademie der Künste, Berlino © 2017, ProLitteris, Zurigo.

**Fig. 70:**
Fabián Barba, «A Mary Wigman Dance Evening», 2009 © Dieter Hartwig

# Autrici e autori

**Christa Baumberger,** che ha conseguito un dottorato in scienze letterarie, lavora presso l'Archivio svizzero di letteratura della Biblioteca nazionale di Berna ed è responsabile del settore letteratura per l'Aargauer Kuratorium. Studiosa del dadaismo e delle avanguardie, ha curato l'edizione delle opere in prosa di Emmy Hennings ed è stata cocuratrice dell'esposizione «DADA original» dedicata a Emmy Hennings e Hugo Ball (Biblioteca nazionale svizzera, 2016). La sua pubblicazione più recente è «Dada. Performance & Programme» (2017), che ha curato insieme a Ursula Amrein.

**Sarah Burkhalter,** storica dell'arte, dal 2013 è responsabile dell'Antenna romanda dell'Istituto svizzero di studi d'arte (SIK-ISEA). Dopo studi di storia dell'arte, letteratura comparata e sociologia alla New York University di Firenze e all'Università di Ginevra, dal 2008 al 2011 ha partecipato al programma di studi dottorali ProDoc «Art & Science», beneficiando di una borsa di ricerca del Fondo nazionale svizzero. Nel 2012 ha conseguito il dottorato con il Prof. Dario Gamboni (Università di Ginevra) con una tesi intitolata «Vers une kinesthétique: danse moderne, arts visuels et perception (1890-1940)». Tra le sue pubblicazioni va annoverato in particolare il volume di saggi e interviste «Spacescapes. Danse & dessin depuis 1962 / Spacescapes. Dance & Drawing since 1962» (Zurigo, JRP Ringier, Documents Series, 2017), di cui è curatrice insieme alla Dr. Laurence Schmidlin.

**Mona De Weerdt** ha studiato scienze del teatro e della danza, storia dell'arte e World Arts a Berna e Berlino. Dal 2016 lavora come drammaturga e responsabile di produzione al centro culturale Südpol di Lucerna. Membro della commissione per il settore danza & teatro dell'Ufficio della cultura del Canton Zurigo, ha fatto parte di diverse giurie (2012 Theaterspektakel Zürich, 2015 PREMIO, premio d'incoraggiamento per le arti sceniche, 2017 Giornate di danza contemporanea svizzera, 2017 festival Belluard Bollwerk Fribourg).

**Susanne Franco** è ricercatrice presso l'Università Ca' Foscari di Venezia. Ha pubblicato numerosi saggi e traduzioni sulla danza moderna e contemporanea e la metodologia della ricerca, e i volumi «Martha Graham» (2003; 2° ed. 2006) e «Frédéric Flamand» (2004). Ha curato il numero monografico «Ausdruckstanz: il corpo, la danza e la critica», per la rivista «Biblioteca teatrale» (2006, n. 78), e con Marina Nordera «Dance Discourses. Keywords in Dance Research» (2007) e «Ricordanze. Memoria in movimento e coreografie della storia» (2010). Ha diretto la collana «Dance for Word/Dance Forward. Interviste sulla coreografia contemporanea».

**Gabriele Guerra** ha studiato germanistica all'Università di Roma, conseguendo il dottorato in letteratura comparata alla Freie Universität di Berlino. Docente di letteratura tedesca all'Università La Sapienza di Roma, in passato ha insegnato tedesco commerciale all'Università Ca' Foscari di Venezia e all'Università di Marburgo presso l'Institut für Neuere Deutsche Literatur. La sua attività di ricerca, ai confini tra letteratura, storia religiosa e storia culturale, è focalizzata in particolare sull'ebraismo tedesco della prima metà del XX secolo, la letteratura della rivoluzione conservatrice (Konservative Revolution), le avanguardie classiche al crocevia tra estetica e cultura e la politica culturale cattolica durante la Repubblica di Weimar.

**Walburga Krupp** ha studiato germanistica, giudaistica, storia dell'arte e filosofia a Bonn e Colonia. Curatrice dal 1990 al 2012 presso la Fondazione Hans Arp e Sophie Taeuber-Arp e.V., Rolandseck, dal 2014 è collaboratrice scientifica per l'edizione critica delle lettere di Sophie Taeuber-Arp presso la Hochschule der Künste di Zurigo. Attualmente sta inoltre lavorando a un progetto di dottorato incentrato sul percorso artistico di Sophie Taeuber-Arp dall'arte applicata all'arte.

**Hedwig Müller** è attiva come studiosa di scienze della danza e del teatro all'Institut für Medienkultur und Theater dell'Università di Colonia ed è vicedirettrice della Theaterwissenschaftliche Sammlung. Dal 1978 è autrice di pubblicazioni e tiene corsi sulla storia della danza tedesca. Cofondatrice delle riviste «Ballett International» e «Tanzdrama» nonché della «Mary-Wigman-Gesellschaft» (oggi «Mary-Wigman-Stiftung»), è biografa di Mary Wigman. Nel 2017 è attiva come collaboratrice scientifica per la ricostruzione delle danze di Mary Wigman «Totentanz I» (Danza macabra I) (1917) e «Totentanz II» (Danza macabra II) (1926) da parte della Dance Company Theater Osnabrück.

**Patrick Primavesi** è professore di scienze del teatro all'Università di Lipsia e direttore del Tanzarchiv Leipzig e.V. La sua attività di ricerca è attualmente focalizzata su aspetti pratici e teorici concernenti il teatro, la danza e l'arte performativa, la politica del corpo e la critica della rappresentazione nonché la dimensione pubblica e il movimento nello spazio urbano. Ha pubblicato tra l'altro «Das andere Fest. Theater und Öffentlichkeit um 1800» (2008) e ha curato i volumi «Stop Teaching! Neue Theaterformen mit Kindern und Jugendlichen» (con Jan Deck, 2014) e «Körperpolitik, Bewegungschöre» (con il gruppo LIGNA, 2017).

**Lucia Ruprecht** è affiliated lecturer presso il Dipartimento di tedesco e olandese dell'Università di Cambridge e fellow dell'Emmanuel College. Le sue numerose pubblicazioni, tra cui «Dances of the Self in Heinrich von Kleist, E. T. A. Hoffmann and Heinrich Heine» (2006) e «New German Dance Studies (curata con Susan Manning, 2012), vertono tra l'altro sulla danza nella letteratura, sulla critica della danza nel XIX secolo e sul concetto di virtuosismo. Dal 2013 al 2015 ha fruito di una borsa di ricerca Humboldt all'Istituto di scienze del teatro della Libera Università di Berlino. Al momento sta lavorando a un libro («Gestural Imaginaries: Dance and the Culture of Gestures at the Beginning of the Twentieth Century») che uscirà nel 2018 presso la Oxford University Press.

**Andreas Schwab** è storico e curatore di esposizioni. La sua tesi di dottorato «Monte Verità – Sanatorium der Sehnsucht» è stata pubblicata nel 2003 presso la casa editrice Orell Füssli di Zurigo. Ha curato varie mostre sui movimenti alternativi, sulla storia del corpo e su temi di carattere letterario. Ha pubblicato inoltre «Landkooperativen Longo maï. Pioniere einer gelebten Utopie» (Zurigo, 2013).

**Christina Thurner** è professoressa di scienze della danza all'Istituto di scienze del teatro dell'Università di Berna. La sua attività di ricerca si focalizza sull'estetica e il dibattito coreico dal XVIII al XXI secolo e sulla storiografia e la critica della danza. È tra l'altro membro del Consiglio di fondazione dell'Archivio svizzero della danza, presidente del consiglio direttivo del corso di perfezionamento MAS Dance/Performing Arts nonché membro della commissione IFN (Interdisziplinäres Forschungs- und Nachwuchsnetzwerk) del Walter-Benjamin-Kolleg dell'Università di Berna. Il suo libro più recente «Tanzkritik. Materialien (1997–2014)» è uscito nel 2015.

**Julia Wehren,** studiosa di scienze della danza, insegna all'Università di Berna e alla Manufacture Lausanne. Oltre alla sua tesi di dottorato «Körper als Archiv in Bewegung. Choreografie als historiografische Praxis», pubblicata nel 2016, ha curato i volumi «Original und Revival. Geschichts-Schreibung im Tanz» (con Christina Thurner, 2010) e «Berner Almanach Tanz» (con Daria Gusberti e Christina Thurner, 2012).

# Ringraziamenti

Il ciclo di simposi e la pubblicazione del presente volume sono stati resi possibili da una serie di persone e istituzioni, a cui vorremmo esprimere i nostri più sentiti ringraziamenti. Senza l'efficace sostegno di Juri Steiner, sovrintendente del giubileo Dada 2016, non sarebbe stato possibile realizzare «Monte Dada». Con il suo inesauribile entusiasmo e il suo ricchissimo bagaglio di conoscenze, ci ha sempre consigliato e incoraggiato nelle questioni concettuali e di contenuto. Siamo molto riconoscenti anche a Claudia Rosiny, responsabile della Sezione Produzione culturale Danza dell'Ufficio federale della cultura (UFC), e ai membri della giuria di questa sezione. Senza il generoso sostegno finanziario dell'UFC non sarebbe stato possibile realizzare il nostro progetto. Sul Monte Verità siamo stati calorosamente accolti dal direttore Lorenzo Sonognini, dalla sua ex collaboratrice Claudia Lafranchi e da tutto il suo team. A Colonia Hedwig Müller, Frank-Manuel Peter e Thomas Thorausch, che si sono spesi con grande impegno per il progetto «Monte Dada», ci hanno dato il benvenuto all'Archivio tedesco della danza e nei meravigliosi spazi della Theaterwissenschaftliche Sammlung. Al Cabaret Voltaire abbiamo potuto avvalerci del prezioso aiuto di Adrian Notz, Leandro Davis, Nora Hauswirth e Laura Sabel. Grazie a Catja Loepfe, direttrice artistica del Tanzhaus Zürich, Marion Baumgartner e Stefanie Gubser è stato possibile integrare nel calendario di «Zürich tanzt» l'evento «Monte Dada» del 2016, che ha così beneficiato di una maggiore visibilità.

La nostra gratitudine va anche alle traduttrici e ai traduttori. Barbara Sauser ha tradotto il saggio di Susanne Franco dall'italiano al tedesco, mentre Barbara Grüter si è occupata di tradurre dal francese al tedesco il contributo di Sarah Burkhalter. Martin Kuder e Gudrun De Chirico hanno invece tradotto tutti gli articoli in italiano.

Senza finanziamenti di terzi, l'uscita di un volume come questo non sarebbe possibile. Oltre all'Ufficio federale della cultura citato in precedenza, hanno contribuito alla pubblicazione la Repubblica e Cantone Ticino / Fondo Swisslos, la Fondazione Ernst Göhner e la Fondazione Oertli.

Mona De Weerdt e Andreas Schwab, giugno 2017

## Impressum

© Stämpfli Verlag AG, Berna, www.staempfliverlag.com · 2018

| | |
|---|---|
| Curatori | Mona De Weerdt, Andreas Schwab |
| Traduzioni (IT) | Gudrun De Chirico, Martin Kuder |
| Traduzioni (TED) | Barbara Grütor, Bahara Sauser |
| Veste grafica | Luca Hostettler, Berna, www.lil-ill.ch |
| Revisione testi | Stämpfli AG, Berna, www.staempfli.com |
| Produzione | Stämpfli Verlag AG, Berna |

ISBN 978-3-7272-7937-9 (edizione tedesca)
ISBN 978-3-7272-7938-6 (edizione italiana)